# 高校创新创业教育促进高质量就业的理论与实践探索

郭立群　张红伟◎等著

中国农业大学出版社
·北京·

## 内 容 简 介

本书从理论和实践两个方面对高校创新创业教育促进高质量就业进行了系统研究。在理论探索方面，本书对我国高校创新创业教育的发展历程、相关概念、研究进展、政策变迁、历史背景、现实意义、理念解读，以及创新创业教育的目的与内容、师资与方式方法、当前存在的问题、体系建构等进行了研究探讨；在实践方面，本书结合中国农业大学的实践探索，并延展到其他高校以及政府和社会等各方的实践，围绕创新创业教育课程体系、实践体系、服务体系和保障体系促进高质量就业进行了案例总结、数据分析和国外经验借鉴等。总之，希望通过我们的粗浅研究能为高校就业创业工作战线的同行们提供有益参考。

**图书在版编目(CIP)数据**

高校创新创业教育促进高质量就业的理论与实践探索 / 郭立群等著. --北京：中国农业大学出版社，2022. 11

ISBN 978-7-5655-2893-4

Ⅰ. ①高…　Ⅱ. ①郭…　Ⅲ. ①高等学校－创造教育－研究－中国　Ⅳ. ①G640

中国版本图书馆 CIP 数据核字(2022)第 256113 号

**书　　名**　高校创新创业教育促进高质量就业的理论与实践探索

Gaoxiao Chuangxin Chuangye Jiaoyu Cujin Gaozhiliang Jiuye de Lilun yu Shijian Tansuo

**作　　者**　郭立群　张红伟　等　著

**策划编辑**　童　云　　**责任编辑**　何志勇
**封面设计**　郑　川
**出版发行**　中国农业大学出版社
**社　　址**　北京市海淀区圆明园西路 2 号　　**邮政编码**　100193
**电　　话**　发行部 010-62733489，1190　　**读者服务部** 010-62732336
编辑部 010-62732617，2618　　**出　版　部** 010-62733440
**网　　址**　http：//www.caupress.cn　　**E-mail**　cbsszs@cau.edu.cn
**经　　销**　新华书店
**印　　刷**　涿州市星河印刷有限公司
**版　　次**　2022 年 11 月第 1 版　　2022 年 11 月第 1 次印刷
**规　　格**　170 mm×240 mm　　16 开本　　19.5 印张　　315 千字
**定　　价**　68.00 元

# 本书作者


郭立群　张红伟

李　莉　林　嘉　谢育杨　曹　元　李红军

孟晨霞　盛怡瑾　王　群　袁子涵　张潇予

郭　蕾　李　超　丁国荣　赵鸿健　王舒淇

# 前　言

创新创业教育是创新教育和创业教育的有机结合，是对大学生创新创业意识、创新创业精神 、创新创业能力给予培养的新的教育理念和教学模式，是我国促进高校毕业生充分且高质量就业的重要手段，也是我国实施创新驱动发展战略，建设科技强国、人才强国、创新型国家，实现中华民族伟大复兴中国梦的必然要求。

中国农业大学作为国家进行“双一流”建设的重点高校，作为高等农业教育的排头兵，有责任、有义务在创新创业教育促进高质量就业方面积极实践，努力探索。中国农业大学就业创业办公室认真落实国家和学校创新创业教育相关政策，高站位谋划中国农业大学创新创业教育的顶层设计，从课程体系、实践体系、服务体系和保障体系 4 个方面扎实推进学校创新创业教育工作落地生根。

为了更好、更深入地理解创新创业教育，有的放矢且更具创新性和实效性地开展创新创业教育工作，我们组织相关力量一起对创新创业教育促进高质量就业进行了粗浅的研究探索，其成果汇聚成本书。其中，第一章由郭立群、张红伟、袁子涵撰写；第二、四章由孟晨霞、李莉撰写；第三章由张红伟、郭立群、郭蕾撰写；第五、六章由盛怡瑾、林嘉、张潇予、赵鸿健撰写；第七章由王群、谢育杨、李超、王舒淇撰写；第八、九章由李红军、谢育杨、丁国荣撰写；第十章由曹元、李莉撰写。郭立群、张红伟负责全书统稿。林嘉在书稿的出版过程中与出版社编辑密切协作，为本书保质保量按时出版做出了很大的贡献。由于水平有限，我们的研究难免存在不足，还请同行批评指正。

中国社会主义新时代是一个需要创新创业的时代，我们坚信我国的创新创业教育工作将会不断地推陈出新，蒸蒸日上。

郭立群　张红伟

2022 年 8 月 18 日

## 目 录

## Contents

# 第一章

# 绪　论

# 第一节　我国高校创新创业教育的发展历程

我国创新创业教育的发展和创新创业实践紧密相连，其发展时间并不是很长。但是近些年，在国家“大众创业、万众创新”政策的推动下，创新创业教育得到快速发展。2017年8月15日，习近平总书记在给第三届中国“互联网+”大学生创新创业大赛“青年红色筑梦之旅”的大学生回信中勉励道：“希望你们扎根中国大地了解国情民情，在创新创业中增长智慧才干，在艰苦奋斗中锤炼意志品质，在亿万人民为实现中国梦而进行的伟大奋斗中实现人生价值，用青春书写无愧于时代、无愧于历史的华彩篇章。”

## 1. 创新创业的发展

我国的创新创业教育发端于创新创业实践，从相关政策文本中我们可以发现创新能力、创新创业等术语先于创新创业教育这一术语。1998年12月，教育部制定了《面向21世纪教育振兴行动计划》，提出“瞄准国家创新体系的目标，培养造就一批高水平的具有创新能力的人才”，这是国家级政策文件中首次关于创新创业的描述。[①] 2006年2月，国务院出台《国家中长期科学和技术发展规划纲要（2006—2020年）》，进一步指出“实施促进创新创业的金融政策”，并“鼓励和引导科研院所和高等院校的科技人员进入市场创新创业”。该文件再次提及创新创业的说法，并进一步明确了国家对创新创业的重视程度和支持力度。2012年11月，党的十八大明确提出“科技创新是提高社会生产力和综合国力的战略支撑，必须摆在国家发展全局的核心位置”，并指出坚持走中国特色自主创新道路，实施创新驱动发展战略。此后，创新驱动发展被定为国家重要发展战略。

① 1999年1月13日，国务院发布《国务院批转教育部面向21世纪教育振兴行动计划的通知》（国发〔1999〕4号文件）。

2014 年 9 月，李克强总理在出席第八届夏季达沃斯论坛时提出“借改革创新的东风，在中国 960 万平方公里土地上掀起一个大众创业、草根创业的新浪潮”，并强调“形成万众创新、人人创新的新态势”。这是我国官方首次正式提出“大众创业、万众创新”的口号，此后，李克强总理在国内外各种场合多次提及并论述这一关键词。2014 年 11 月，在乌镇举办的首届世界互联网大会上，李克强总理又一次提到“大众创业、万众创新”，并指出“促进互联网共享共治，推动大众创业万众创新”。2015 年 3 月，“大众创业、万众创新”被写入政府工作报告。李克强总理在政府工作报告中强调“我们要把握好总体要求，着眼于保持中高速增长和迈向中高端水平双目标，坚持稳政策稳预期和促改革调结构双结合，打造大众创业、万众创新和增加公共产品、公共服务双引擎，推动发展调速不减势、量增质更优，实现中国经济提质增效升级”，并进一步“推动大众创业、万众创新”。在政府工作报告中，李克强总理深入阐述了“大众创业、万众创新”促进我国经济发展、推动产业转型升级的重要意义，并明确在未来一段时间内国家将为“大众创业、万众创新”搭桥铺路，提供政策、制度、资金等各方面的保障。

2015 年 6 月，国务院印发《关于大力推进大众创业万众创新若干政策措施的意见》，强调在“四个全面”的战略布局下，发展创业服务，构建创业生态，并建设创业创新平台，以激发创造活力发展创新型创业，实现创业带动就业。2015 年 10 月，全国首届“大众创业万众创新活动周”在北京举行，李克强总理在出席相关活动时强调，坚持创新驱动，扎实推进大众创业万众创新，通过不断完善公共产品和服务，不断清除创新创业的障碍，增强创新创业者的试错勇气和底气。2018 年 9 月，主题为“在第四次工业革命中打造创新型社会”的第 12 届夏季达沃斯论坛在天津举行，李克强总理出席开幕式，指出鼓励大众创业、万众创新，培育良好的创业创新生态。完善创业创新服务体系，鼓励大学生、返乡农民工等创业，以创业带动就业。改革科技管理体制，赋予科研人员更多成果所有权和收益权。发挥企业创新主体作用，对企业增加研发投入实行普惠性支持政策。打造开放共享的创新平台，推动大中小企业、科研院所、高校创新，提高创新效率、缩短创新进程。由此，在全国范围内进一步引发了关于“创新创业”的讨论热潮。

“大众创业、万众创新”作为创新创业的进一步表述，其提出有深刻的时代背景。在国际方面，自 2008 年全球爆发金融危机以来，全球经济发展不容乐观，国际动荡频发，同时新一轮科技革命正在兴起，对创新技术与产品的需求量增大；在国内方面，改革开放进入深水区，中国经济也出现了下滑的趋势，全面深化改革要求中国经济向创新形态发展。因此，大众创业、万众创新是新常态下的必然选择①。“大众创业、万众创新”口号的提出，极大地调动了广大人民群众的创业创新热情，大学生、农民工、科研人员、技术骨干等社会各界人员纷纷加入其中，可以说是草根与精英并肩。同时，大众创业、万众创新的平台也是多种多样的，不仅有小微企业，还引入了众创、众包、众扶、众筹等平台，激起了管理方式的变革②。

“大众创业、万众创新”通过一系列政策制度，激发和调动亿万群众的创新创业积极性，让创新创业的理念深入民心，在全社会形成大众创新创业的新浪潮，打造经济发展和社会进步的新引擎③。通过强化创新生态体系建设，支持基础研究和应用基础研究，鼓励企业增加研发投入，加快创新成果转化应用④。大众创业、万众创新的提出，不仅突出要打造经济增长的引擎，而且突出要打造就业和社会发展的引擎，不仅突出精英创业，而且突出草根创业、实用性创新⑤。一方面，通过万众创新，创造出更多的新技术、新产品和新市场；另一方面，通过大众创业，增加更多的市场主体，从而成为经济发展的内在原动力引擎⑥。

自 2014 年“大众创业、万众创新”的口号提出后，中央和地方政府高度重视创新创业相关工作部署，陆续出台了一系列支持创新创业的政策文件（表 1-1）。具体分析国务院出台的主要相关政策，我们可以发现国家对创新创业和创新创业教育做出的发展部署和提出的最新发展要求。

---

① 胡楠楠. 基于“大众创业、万众创新”背景下大学生创业教育研究[D]. 重庆理工大学，2018.

② 李克强. 共绘世界经济增长新蓝图——在第九届夏季达沃斯论坛上的特别致辞[J]. 中国产经，2015(09)：44-49. 2016 年 5 月，中共中央、国务院印发《国家创新驱动发展战略纲要》，提出“创新群体以科技人员的小众为主向小众与大众创新创业互动转变”。

③ 万钢. 以改革思维打造“大众创业、万众创新”的新引擎[N]. 光明日报，(5).

④ 李克强. 在第十二届夏季达沃斯论坛开幕式上的致辞[N]. 人民日报，(2).

⑤ 王昌林. 大众创业、万众创新的理论和现实意义[J]. 科技创业月刊，2016，29(02)：56-57.

⑥ 天津经济课题组，曲宁等. 大众创业、万众创新[J]. 天津经济，2015(05)：28-35.

表 1-1 国务院相关创新创业政策一览表

| 序号 | 文件名称 | 发布时间 |
|---|---|---|
| 1 | 国务院办公厅关于发展众创空间推进大众创新创业的指导意见 | 2015.3.11 |
| 2 | 国务院办公厅关于深化高等学校创新创业教育改革的实施意见 | 2015.5.13 |
| 3 | 国务院关于大力推进大众创业万众创新若干政策措施的意见 | 2015.6.11 |
| 4 | 国务院关于加快构建大众创业万众创新支撑平台的指导意见 | 2015.9.26 |
| 5 | 国务院办公厅关于建设大众创业万众创新示范基地的实施意见 | 2016.5.12 |
| 6 | 国务院办公厅关于支持返乡下乡人员创业创新促进农村一二三产业融合发展的意见 | 2016.11.29 |
| 7 | 国务院关于强化实施创新驱动发展战略进一步推进大众创业万众创新深入发展的意见 | 2017.7.27 |
| 8 | 国务院办公厅关于建设第二批大众创业万众创新示范基地的实施意见 | 2017.6.21 |
| 9 | 国务院关于推动创新创业高质量发展打造“双创”升级版的意见 | 2018.9.18 |
| 10 | 国务院办公厅关于提升大众创业万众创新示范基地带动作用进一步促改革稳就业强动能的实施意见 | 2020.7.30 |
| 11 | 国务院办公厅关于建设第三批大众创业万众创新示范基地的通知 | 2020.12.24 |
| 12 | 国务院办公厅关于进一步支持大学生创新创业的指导意见 | 2021.9.22 |

（1）国务院办公厅《关于发展众创空间推进大众创新创业的指导意见》

2015 年 3 月 11 日，国务院办公厅发布《关于发展众创空间推进大众创新创业的指导意见》，这一政策是 2014 年“大众创业、万众创新”口号提出后国务院出台的第一份相关文件。该文件指出在坚持市场导向、加强政策集成、强化开放共享和创新服务模式的基本原则下，到 2020 年争取形成一批有效满足大众创新创业需求、具有较强专业化服务能力的众创空间等新型创业服务平台；培育一批天使投资人和创业投资机构，投融资渠道更加畅通；孵化培育一大批创新型小微企业，并从中成长出能够引领未来经济发展的骨干企业，形成新的产业业态和经济增长点；创业群体高度活跃，以创业促进就业，提供更多高质量就业岗位；创新创业政策体系更加健全，服务体系更加完善，全社会创新创业文化氛围更加浓厚。该文件将重点任务放在加快构建众创空间、降低创新创业门槛、鼓励科技人员和大学生创业、支持创新创业公共服务、加强财政资金引导、完善创业投融资机制、丰富创新创业活动和营造创新创业文化氛围8个方面，对我国众创空间的建设和创新创业文化的培养提出了详细的指导意见，为未来一段时间内的创新创业实践奠定了政策理论基础。

（2）国务院办公厅《关于深化高等学校创新创业教育改革的实施意见》

2015年5月13日，国务院办公厅发布《关于深化高等学校创新创业教育改革的实施意见》，这是一份国务院出台的“创新创业教育”的专指性文件。该文件提出在提高培养质量、补齐培养短板、汇聚培养合力的原则基础上，从2015年起全面深化高校创新创业教育改革，在2017年取得重要进展，形成科学先进、广泛认同、具有中国特色的创新创业教育理念，形成一批可复制、可推广的制度成果，普及创新创业教育，实现新一轮大学生创业引领计划预期目标。到2020年建立健全课堂教学、自主学习、结合实践、指导帮扶、文化引领融为一体的高校创新创业教育体系，人才培养质量显著提升，学生的创新精神、创业意识和创新创业能力明显增强，投身创业实践的学生显著增加。该文件还指出，创新创业教育改革的主要任务为完善人才培养质量标准、创新人才培养机制、健全创新创业教育课程体系、改革教学方法和考核方式、强化创新创业实践、改革教学和学籍管理制度、加强教师创新创业教育教学能力建设、改进学生创业指导服务、完善创新创业资金支持和政策保障体系9个方面。作为专门面向“创新创业教育”的重要政策文件，对全国各级各类高校开展创新创业教育提出了全新的要求与部署，并为创新创业教育的改革提供了鲜明的路径指引。

（3）国务院《关于大力推进大众创业万众创新若干政策措施的意见》

2015年6月11日，国务院出台《关于大力推进大众创业万众创新若干政策措施的意见》，再次强调推进大众创业万众创新对于推动经济结构调整、打造发展新引擎、走创新驱动发展道路的重要意义。该文件还提出了9项具体的要求，分别为：①创新体制机制，实现创业便利化。要求完善公平竞争市场环境，深化商事制度改革，加强创业知识产权保护，并健全创业人才培养与流动机制。②优化财税政策，强化创业扶持。提出加大财政资金支持和统筹力度，完善普惠性税收措施，发挥政府采购支持作用。③搞活金融市场，实现便捷融资。指出优化资本市场，创新银行支持方式，丰富创业融资新模式等具体实现措施。④扩大创业投资，支持创业起步成长。提出建立和完善创业投资引导机制，拓宽创业投资资金供给渠道，发展国有资本创业投资，并推动创业投资“引进来”与“走出去”。⑤发展创业服务，构建创业生态。要求加快发展创业孵化服务，大力发展第三方专业服务，发展“互联网＋”创业服务，研究探索创业券、创新券等公共服务新模式。⑥建设创业创新平台，增强支撑作用。需要打造创业创新公共平台，用好创业创新技术平台，发展创业创新区域平台。⑦激发创造活力，发展创新型创业。明确表明支持科研人员、大学生和境外人才来华创业。⑧拓展城乡创业渠道，实现创业带动就业。支持电子商务向基层延伸，支持返乡创业集聚发展，并完善基层创业支撑服务。⑨加强统筹协调，完善协同机制。

2015 年上半年国务院连续出台了 3 项创新创业相关政策文件，密集程度足以体现国家对创新创业教育及实践的重视程度。随着《国务院关于大力推进大众创业万众创新若干政策措施的意见》的出台和贯彻落实，全国各地掀起了新一轮创新创业的热潮。

(4) 国务院《关于推动创新创业高质量发展打造“双创”升级版的意见》

2018 年 9 月 18 日，国务院印发《关于推动创新创业高质量发展打造“双创”升级版的意见》，提出创新创业服务全面升级、创业带动就业能力明显提升、科技成果转化应用能力显著增强、高质量创新创业集聚区不断涌现、大中小企业创新创业价值链有机融合、国际国内创新创业资源深度融汇的 6 大战略目标，要求着力促进创新创业环境升级，加快推动创新创业发展动力升级，深入推动科技创新支撑能力升级等。该文件着力于促进创新创业高质量发展，强调了科技创新在创新创业升级发展中的重要作用，并对科技部、知识产权局、发展改革委等各相关部门的职责进行了有效分工。

此时距离第一份“大众创业、万众创新”政策的颁布已经过去 3 年，我国经济已由高速增长阶段转向高质量发展阶段，对推动大众创业万众创新提出了新的更高要求。可以看出，随着大众创业万众创新蓬勃发展，创新创业环境持续改善，创新创业主体日益多元，各类支撑平台不断丰富，创新创业社会氛围更加浓厚，创新创业理念日益深入人心，取得显著成效。

(5) 国务院办公厅《关于进一步支持大学生创新创业的指导意见》

2021 年 9 月 22 日，国务院办公厅《关于进一步支持大学生创新创业的指导意见》印发，就近年来大学生创业面临的融资难、经验少、服务不到位等问题提出了具体的指导意见。该文件指出，将对提升大学生创新创业能力、优化大学生创新创业环境、加强大学生创新创业服务平台建设、落实大学生创新创业财税扶持政策、加强对大学生创新创业的金融政策支持、促进大学生创新创业成果转化、办好中国国际“互联网+”大学生创新创业大赛、加强大学生创新创业信息服务等环节集中发力，将创新创业教育贯穿人才培养的全过程，落实大学生创业政策保障，引导社会资本支持大学生创新创业，建立大学生创新创业信息服务平台，并进一步加强宣传引导。从纵深方向推进大众创业万众创新，促进大学生全面发展，实现大学生更高质量就业。近年来，大学生就业难问题已经成为社会各界关注的重点话题，2020 年新型冠状肺炎疫情的暴发更是给大学生就业问题带来了新的挑战。此份文件在应届生数量高涨和新型冠状肺炎疫情的双重困难下出台，进一步支持大学生创新创业，指明了创新创业教育的发展方向，对促进大学生高质量就业、缓解社会压力、推动产业转型升级等具有重要影响。

由此可以看出，我国的创新创业政策整体上呈现出从初步确立到积极推进、深入发展的 3 个阶段，围绕创新创业这一中心思想，不同时期的政策提出了不同的发展方向，对众创空间、支撑平台、示范基地、教育改革等提出了具体的目标和指导意见，为大众创业、万众创新提供了政策理论基础，有力地支撑了创新驱动发展战略。

### 2. 创新创业教育的发展

目前提到创新创业教育，多数学者一般都会把 1989 年 11 月联合国教科文组织在我国召开的“面向 21 世纪教育国际研讨会”作为我国创业教育的起点，理由是该研讨会提出了“创业教育（enterprise education）”的概念。然而，根据东北师范大学王占仁教授的研究①，早在 1989 年 1 月，胡晓风就在《人民日报》发表题为《关于更新教育思想进行创业教育的探讨》，随后不久又在《四川师范大学学报》发表《创业教育简论》，在这 2 篇文章中就已经提出了创业教育的概念，

① 王占仁. 中国创业教育的历史发端与科学表述论析[J]. 东北师大学报(哲学社会科学版)，2015(04)：181-186.

并归纳了创业教育的基本原则。在胡晓风的推动下，创业教育得到了四川省委主要领导的重视和支持，并在合川市（现重庆市合川区）等地广泛而深入地开展了创业教育试验。实际上，在改革开放初期邓小平同志就提出了在全社会推动“艰苦创业教育的口号”，在更早的时候陶行知等一大批教育家提出了“创造的教育”理念，虽然与当前的创新创业教育有很大差别，但从其本质上而言，也是当时特定时代背景下的创新创业教育①。

创新创业教育存在2个关键性节点②：一是，2010年教育部印发《关于大力推进高等学校创新创业教育和大学生自主创业工作的意见》和《关于做好2011年全国普通高等学校毕业生就业工作的通知》2份文件，首次提出“创新创业教育是适应经济社会和国家战略发展需要而产生的一种教学理念与模式”这一论断，强调了创新创业教育的重要性，提出要在全国全面开展创新创业教育和创业实践活动，并成立国家层面的“高校创新创业教育指导委员会”。在此之前，高校的创新创业教育主要以就业为重点，而这2份文件将创新创业教育政策从就业政策中剥离出来，开创了创新创业教育的新局面。二是，2015年国务院办公厅发布《关于深化高等学校创新创业教育改革的实施意见》，在李克强总理提出“大众创业、万众创新”的口号之后，国家有关部门对创新创业教育进行了改革与升级，在创新驱动发展战略的时代大背景下，对我国的创新创业教育提出了更高的要求。此后，各地方政府也相继出台并落实了一系列配套政策，创新创业教育与实践迎来了新的发展。

### 3. 创新创业教育促进高质量就业

创新创业作为实施创新驱动发展战略的重要载体，已经成为推进经济社会发展、改善民生的重要途径。我国创新创业教育其内涵从就业教育、创业教育不断丰富发展为创新创业教育；创新创业政策数量不断增加，国家的重视程度日益增加，战略布局朝向纵深发展，为创新创业营造了良好的政策环境，同时也对创新创业和就业提出了更高的要求。总的来说，目前创新创业促进就业的新要求主要

---

① 李亚员，李健，冯鑫．中国创业教育的发端、演进与展望[J]．高校教育管理，2017，11(03)：6-14．

② 陈耀，李远煦．改革开放以来我国高校创新创业教育组织变迁及其启示[J]．高等教育研究，2019，40(03)：46-52．

体现在以下几个方面：

首先，从国家层面来讲，要求优化大学生创新创业外部环境，以降低大学生创新创业的门槛，便利大学生创新创业；加强大学生创新创业平台建设，提升大众创业、万众创新示范基地的带头作用；加强对大学生创新创业的政策支持，包括金融政策和创业保障政策；同时，还要求深化劳动力市场化配置机制改革，优化重点群体的就业支持，建立健全高质量就业的评价指标体系①。

其次，从高校层面来讲，要求提升创新创业教育质量，提升教师创新创业教学能力，提升大学生创新创业能力，加强大学生创新创业培训；要求加强大学生创新创业信息服务，建立大学生创新创业信息服务平台，加强宣传引导和交流推广，深入了解大学生创新创业和就业的实际情况，及时帮助解决实际问题等。

最后，从大学生个人层面来讲，要求树立创新创业意识，学习创新创业技能与知识，培植创新创业和敢闯敢为的精神，响应国家“大众创业、万众创新”的号召；关注创新创业政策，积极参加各类创新创业技能大赛，拓展就业视野，以创新创业促进个人高质量就业。

## 第二节 相关概念

### 1. 创新教育

创新最早由经济学家熊彼特等在 1912 年提出，指企业家为获取商业利润而对生产要素进行新的组合。同时，创新至少包含以下 3 个方面的内涵：一是创造前所未有的事物与理论；二是引入新的领域产生新的效益；三是其他的一些有利于实现创新的变革行为②。

创新教育是指为了培养学生的创新能力所开展的教育活动，它是一个具有高

① 赖德胜. 构建新发展格局更好地促进就业[J]. 中国人口科学，2021(01)：2-11.
② 李卫华. “创新”内涵的三层拓展与社会意蕴[J]. 理论前沿，2009(09)：22-24.

度争议的概念，学界目前对其定义还没有达成共识，具有代表性的观点有：①创新教育是素质教育的重要组成部分，重视人的全面发展，在教育过程中以培养创新精神、创新能力为目的，在学习观念上主张自主创新式学习，注重教育民主化与个性化，并给予教育对象充分的发展自身和激发潜能的机会[①]。②创新教育是以培养学生的创新精神和创新能力为基本的价值取向，以发掘创新潜能、弘扬主体精神、促进全面发展为宗旨的教育，是素质教育的重要组成部分[②]。③创新教育是指通过培养人的创业意识、创业思维和创业技能等各种综合素质，最终使被教育者拥有一定创业能力的教育体系[③]。④创新教育主要是指培养具有创新思维、创新能力以及创新人格等创新素质人才的教育活动[④]。

对于高等学校来说，创新教育就是培养受教育者再次觉察的探求和摸索能力、重组已有知识的综合能力、运用现有知识解决存在问题的实践能力的教育活动。凡是以培养受教育者的创新素质、提升受教育者的创新技能为关键目标的皆可统称为创新教育[⑤]。

### 2. 创业教育

创业指对拥有资源进行整合优化从而创造出更大经济价值或社会价值的过程，国外具有代表性的观点认为创业就是察觉和追逐机会的意愿和获得成功的信心和可能性，并且创业包括创业家的个人特性和创业的行为结果[⑥]。

国外的创业教育一般用“entrepreneurship”或“entrepreneurship education”来表示，常被分为 3 种类型[⑦]，即创业基础教育（teaching about entrepreneurship）、创业导向教育（teaching for entrepreneurship）和创业职业教育（teaching through entrepreneurship）。联合国教科文组织将创业教育定义为培养具有开创

---

① 廖志豪．基于素质模型的高校创新型科技人才培养研究[D]．华东师范大学，2012．

② 霍军．创新教育理念下体育教学方法理论与实践研究[D]．北京体育大学，2012．

③ 马永斌，柏喆．大学创新创业教育的实践模式研究与探索[J]．清华大学教育研究，2015，36(06)：99-103．

④ 郑清春，王娜．高校创新教育的内涵、问题及路径选择[J]．黑龙江高教研究，2017(09)：159-161．

⑤ 曹扬．转变经济发展方式背景下高校创新创业教育问题研究[D]．东北师范大学，2014．

⑥ 宋妍．高校创新创业教育与思想政治教育关系研究[D]．东北师范大学，2017．

⑦ 刘帆．高校创新创业教育现况调查及分析——基于全国 938 所高校样本[J]．中国青年社会科学，2019，38(04)：67-76．

性的个人，并指出创业教育及创业精神正越来越受到用人机构的重视[①]。美国考夫曼创业基金会（Kauffman Foundation）认为创业教育的教学内容包括情境分析、自我评估能力、资源整合、团队建设与管理、企业创建等。澳大利亚学者科林·琼斯（Colin Jones）指出创业教育是使学生获得创业知识，进而获得创业智慧，并且能够在学习期间及毕业后创造机会获得自我满足感[②]。

我国的创业教育观念经历了由知识教育到素质教育、由就业教育到择业教育、由创新教育到创业教育的变化[③]，国内学者也常常将创业教育与我国的素质教育联系在一起，认为创业教育就是关于行为创新和探索性行为的育人活动，是一种提升人的创业素质的实践活动[④]。并且从广义上讲，创业教育是培养开创性的个人，其教育内容是以创业者终身持续学习为基础的[⑤]。高校创业教育则是以高等教育为背景，以结合专业教育为前提，通过多种途径，以增强受教育者的创业精神、创业意识、创业知识和创业能力为目标开展的教育活动，使受教育者能够在社会经济、文化和政治等领域创新思想、知识和行为，开辟或扩大新的发展空间，并为他人和社会的探索行为提供机会。因此，创业教育被联合国教科文组织生动地称之为教育的“第三本护照”，被赋予了与学术教育、职业教育同等重要的地位。

创业教育在我国经历了自主探索（1997—2002 年）、试点推广（2003—2010 年）和大力推广（2011 年至今）3 个发展阶段[⑥]。当前高校创业教育面临着良好的发展机遇，即将掀起下一轮发展热潮。

### 3. 创新创业教育

创新教育与创业教育相互关联而又密切联系，首先它们是在两个不同系统中进行的，创新教育主要停留在思想层面，而创业教育则集中在课外实践活动，前者仍然是为了系统知识传授，后者则是为了培养实践素质[⑦]；其次创新教育和创

① 吴红云. 基于人本主义教育视角的研究型大学创业教育模式研究[D]. 中国科学技术大学,2018.
② 张慧. 高职院校创业教育组织的功能及其实现研究[D]. 天津大学,2020.
③ 席升阳. 我国大学创业教育的理论与实践研究[D]. 华中科技大学,2007.
④ 王鹏. 高校创业教育生态系统构建研究[D]. 哈尔滨师范大学,2019.
⑤ 王东明. 当代大学生创业教育研究[D]. 哈尔滨师范大学,2020.
⑥ 宋妍. 高校创新创业教育与思想政治教育关系研究[D]. 东北师范大学,2017.
⑦ 孔洁珺,王颖. 中国高校就业创业教育溯源与释义[J]. 思想教育研究，2015(03):76-80.

业教育具有相同的目标和功能，创新教育在人的发展中具有主导作用，着重于培养学生的创新思维和创新潜力，创业教育则是针对学生目标价值的体现而开展。

创新创业教育不能直白地将其理解为对创新教育和创业教育的简单叠加，而是对创新教育和创业教育的超越与整合，在二者综合的基础上得到了新的发展①。从广义上讲，大学生创新创业教育是关于创造新的伟大事业的一种教育实践活动。从狭义上讲，它是关于创造新的职业工作岗位的一种教学实践活动，是当代大学生走上主动就业、灵活就业、自主创业之路的教育改革活动②。在教育目标上，旨在消除学生在就业与创业衔接过程中存在的教育盲区，最大程度地发挥就业教育与创业教育的价值；在教育内容上，不仅包括就业教育与创业教育两部分内容，而且包括关于就业创业如何相互衔接、如何最大限度地实现职业发展等教育内容③。其核心目标不仅是培养学生企业家，更是培养学生的开创性精神和能力素质，最终成为具有开创性的个人。因此，创新创业教育是一个渐进性过程，内涵本质是培养学生的创新精神和创业意识，拓展了就业教育的新路径，体现了个体价值、社会价值和知识价值的辩证统一④。

### 4. 高质量就业

高质量就业（high-quality employment）的概念最早由 Schroeder 提出，指在某个工作岗位上，劳动者既能获得生活所需的劳动薪酬，又能获得挑战性和满足感⑤。人们从不同角度出发对高质量就业有着不同的解读，具有代表性的观点有以下几种⑥：

解读一：从宏观层面上讲，高质量就业以充分的就业机会、公平的就业环境、良好的就业能力、合理的就业结构、和谐的劳动关系等作为衡量的标准。这种观点是具有权威性和代表性的官方解读。

---

① 石丽，李吉桢．高校创新创业教育：内涵、困境与路径优化[J]．黑龙江高教研究，2021，39(02)：100-104.

② 许德涛．大学生创新创业教育研究[D]．山东大学，2013.

③ 孔洁珺，王颖．中国高校就业创业教育溯源与释义[J]．思想教育研究，2015(03)：76-80.

④ 张冰，白华．“高校创新创业教育”概念之辨[J]．高教探索，2014(03)：48-52.

⑤ 张小诗，于浩．高校毕业生高质量就业的基本内涵[J]．现代教育管理，2016(07)：115-119.

⑥ 刘善堂，成娟．大学生高质量就业的内涵与提升策略[J]．江苏高教，2014(01)：133-134.

解读二：从学生对工作的满意度、收入情况、协议就业率与灵活就业率的比较情况进行界定，认为“三高一低”（学生满意度、收入、协议就业率高，灵活就业率低）的就业就是高质量就业。

解读三：以麦克斯研究院为代表从学生毕业半年后的收入情况、学生工作与专业相关度、学生工作与职业期待吻合度、毕业半年内的离职率、学生的就业现状满意度等维度比较系统地对就业质量进行了界定和衡量。

解读四：以美国圣地亚哥州立大学 Schroeder 教授为代表的国外学者认为，所谓的高质量就业是指个人在其认为具有挑战性和满意感的工作的综合环境中获得谋生所需工资的能力，收入并非高质量就业的唯一衡量标准。

因此，综合来说，高质量就业在宏观层面体现为充分就业，保证经济平稳运行；在主体层面体现为就业者技能水平的提高和自我满足感的提升；在社会层面体现为优化劳动力供给、提高资源配置等；在指标层面则意味着就业稳定性、公平性、自由性以及劳动报酬、晋升机会、社会保障等[①]。

研究表明[②]，创新教育对于学生实现高质量“升学”就业的影响最大，创业教育对于学生高质量“求职”就业的影响最大，因此创新创业教育的有效开展是提升高校毕业生高质量就业的关键。然而，当前高校毕业生数量持续增加，就业价值观呈现出功利化、多元化等，就业矛盾从就业规模能否扩张向就业质量能否提升转变，并且劳动力供求的结构性失衡日益凸显，随着新一轮技术革命的兴起以及产业结构的优化升级，就业的结构性矛盾将更加突出[③]。因此，遵循大学生的认知规律，深入开展创新创业教育，引导大学生就业价值取向，提升大学生高质量就业能力就显得尤为必要[④]。

---

① 曹前满．高质量就业的支撑条件与现实困惑：技术依赖与劳动排斥[J]．经济学家，2021(04)：41-51．

② 周曼，等．创新创业教育与大学生高质量就业——基于江西五所高校调研数据的实证分析[J]．教育学术月刊，2015(09)：89-95．

③ 王娟．高质量发展背景下的新就业形态：内涵、影响及发展对策[J]．学术交流，2019(03)：131-141．

④ 张阳．高职学生高质量就业的困境与对策研究[J]．教育与职业，2021(18)：60-63．

## 第三节　高校创新创业教育相关研究述评

创新创业教育作为近年来高等教育研究最活跃的内容之一，学界做出了很多有益的探讨，本节在进行大量的文献检索、阅读和梳理后，认为相关研究可以大致归纳为创新创业教育问题与对策、创新创业教育生态系统、创新创业教育政策、创新创业教育评价和国外创新创业教育的研究 5 个方面：

### 1. 关于创新创业教育问题与对策的研究

在创新创业教育问题与对策研究方面，学界侧重于从问题入手，切入创新创业教育优化策略研究，一方面梳理当前创新创业教育面临的问题；另一方面从不同的角度出发针对性地提出创新创业教育的优化策略。张晨阳认为当前高校创新创业教育师资力量匮乏，课程体系建设不完善，创新创业教育软硬条件建设基础薄弱，应当建设一支专兼结合的高素质教师队伍，构建科学系统的课程体系，搭建高校创新创业教育实践平台和服务平台①。苏克治认为创新创业教育主要问题表现为应用转化能力不足、教学体系更新迟缓和教育实践短板明显，应从提升治理能力、优化教学体系、强化实践过程和加强文化渲染 4 个方面建构大学创新创业教育的长效机制②。马永斌指出创新创业教育的模式匮乏、课程设置有待改善、师资有待加强、评估模式有待改进等是当前面临的主要问题，亟须开创创新创业教育的新模式、开发优质的创新创业教育课程体系、建设高素质的师资队伍、制定创新创业教育的质量评估标准并加强创新创业教育的支撑体系建设③。刘译阳从政府层面、学生层面和社会层面分析了创新创业教育问题的深层次原

① 张晨阳，梅汉成. 高校创新创业教育：问题、对策及保障措施[J]. 东南大学学报（哲学社会科学版），2020，22(S1)：114-117.

② 苏克治，宋丹，赵哲. 大学创新创业教育的逻辑构成、现实困阻与长效机制[J]. 现代教育管理，2022(03)：40-47.

③ 马永斌，柏喆. 大学创新创业教育的实践模式研究与探索[J]. 清华大学教育研究，2015，36(06)：99-103.

因，提出应当注重加强组织领导和政策引导，健全完善高校创新创业教育体系，着力激发学生创新创业活力，从而积极营造良好创新创业氛围[①]。汪俞辰表示高校缺乏健全的教育管理制度和运行机制，校内外创新创业教育资源整合配置不合理，师生主体参与创新创业教育的主动性不强[②]，并且还面临着组织区隔化、资源分散化、制度碎片化、信息孤岛化的瓶颈制约[③]，需要从政策保障、需求导向、共治共享、协调聚焦、内生动力、质量评价6个方面，完善高校创新创业教育的运行机制，助力高校创新创业教育高质量发展。吴洁指出创新创业教育在人才培养中存在着缺乏成熟的创新创业教育理念、协同育人的管理机制不够健全、创新创业课程体系不够完善和创新创业师资不足等问题[④]，解决之道在于通过教育需求的精确识别构建合作高效的多元供给机制，确立统一多元的育人目标体系、全体系育人的协同机制、知行合一的课程体系和"五位一体"的师资队伍[⑤]。王占仁教授提出"广谱式"创新创业教育理论和大创业教育观，提倡通过"全覆盖""分层次"和"差异化"，努力实现面向全体与分层施教紧密结合、在校教育与继续教育密切衔接、素质教育与职业教育统筹兼顾[⑥]，并开展"实践导向"的课堂教学，构建"实践导向"的参与体验平台，探索"实践导向"的评价激励机制，建设形成"实践导向"的培养体系[⑦]。

创新创业教育不在于功利主义视角下的个人成功或财富创造为目的，而是确立起以"唤醒、激发、培养个体以创新创业活动指引自身获得幸福的能力"为目的的教育[⑧]。在此过程中政府、高校和社会扮演着不同的角色，政府应当加强战略规划，突出政策的针对性与有效性；高校需要完善创新创业教育组织模式，改

① 刘译阳，边恕．高校创新创业教育存在的问题、原因及对策[J]．现代教育管理，2019(09):32-37.

② 汪俞辰．高校创新创业教育模型构建及运行机制研究[J]．教育与职业，2020(17):62-66.

③ 丁月华，张明丽．高校创新创业教育体系的整体性治理[J]．思想理论教育，2022(02):101-106.

④ 吴洁，牛彦飞．创新驱动背景下高校创新创业人才培养机制[J]．教育与职业，2019(23):63-67.

⑤ 王敬国．新时代高校创新创业教育体系的构建路径[J]．中国高等教育，2021(18):48-50.

⑥ 王占仁．"广谱式"创新创业教育的体系架构与理论价值[J]．教育研究，2015,36(05):56-63.

⑦ 王占仁．高校创新创业教育观念变革的整体构想[J]．中国高教研究，2015(07):75-78.

⑧ 王志强，郭宇．"追求成功"还是"追求幸福"：对创新创业教育目的的伦理审思[J]．教育发展研究，2022,42(01):77-84.

进创新创业教育内容与方式；而社会可以完善融资渠道，打造专业化社会服务机构[①]。在此背景下，相关学者提出应该开展创新创业教育改革，通过整合创新创业教育管理资源、教学资源、平台资源、社会资源等[②]，构建政校企合作的深度跨界整合机制，开展创新创业教育整体性治理。也有学者从思想政治教育理念和教育法制化入手，以社会主义核心价值观为引领，推进实践教学改革，并加快创新创业教育领域的教育行政法治化体系建设[③]。

此外，还有学者展开了一系列实证研究，胡玲调研150所高校典型数据，以开设创新创业课程数、是否成立创新创业学院、校内外创新创业实践场地面积、专职指导教师人数为四大投入因子，以年均创新创业项目数、创新创业受益学生人数、年均创业团队注册公司数为产出因子，衡量高校在创新创业领域的投入产出关系，研究表明高校专设的创新创业学院对高校创新创业教育效果的提升有显著的推动作用，且专职指导教师数量对创新创业教育效果有着最为显著的正面影响[④]。刘帆调研全国938所高校创新创业教育现况，统计结果显示：①高校创新创业教育整体上处于发展的初级阶段；②高校间创新创业教育发展差距小，趋同化明显；③高校创新创业教育运营比较封闭，资源对外依存度低，因此他建议转换高校创新创业教育的驱动力，从行政外力推动转向高校内生驱动，从同质化的普适教育转向差异化的特色教育，同时提高高校创新创业教育资源对外依存度，实现校内外协同发展[⑤]。

## 2. 关于创新创业教育生态系统的研究

在创新创业教育生态系统研究方面，学界从生态系统定义及意义、发展阶段、构建方法、运行机制等方面展开了论述。创新创业教育生态系统（entrepreneurship education ecosystem）建立在生态系统理论和教育生态理论的理论基础

① 梅伟惠，孟莹. 中国高校创新创业教育：政府、高校和社会的角色定位与行动策略[J]. 高等教育研究，2016，37(08)：9-15.

② 钟淑萍. 高校创新创业教育资源整合路径[J]. 思想政治教育研究，2020，36(02)：156-160.

③ 严毛新. 教育行政法治化视角下的高校创新创业教育[J]. 中国高教研究，2020(03)：71-77.

④ 胡玲，杨博. 高校创新创业教育效果的影响因素研究——基于2016—2018年我国150所创新创业典型经验高校的数据[J]. 华东师范大学学报(教育科学版)，2020，38(12)：64-75.

⑤ 刘帆. 高校创新创业教育现况调查及分析——基于全国938所高校样本[J]. 中国青年社会科学，2019，38(04)：67-76.

上，这一概念首先从“创业生态系统”衍生而来，最早由西方学者提出。成希在其博士论文中对创新创业教育生态系统做出如下定义：创新创业教育生态系统是从生态学的角度考察高校创新创业教育，即由创新创业教育各个要素构成的具有特定功能，并能产生整体综合效应的生态系统。在这个系统中，要素与环境之间相互联系、相互作用，并通过能量、物质、信息相互联结构成有机整体，并指出创新创业教育生态系统代表着创新创业教育体系的高阶进化形态，体现了一种创新创业要素的共生关系，并强调了外部环境对教育的作用①。王菡侧重从要素的角度考察创新创业教育生态系统的定义，她认为高校创新创业教育生态系统是由学生、教师、大学、企业、政府、组织机构以及课程、平台、服务等要素构成的复杂系统，这些创新创业教育要素在系统中分别承担供给者、需求者、分解者和环境的角色，并通过不同的交互机制促进以知识流为载体的物质和能量交换，从而产生整体效益并促进系统向前发展，并且她认为高校创新创业教育生态系统具有多样性和层次性的特点，可以根据供需关系的内涵将其分为宏观、中观、微观 3 个层面②。

推进高校创新创业教育生态系统相关研究源于我国高校创新创业教育生态系统建设的现实需求，服务于国家重大战略发展需要，具有十分重要的时代意义③。不同学者从不同的角度出发对生态系统的发展阶段进行了不同的划分，如宋之帅认为高校创新创业教育生态系统主体经历了探索起步、试点改革和深入实施 3 个演变历程④。徐小洲将生态系统战略发展期划分了 4 个关键节点⑤，具体为：①2020 年：构建横向互联的创新创业教育协作体系；②2025 年：构建纵向贯通的学校创新创业教育体系；③2035 年：构建创新驱动型创业教育生态体系；④2050 年：构建全球化、创新型创业教育生态系统。李亚员等指出，创新创业教育生态教育相关研究经历了以下几个阶段：①起步阶段（2005—2011 年）：创业生态系统范畴下的创业教育生态系统研究；②转换阶段（2012—2015 年）：从

① 成希. 研究型大学创新创业教育生态系统构建研究[D]. 湖南师范大学，2018.

② 王菡. 高校创新创业教育生态系统构建与运行机制研究[J]. 北京邮电大学学报(社会科学版)，2022，24(01)：95-101.

③ 李亚员，李畅，牛亚飞. 高校创新创业教育生态系统建设的中国特色探析[J]. 思想教育研究，2021(04)：129-134.

④ 宋之帅. 工科高校创新创业教育模式研究[D]. 合肥工业大学，2014.

⑤ 徐小洲. 创新创业教育评价的 VPR 结构模型[J]. 教育研究，2019，40(07)：83-90.

关注创业生态系统转向创新创业教育生态系统；③深化阶段（2016 年至今）：从创新创业教育生态系统的普适性研究向彰显中国特色拓展①。

对来自中外 4 个国家 8 所典型高校的实践案例进行深入剖析后发现，理想的高校创新创业教育生态系统应涵盖目标理念、领导机制、组织机构等 10 个关键要素，具备操作系统、组织系统和支撑系统 3 个分系统，并体现专业化、一体化及实效化的鲜明特征②。从运行机制上而言，育人机制是高校创新创业教育生态系统演替的内驱力，激励机制是高校创新创业教育生态系统的动态平衡力，而协同机制则是高校创新创业教育生态系统的适应力③，因此，应当创新育人机制，更加突出高校教育主导地位；建立协同机制，更加注重生态主体整体联动；同时完善评价机制，更加注重生态系统运行效果④。

在此背景下，有学者提出了构建政府、学校、企业三方协作的创新创业教育生态系统机制，优化政府创新创业教育政策导向，完善以创新创业学院为平台的高校创新创业教育管理体制，并创新以人才培养质量提升为导向的教育教学模式⑤。也有学者指出在构建创新创业教育生态系统时，首先应以理念转变为核心，构建创新创业教育课程与教学生态，满足创新创业人才培养的需要；其次以协同机制为牵引形成创新创业教育发展合力，不断释放研究型大学创新创业活力；最后还要以支持体系为重点，通过政策和经费支持、平台服务构建和文化环境培育，推动创新创业教育生态的共建共享。还有学者认为，创新创业生态系统具有多样性、复杂性、异质性、协同性等多种特征，应当将“立德树人”融入创新创业教育，加强思想价值观引领，形成“立德树人”引领下的高校创新创业教育生态系统⑥。

---

① 李亚员，牛亚飞，李畅. 我国高校创新创业教育生态系统建设研究的成效与展望[J]. 高校教育管理. 2021，15(04)：115-124.

② 李亚员，牛亚飞，李畅. 我国高校创新创业教育生态系统建设研究的成效与展望[J]. 高校教育管理. 2021，15(04)：115-124.

③ 王菡. 高校创新创业教育生态系统构建与运行机制研究[J]. 北京邮电大学学报(社会科学版). 2022，24(01)：95-101.

④ 宋之帅. 工科高校创新创业教育模式研究[D]. 合肥工业大学，2014.

⑤ 徐小洲. 创新创业教育评价的 VPR 结构模型[J]. 教育研究，2019，40(07)：83-90.

⑥ 姚远，吴放. “立德树人”在高校创新创业教育生态系统中的价值引领研究——以嵌入理论为视角[J]. 学校党建与思想教育，2019(21)：90-94.

### 3. 关于创新创业教育政策的研究

在创新创业教育政策研究方面，学界侧重于梳理政策在不同时期的演变过程和变迁机制，并对政策取得的成就与不足展开理性探讨。学界对创新创业教育政策的研究经历了从就业政策到创新创业政策再到创新创业教育政策的转变过程（表 1-2）。

**表 1-2 创新创业教育相关政策阶段划分**

| 学者 | 研究对象 | 阶段划分 |
| --- | --- | --- |
| 钟云华 | 就业政策 | 政策孕育期、起步探索期、规范建设期、继承完善期 |
| 张　超 | 创新创业政策 | 全面整顿阶段（1978—1984 年）<br>系统改革阶段（1985—1994 年）<br>深化改革阶段（1995—2005 年）<br>创新驱动发展阶段（2006—2017 年） |
| 谭　玉 | 创新创业政策 | 初步确立阶段（1998—2008 年）<br>积极推进阶段（2009—2014 年）<br>深入发展阶段（2015—2018 年） |
| 郑石明 | 创新创业政策 | 中央：政策酝酿、政策探索、全面推进<br>地方：试点阶段、试点扩散、全面扩散 |
| 何庆江 | 创新创业教育政策 | 萌芽起步阶段（1997—2001 年）<br>试点探索阶段（2002—2009 年）<br>全面推进阶段（2010 年至今） |
| 刘春湘 | 创新创业教育政策 | 政策起步期（1999—2009 年）<br>政策扩散期（2010—2014 年）<br>政策全面落实期（2015 年至今） |
| 周　倩 | 创新创业教育政策 | 政府主导（1998—2001 年）<br>政校融合（2002—2007 年）<br>企业介入（2008—2012 年）<br>三方协同（2013—2017 年）<br>体系构建（2017 年至今） |
| 杨　冬 | 创新创业教育政策 | 发轫初创（1998—2001 年）<br>试点实施（2002—2009 年）<br>全面推广（2010—2014 年）<br>转型升级（2015 年至今） |

对于就业政策而言，我国基层就业政策的变化经历了政策孕育期、起步探索期、规范建设期和继承完善期 4 个变迁阶段[①]。新中国成立 70 年来，就业政策始终坚持以保障和改善民生为根本，以实现更高质量和更充分就业为目标，为新时代的就业工作提供了明确的方向指引[②]，但就业政策相关内容尚需进一步丰富，政策资源供给和政策执行绩效评价仍需进一步加强。

对于创新创业政策而言，演变阶段的划分不同学者有着不同的观点，张超分析了 1978—2017 年 693 份创新创业政策文件，发现相关政策呈现全面整顿阶段（1978—1984 年）、系统改革阶段（1985—1994 年）、深化改革阶段（1995—2005 年）和创新驱动发展阶段（2006—2017 年）4 个阶段，且《国家中长期科学和技术发展规划纲要（2006—2020 年）》在 4 个阶段中属于最核心的政策文件[③]。谭玉以 1998—2018 年间国务院、各部委发布的 59 篇创新创业政策为研究对象，将大学生创新创业政策划分为 3 个阶段，分别为：初步确立阶段（1998—2008 年），此时政策导向侧重于就业；积极推进阶段（2009—2014 年），政策导向由就业转变为大学生就业创业；深入发展阶段（2015—2018 年），大学生创新创业进入一个新的发展阶段[④]。郑石明对 2000—2017 年中央及地方共 1 382 份创新创业政策文本的分析表明，中央政策经历了政策酝酿、政策探索和全面推进 3 个阶段，地方政策则经历了试点阶段、试点扩散阶段和全面扩散阶段 3 个阶段[⑤]。

创新创业政策整体上呈现地方试点到中央认可再到全面实施的扩散路径，政策文件的数量在波动中逐渐稳定，侧重于使用激励型政策，变化轨迹与经济发展呈现出高度契合性。但相关政策联合发文数量少，缺乏连续性，且多数停留在理论层面，缺乏量化考核。因此应该加强跨部门合作，逐步形成政策支撑体系，加强政策工具多样化，全面支持创新创业，并建立创新创业考核指标体系。

① 钟云华，刘姗. 新中国成立以来高校毕业生基层就业政策变迁逻辑与发展理路——基于 1949—2020 年政策文本的分析[J]. 高校教育管理，2021，14(02)：114-124.

② 谢秀军，陈跃. 新中国 70 年就业政策的变迁[J]. 改革，2019(04)：16-26.

③ 张超，官建成. 基于政策文本内容分析的政策体系演进研究——以中国创新创业政策体系为例[J]. 管理评论，2020，32(05)：138-150.

④ 谭玉，李明雪，吴晓旺. 大学生创新创业政策的变迁和支持研究——基于 59 篇大学生创新创业政策文本的分析[J]. 现代教育技术，2019，29(05)：112-118.

⑤ 郑石明，李佳琪，李良成. 中国创新创业政策变迁与扩散研究[J]. 中国科技论坛，2019(09)：16-24.

对于创新创业教育政策而言，其阶段的划分更加细致而多元。从政策变化的角度，何庆江将创新创业教育政策划分为萌芽起步阶段（1997—2001 年）、试点探索阶段（2002—2009 年）和全面推进阶段（2010 年至今）[①]。从角色主导的角度，周倩认为创新创业教育政策经历了政府主导（1998—2001 年）、政校融合（2002—2007 年）、企业介入（2008—2012 年）、三方协同（2013—2017 年）和体系构建（2017 年至今）5 个阶段[②]。从制度变迁的视角出发，杨冬把创新创业教育政策划分为如下 4 个阶段：发轫初创（1998—2001 年），创新创业教育政策散嵌于国家宏观教育政策；试点实施（2002—2009 年），创新创业教育政策进行局部规范化建构；全面推广（2010—2014 年），创新创业教育政策趋于规模化与系统化发展；转型升级（2015 年至今），创新创业教育政策聚焦于质量提升与体系优化[③]。

总体来看，我国主要存在着 4 类创新创业教育政策，分别是：①推进高校创新创业教育课程及师资建设方面的政策；②鼓励教师等专业技术人员直接参与创业方面的政策；③加强创新创业教育空间设施建设方面的政策；④税收优惠支持创新创业教育方面的政策。但是目前的创新创业教育政策以行政规范性文件为主，独立性的政策文本较少，政策间矛盾与重复并存，缺乏协同性和稳定性[④]。因此相关研究建议从政策角度建立创新创业教育质量评估体系，增强大学生创新创业教育的实效性；从政策角度加强产学研合作平台建设，推动高校创新创业教育的协同性，并建设创新创业教育的政策支撑体系[⑤]。也有学者认为目前创新创业教育政策存在政策体系不完善、创新创业教育系统不健全、企业与高校间缺乏有效联动机制等问题，建议完善创新创业教育政策的内容制定，提高创新

① 何庆江，雷祺，吴学兰．基于政策梳理的高校创新创业教育问题研究[J]．黑龙江高教研究，2022，40(03)：133-138．

② 周倩，胡志霞，石耀月．三螺旋理论视角下高校创新创业教育政策的演进与反思[J]．郑州大学学报(哲学社会科学版)，2019，52(06)：54-60．

③ 杨冬．我国高校创新创业教育政策变迁的轨迹、机制与省思[J]．高校教育管理，2021，15(05)：90-104．

④ 何庆江，雷祺，吴学兰．基于政策梳理的高校创新创业教育问题研究[J]．黑龙江高教研究，2022，40(03)：133-138．

⑤ 任胜洪，刘孙渊．高校创新创业教育政策的演进逻辑及展望[J]．教育研究，2018，39(05)：59-62．

创业教育政策执行力，并健全创新创业教育政策监督机制①。还有学者指出政策制定时应当注重创新创业教育的社会价值与本体价值的平衡与统一，统筹创新创业教育的评价驱动和内涵发展，引领创新创业教育实践向提质增效的纵深层次迈进②。

然而，当前我国创新创业教育政策在实施过程中存在明显的越轨现象，高校将鼓励大学生创业作为提升就业率的途径，将创业率当成衡量创业教育成效的唯一指标，创业也被视为缓解社会就业压力的手段和大学生追名逐利的工具③。从多元制度逻辑的分析角度看，高校创新创业教育政策执行的失真，是国家教育机关、高校管理者和基层教学单位 3 个责任方相互制衡的结果④，创新创业教育亟须回归本位，创新创业教育政策应当及时给出方向指引。

### 4. 关于创新创业教育评价的研究

在创新创业教育评价研究方面，相关研究提出了一系列评价的指标体系，并对创新创业教育的质量、绩效、环境等开展评价研究。李旭辉从系统工程的视角出发，从创新创业环境、创新创业教育投入、创新创业教育产出 3 个方面构建了高校创新创业教育效果评价指标体系，并应用群组 G1 法和非线性加权法进行了评价指标赋权和评价模型设计⑤。张敏以 CIPP 模式为主线，对当前创新创业教育评价体系进行系统分析，围绕一级指标和二级指标，确定高校创新创业教育的观测点，进一步剖析 CIPP 教育评价模式实质⑥。张露颖从评价目的、评价内容、评价主体、评价客体、评价方法、评价标准、评价结果 7 个方面构建职业教育创

① 周倩，胡志霞，石耀月．三螺旋理论视角下高校创新创业教育政策的演进与反思[J]．郑州大学学报（哲学社会科学版），2019，52(06)：54-60．

② 杨冬．我国高校创新创业教育政策变迁的轨迹、机制与省思[J]．高校教育管理，2021，15(05)：90-104．

③ 叶刘雨．工具理性弥漫与价值理性回归——基于我国创新创业教育政策的分析[J]．扬州大学学报（高教研究版），2021，25(01)：79-85．

④ 郭裕湘．我国高校就业教育政策执行失真的多元制度逻辑分析[J]．湖北社会科学，2013(06)：173-176．

⑤ 李旭辉，胡笑梅，汪鑫．高校创新创业教育效果评价体系研究——基于群组 G1 法的分析[J]．教育发展研究，2016，36(21)：29-36．

⑥ 张敏，李安然．基于 CIPP 的高校创新创业教育评价体系：目标、要素及内涵分析[J]．中国大学生就业，2021(06)：48-52．

新创业教育评价体系，对职业教育的创新创业实践提供了重要的理论参考①。高云针对高校创新创业教育评价中科学性和规范性不足的问题，采用模糊层次分析法构建了针对转型发展高校的创新创业教育评价体系，并对辽宁省10所转型发展高校创新创业教育总体情况进行实地评价，增加了研究的可信度②。贾建锋采用文献研究、案例分析与行为事件访谈等方法提取创新创业教育评价指标要素，从反应层、学习层、行为层和结果层4个层面出发，构建了具有4项一级指标、9项二级指标和22项三级指标的高校创新创业教育评价指标体系③。李圣利用AHP方法构建适用于丝绸之路沿线高校创新创业教育的评价体系标准，具体包含价值塑造、能力培养、平台支撑、政府支持和经济实效5大一级指标，并通过实践评价后发现相关院校创新创业能力有待强化、校企平台亟待健全、政府支持力度有待加强，从而验证了评价体系的可操作性与科学性④。徐小洲通过扎根理论对访谈资料进行内容分析，搭建出VPR三维三级创新创业教育评价的理论结构模型，该模型由3个一级维度、8个二级维度和29个三级评价维度构成：一级维度为价值评价（value）、过程评价（process）和结果评价（result）；二级维度为精神价值、现实价值、政策投入、教育投入、学生发展、企业发展、创业者绩效、产品与成果。该指标具有丰富性和多元性的特征，进一步深化了创新创业教育评价的相关研究⑤。

相关研究进一步对创新创业教育的绩效、环境和质量展开了丰富而多维的评价。卓泽林对全国596所高校的创新创业教育绩效进行问卷调研，数据分析结果表明创新创业教育绩效主要受到创新创业的保障机制、组织领导、课程体系、教学管理和师资建设等因素的影响，需要高校构建教育背景多元化的创新创业教育

① 张露颖，张明伟，王莺．职业教育创新创业教育评价体系研究[J]．教育与职业，2021(08)：96-99.

② 高云，等．基于FAHP的转型发展高校创新创业教育评价指标体系构建[J]．创新创业理论研究与实践，2021,4(23)：1-5.

③ 贾建锋，姚旭生．高校创新创业教育评价体系设计——基于消费者导向评价模式理论的视角[J]．东北大学学报(社会科学版)，2019,21(01)：82-88.

④ 李圣，查钢强，李春科．"丝绸之路"沿线高校创新创业教育评价体系构建研究[J]．西安财经大学学报，2021,34(05)：88-96.

⑤ 徐小洲．创新创业教育评价的VPR结构模型[J]．教育研究，2019,40(07)：83-90.

师资队伍，并完善相应的创新创业绩效评价体系[①]。徐占东等对高校创新创业教育环境展开评价，应用理论分析、德尔菲法和层次分析法确定了环境评价指标体系，并对江苏省 400 名高校创业者进行了问卷调研，提炼出制约高校双创教育环境发展的 10 个薄弱指标，进而提出了高校创新创业教育环境评价九大因素模型[②]。

后续研究展开了大规模的问卷调查与数据分析。祝成林等收集了全国 31 个省市高职院校的 28 232 份有效问卷，分析结果表明高职院校创新创业教育质量评价总体上处于中等偏上水平，对提升学生创业技能相对不足，且不同背景的学生对创新创业教育质量评价存在显著差异，政府支持、师生共创、创业竞赛等要素对创新创业教育成效存在着显著影响[③]。黄兆信等从全国 1 231 所高校回收了 201 034 份有效问卷，发现创业实践是影响学生创业意愿的最主要因素，同时国内的创新创业教育还存在着创业课程类型有待丰富、创业教育师资仍然短缺、创业竞赛项目的落地有待提高等一系列问题[④]。这 2 项研究针对性地发现了当前创新创业教育中存在的短板，相关研究结论为创新创业教育改革提供了重要的科学依据。

在评价指标体系的构建方面，王占仁指出应充分考虑主观和客观指标、短期和长期指标等特殊因素，形成模块化评价指标体系；在创新创业教育质量评价方面，王占仁教授指出，不能单纯以应届毕业生的创业率这一数量指标来评价创新创业教育效果。创新创业教育的评价应当建立在科学评价的基础上，建立其余创新创业教育价值观相匹配的评价方式，形成全新的评价观念[⑤]。

---

① 卓泽林，等．创新创业教育绩效评价体系建构——基于全国 596 所高校的实证研究[J]．中国电化教育，2020(08)：48-54．

② 徐占东，等．“双创”情境下高校创新创业教育环境评价研究[J]．技术经济与管理研究，2018(04)：38-42．

③ 祝成林，和震．基于“过程-结果”的高职院校创新创业教育质量评价研究[J]．南京师大学报(社会科学版)，2020(03)：63-72．

④ 黄兆信，黄扬杰．创新创业教育质量评价探新——来自全国 1231 所高等学校的实证研究[J]．教育研究，2019，40(07)：91-101．

⑤ 王占仁，等．创新创业教育评价的现状、问题与趋势[J]．思想理论教育，2016(08)：89-94．

### 5. 关于国外创新创业教育的研究

在国外创新创业教育研究方面，很多学者对世界主要科技强国的创新创业教育现状及经验进行了介绍。张燕妮从法国高校的创新创业教育的理念、模式、课程体系建设和教学方法 4 个方面重点介绍了法国创新创业教育的现状①。崔军详细分析了英国政府 2019 年发布的高校《创新创业教育框架》，该框架澄清了创新教育和创业教育的区别与衔接，展现了创新创业能力导向的设计思路，为英国高校的创新创业教育提供了政策方向和顶层设计②。王志强介绍了以色列理工学院的创新创业教育成功经验，该校凭借创新创业中心、科学园、研发基金会、跨学科研究中心等创业基地，通过培育创新创业文化、引进先进创业师资、开发创新创业课程、完善创新创业组织架构等一系列措施构建起创新创业教育生态系统，呈现出资金来源多元化、创业文化影响扩大化、创业教育实践纵深化、科研成果转化简易化的教育特点③。魏泽研究了新西兰创新创业教育中的“设计工厂”模式，作为解决复杂问题的共创空间，“设计工厂”已经成为高校开展创新教育的有效模式，相关活动已经遍布全球五大洲。新西兰怀卡托理工学院作为“设计工厂”全球网络的成员之一，以“设计工厂”为平台载体实施创新教育，构建了高校、企业、社区、政府等多元主体参与的共创空间④。闫佳祺对发达国家的创新创业教育研究发现，发达国家的创新创业教育均经历了从边缘化到被逐渐重视的过程，创新创业教育课程内容丰富，创新创业课程师资队伍采用“专职教师 + 兼职教师”模式，创新创业教育扶持资金来源广⑤。李珂介绍了德国和新加坡的创新创业教育经验，前者因材施教开展创新创业教育，从校外聘请兼职导师作为创新创业教育的主体；后者具有完善的创业政策体系，相关课程设置具有国际视

① 张燕妮. 法国创新创业教育的现状和启示[J]. 江苏高教，2020(09):121-124.

② 崔军. 英国高校创新创业教育国家框架:理念更新与思路借鉴[J]. 比较教育研究，2020,42(05):63-69.

③ 王志强,朱黎雨. 以色列创新创业教育生态系统的构建及其启示——以以色列理工学院为例[J]. 河北师范大学学报(教育科学版)，2020,22(01):67-74.

④ 魏泽. 共创空间:高校创新教育“设计工厂”模式的案例分析——以新西兰怀卡托理工学院为例[J]. 中国电化教育，2018(11):46-53.

⑤ 闫佳祺,关晓丽. 美国、英国和日本高校创新创业体系的多案例研究及启示[J]. 当代教育科学，2015(21):48-53.

野，且建立起一大批高水平的专业教师队伍，并对成果转化设置了明确的产业导向目标①。

此外，相关研究重点梳理了美国高校创新创业教育特点及其生态系统构建，汪怀君发现美国研究型高校创新创业教育生态系统主要包含4个方面，分别是创新创业法治与服务生态系统、创新创业教育生态、创新创业社区生态以及各部分生态系统深度融合②，其创新创业教育具有鲜明的特征，专门化的创新创业教育管理、专兼职相结合的创新创业师资队伍、跨学科的创新创业课程、以创新创业活动为主的第二课堂教育形式以及政府高校企业相结合的运行机制等进一步保障了创新创业教育与实践的质量③。斯坦福大学重视创新意识在商业成果转化中的价值，拥有完善的创业资本支持体系，实施高效灵活的激励措施，拥有完善的创业课程体系，不断更新创新创业教育发展模式，利用资本、产业、校友等资源在校外的孵化性支持，借助政府和社会等有利条件带动整个创新创业教育生态系统有机运行④。麻省理工学院通过大量的创新创业项目、竞赛及课程，形成了多样性、开放性、包容性的创新创业精神，深刻影响了美国乃至全球各地的创新创业教育理念。许涛全面描述了麻省理工学院创新创业教育的发展历程、经验和成就，从创新创业教育课程设置、组织管理、竞赛项目、创业俱乐部等方面分析了麻省理工学院开展创新创业教育的实践活动，并针对性地总结了对我国开展创新创业教育的启示与借鉴⑤。

## 6. 研究述评

围绕创新创业教育，国内诸多学者从不同维度出发开展了大量研究。研究阶段上从聚焦高校创新创业教育的概念内涵，转变至对高校创新创业教育体系路径

---

① 李珂. 创新创业教育的国际比较与借鉴[J]. 自然辩证法研究，2017,33(09):73-78.

② 汪怀君. 美国研究型大学的创新创业教育生态系统及其启示[J]. 黑龙江高教研究，2020,38(06):73-79.

③ 包水梅，杨冬. 美国高校创新创业教育发展的基本特征及其启示——以麻省理工学院、斯坦福大学、百森商学院为例[J]. 高教探索，2016(11):62-70.

④ 姚小玲，张雅婷. 美国斯坦福大学创新创业教育生态系统探究[J]. 山西大学学报(哲学社会科学版)，2018,41(05):122-127.

⑤ 许涛，严骊. 国际高等教育领域创新创业教育的生态系统模型和要素研究——以美国麻省理工学院为例[J]. 远程教育杂志，2017,35(04):15-29.

的总结与反思，进而延伸到对“互联网+”创新创业教育等前沿问题的探析，相关研究主题动态延续，与高校创新创业教育的改革紧密联系①。研究方法上以理论探讨为主的定性研究逐渐转向以问卷调研、数据分析为主的实证研究。研究主题上对创新创业教育问题对策、创新创业教育生态系统、创新创业教育政策、创新创业教育评价和国外创新创业教育等进行了丰富而有益的讨论，丰富了创新创业教育的研究内容，拓展了创新创业教育的研究边界，为创新创业教育的改革、创新创业教育政策的制定、创新创业教育评价指标体系的建立健全等提供了重要的理论基础和科学依据，同时也给我们提供了很多启示与参考。

总的来说，我国创新创业教育相关研究目前仍处于起步和探索阶段，相关理论和实证研究还需要进一步总结和凝练，创新创业教育研究的重要理论尚未形成，研究范式尚未达成共识，创新创业教育的理论研究、政策推动和现实发展等方面都还有较大的研究空间②。因此，我们希望通过我们的研究，结合中国农业大学在创新创业教育方面的实践探索，一起为我国高校创新创业教育的发展添砖加瓦。

① 武毅英，杨冬．近20年中国高校创新创业教育研究的知识图谱[J]．现代大学教育，2019(04)：53-63．

② 宋妍．高校创新创业教育与思想政治教育关系研究[D]．东北师范大学，2017．

# 第二章

# 高校创新创业教育促进高质量就业的政策分析

# 第一节 创新创业教育政策分析

我国高校创新创业教育的发展属于政府推动型，与政府制定的各项相关政策息息相关。高校创新创业教育的效果与政府制定创新创业教育政策的科学性、合理性密切相关，因此对创新创业教育政策加以分析对我们深入了解我国创新创业教育的发展具有十分重要的意义。

自 20 世纪末开始，我国陆续推出一系列创新创业教育相关政策，本章拟以国务院、教育部等中央各部委官方网站、中国政府网创新创业政策专栏为政策获取来源，检索政策文本中含“创新教育”“创业教育”的相关文件，并根据文件内容加以筛选。需要说明的是，本章研究的是创新创业教育政策，是创新创业政策中与开展创新创业教育相关的政策，而非广义的创新创业政策。此外，本章重点关注我国宏观层面的创新创业教育政策，考虑到地方政府及高校的相应政策多是遵循国家层面政策框架下提出的，在梳理分析时以国家宏观层面的创新创业教育政策为主，不再聚焦某一地区或某一高校的相关政策文件详细分析。同时，由于本章聚焦高校创新创业教育，因此也将剔除与职业教育相关的政策文件。最终以按照如上原则筛选后的政策文件作为本章分析样本。

## 1. 创新创业教育政策梳理

本节以中央政策文件为主脉络，结合政策出台时间及我国创新创业教育的实际发展情况，分阶段对创新创业教育政策加以梳理（表 2-1）。具体而言可以从以下 3 个阶段进行梳理：

**表 2-1 高校创新创业教育关键政策概览**

| 政策标题 | 发文时间 | 发文单位 |
|---|---|---|
| 关于印发《面向二十一世纪深化职业教育教学改革的原则意见》的通知 | 1998.2 | 教育部 |

续表 2-1

| 政策标题 | 发文时间 | 发文单位 |
| --- | --- | --- |
| 关于贯彻十五届三中全会精神促进教育为农业和农村工作服务的意见 | 1998.12 | 教育部 |
| 国务院批转教育部面向 21 世纪教育振兴行动计划的通知 | 1999.01 | 国务院 |
| 关于印发《高等学校骨干教师资助计划》及其实施管理办法的通知 | 1999.10 | 教育部 |
| 关于实施“新世纪高等教育教学改革工程”的通知 | 2000.01 | 教育部 |
| 全国教育事业第十个五年计划 | 2001.07 | 教育部 |
| 创业教育试点工作座谈会纪要 | 2002.04 | 教育部 |
| 关于在部分高等院校开展“创办你的企业”(SYB)培训课程试点的通知 | 2004.07 | 劳动和社会保障部办公厅、教育部办公厅 |
| 关于引导和鼓励高校毕业生面向基层就业的意见 | 2005.06 | 中共中央办公厅、国务院办公厅 |
| 关于印发《大学生职业发展与就业指导课程教学要求》的通知 | 2007.12 | 教育部 |
| 国务院办公厅转发人力资源社会保障部等部门关于促进以创业带动就业工作指导意见的通知 | 2008.09 | 国务院 |
| 关于做好 2010 年普通高等学校毕业生就业工作的通知 | 2009.11 | 教育部 |
| 教育部关于成立 2010—2015 年教育部高等学校创业教育指导委员会的通知 | 2010.04 | 教育部 |
| 教育部关于大力推进高等学校创新创业教育和大学生自主创业工作的意见 | 2010.05 | 教育部 |
| 关于全面提高高等教育质量的若干意见 | 2012.03 | 教育部 |
| 教育部办公厅关于印发《普通本科学校创业教育教学基本要求(试行)》的通知 | 2012.08 | 教育部 |
| 国务院办公厅关于发展众创空间推进大众创新创业的指导意见 | 2015.03 | 国务院 |
| 国务院办公厅关于深化高等学校创新创业教育改革的实施意见 | 2015.05 | 国务院 |
| 统筹推进世界一流大学和一流学科建设总体方案 | 2015.10 | 国务院 |
| 关于做好 2016 届全国普通高等学校毕业生就业创业工作的通知 | 2015.12 | 教育部 |

续表 2-1

| 政策标题 | 发文时间 | 发文单位 |
| --- | --- | --- |
| 普通高等学校学生管理规定 | 2017.02 | 教育部 |
| 关于推动创新创业高质量发展打造“双创”升级版的意见 | 2018.09 | 国务院 |
| 教育部关于印发《国家级大学生创新创业训练计划管理办法》的通知 | 2019.07 | 教育部 |
| 教育部关于印发《高等学校课程思政建设指导纲要》的通知 | 2020.06 | 教育部 |
| 教育部办公厅关于做好深化创新创业教育改革示范高校阶段性总结工作的通知 | 2020.09 | 教育部 |
| 国务院办公厅关于进一步支持大学生创新创业的指导意见 | 2021.10 | 国务院 |

### （1）萌芽起步阶段（1998—2001 年）

我国高校对于创新创业教育的初期探索是略早于政府政策出台的，1997 年清华大学 MBA 培养计划引进创业教育，开设了创新与创业方向的专业，并于 1998 年 5 月举行“清华大学创业计划大赛”①，是我国高校主动探索创新创业教育的标志性事件，而后相关政策陆续出台。1999 年 1 月，国务院转发教育部制定的《面向 21 世纪教育振兴行动计划》，明确提出要“加强对教师和学生的创业教育，采取措施鼓励他们自主创办高新技术企业”，首次在政府文件中明确提出了“创业教育”概念，这也是学界普遍认同的将创新创业教育纳入政策规划的起点。1999 年 6 月，中共中央、国务院联合发布的《关于深化教育改革全面推进素质教育的决定》提出“高等教育要重视培养大学生的创新能力、实践能力和创业精神”，2000 年 1 月教育部发布的《关于实施“新世纪高等教育教学改革工程”的通知》提出“推进高等学校本科教育教学改革与实践，普遍提高大学生的人文素质、科学素质、创新精神和创业、实践能力”，2001 年 7 月教育部《全国教育事业第十个五年计划》进一步提出“采取多种形式培养学生的创新意识、创新能力、创业精神和实践能力，促进学生德智体美等方面全面发展”，逐渐将开展创新创业教育作为推进大学生素质教育及教育教学改革实践的重要手段和途径。

① 朱凯琳，谢妮. 创新创业教育与高等教育：从无涉到深耕[J]. 教育学术月刊，2017(11)：97-105.

总体来看，本阶段是我国高校创新创业教育的摸索起步阶段，也是相关政策的初期萌芽阶段，发文主体以中央部委为主，政策文件数量极少且比较分散，主要内嵌于其他政策文件中，尚未形成独立的专门针对创新创业教育的政策。从内容来看，工具属性突出，主要将创新创业教育作为提升大学生素质的途径，内容篇幅少，在相关文件中多是一句带过，尚未提出具体的创新创业教育发展策略或举措。

（2）试点推进阶段（2002—2014 年）

从 2002 年开始，创新创业教育政策侧重开展循序渐进的试点。2002 年 4 月教育部高等教育司在北京组织召开普通高等学校创业教育试点工作座谈会，会后形成的《创业教育试点工作座谈会纪要》将中国人民大学、上海交通大学、北京航空航天大学等 9 所高校作为创业教育试点院校，政府引导下的高校创新创业教育探索正式拉开帷幕，各高校开始在政策指导下开展创新创业教育实践。2004 年 7 月，劳动和社会保障部办公厅、教育部办公厅印发《关于在部分高等院校开展“创办你的企业”（SYB）培训课程试点的通知》，提出“在大学生开展 SYB 培训课程试点中，可适时开展远程创业培训，并适当增加针对青年学生创业特点的相关内容”，组织部分高校进行创业培训试点，开展“创办你的企业”（SYB）课程培训。

从 2005 年开始，创新创业教育政策的适用范围及内容范畴逐渐拓展。2005 年 6 月，中共中央办公厅、国务院办公厅印发的《关于引导和鼓励高校毕业生面向基层就业的意见》，提出“要加强对大学生的创业意识教育和创业能力培训”。2007 年 12 月，教育部办公厅发布了《关于印发〈大学生职业发展与就业指导课程教学要求〉的通知》，提出“从 2008 年起提倡所有普通高校开设职业发展与就业指导课程”，并将创业教育纳入该课程内容。而且，《大学生职业发展与就业指导课程教学要求》还对创业教育的教学目标、教学内容、教学方法等做出了概括性的说明。2008 年《国务院办公厅转发人力资源社会保障部等部门关于促进以创业带动就业工作指导意见的通知》中提出“强化创业培训，加强普通高校和职业学校的创业课程设置和师资配备，开展创业培训和创业实训”。2009 年 11 月，教育部发布了《关于做好 2010 年普通高等学校毕业生就业工作的通知》，提出要“全面加强高校大学生创业教育”“要积极探索在专业课教学中融入创业教育，就业指导课程也要把创新创业教育作为重要内容”。

2010 年创新创业教育出台专门性政策文件，政策内容举措更为细化。2010 年 4 月教育部发布《教育部关于成立 2010—2015 年教育部高等学校创业教育指导委员会的通知》，成立教育部高等学校创业教育指导委员会以加强对高校创业教育工作的宏观领导。同年 5 月，教育部发布的《关于大力推进高等学校创新创业教育和大学生自主创业工作的意见》（以下简称《意见》）是首次在政策名称中明确体现“创新创业教育”主题的政策文件，将“创新教育”与“创业教育”有机融合，用“创新创业教育”替代“创业教育”，这也是创新创业教育第一份专门性政策文件。《意见》提出在高等学校开展创新创业教育，积极鼓励高校学生自主创业，是促进高校毕业生充分就业的重要措施，明确提出要大力推进高校创新创业教育工作；在适用对象上明确提出高校创新创业教育要面向全体学生，融入人才培养全过程，并从高校创新创业教育的课程体系建设、师资队伍建设、创新创业实践活动开展、创业基地建设等方面具体阐述推进高等学校创新创业教育工作的举措建议。2012 年 3 月，教育部发布的《关于全面提高高等教育质量的若干意见》提出要“加强创新创业教育和就业指导服务”，并从课程教学、师资培养、创新创业训练等方面提出简要意见。同年 8 月，为推动高等学校创业教育科学化、制度化、规范化建设，切实加强普通高等学校创业教育工作，教育部发布《教育部办公厅关于印发〈普通本科学校创业教育教学基本要求（试行）〉的通知》，要求各地各高校按照《普通本科学校创业教育教学基本要求（试行）》，结合本地本校实际，精心组织开展创业教育教学活动。《普通本科学校创业教育教学基本要求（试行）》对高校创业教育的教学目标、教学原则、教学内容、教学方法、教学组织等方面进行系统阐述，同时提供《“创业基础”教学大纲》，供各高校开展课程教学参考使用，创新创业教育的课程及教学走向规范化。

可以看出，相较上一阶段，本阶段的创新创业教育政策经过试点探索后针对性和实效性逐渐增强，2010 年开始出现专门以创新创业教育为主题的政策文件，强调面向全体学生开展创新创业教育；政策内容更为具体化，所提举措以创新创业课程教学为中心，对高校创新创业教育的开展提出了具体详细的指导。虽然依然尚未形成系统的方案体系，但总体来说为创新创业教育由试点到推广、以点带面全面落实做好了铺垫。

(3) 全面深化阶段 (2014 年至今)

2014 年，李克强总理在夏季达沃斯论坛上首次公开发出“大众创业、万众创新”的号召，并在 2015 年政府工作报告中再次强调“大众创业、万众创新”的重要性。自此中央及地方性创新创业教育政策数量猛增，创新创业教育政策开始迈入全面落实深化的阶段。

2015 年 5 月，国务院办公厅发布的《国务院办公厅关于深化高等学校创新创业教育改革的实施意见》(以下简称《实施意见》)是一部专门针对高校创新创业教育的政策文件。《实施意见》明确指出“深化高等学校创新创业教育改革，是促进高校毕业生更高质量创业就业的重要举措”，并在分析当前存在问题的基础上，就如何深化高校创新创业教育改革提出了总体要求，并提出 9 项改革任务、30 条具体举措。这一政策文件对于高校深化创新创业教育改革具有十分重要的指导意义。此后各地政府也陆续发布相应的政策文件，如 2015 年 7 月福建省发布《福建省教育厅关于深化高等学校创新创业教育改革十六条措施的通知》、2015 年 8 月辽宁省发布《辽宁省深化普通高等学校创新创业教育改革实施方案》、2015 年 10 月河北省发布《河北省人民政府办公厅关于深化高等学校创新创业教育改革的若干意见》等，为地方开展落实创新创业教育指明了方向。2015 年 10 月，国务院发布的《统筹推进世界一流大学和一流学科建设总体方案》提出要“加强创新创业教育，大力推进个性化培养，全面提升学生的综合素质、国际视野、科学精神和创业意识、创造能力”，进一步彰显并提升了创新创业教育在高等教育中的重要性。此外，自 2007 年开始，教育部历年发布的《关于做好全国普通高等学校毕业生就业工作的通知》中均有提及推进高校创新创业教育的相关内容，且自 2014 年开始，在文件标题中加入了“创业”二字，体现了政府对创业重视程度的提升。2015 年 12 月，教育部发布的《关于做好 2016 届全国普通高等学校毕业生就业创业工作的通知》明确要求，“从 2016 年起所有高校都要设置创新创业教育课程，对全体学生开发开设创新创业教育必修课和选修课，纳入学分管理”，创新创业教育逐渐在高校得以全面推广落实。

随着创新创业教育在高校的推广普及，相关配套政策也陆续出台，深化了创新创业教育的内涵，进一步促进高校创新创业教育高质量发展。2017 年 2 月，教育部修订后的《普通高等学校学生管理规定》明确指出“获得就业创业指导和服务”是学生在校期间依法享有的权利，“学校应当鼓励、支持和指导学生参加社会实践、创新创业活动，可以建立创新创业档案、设置创新创业学分，学生参加创新创业、社会实践等活动，可以折算为学分，计入学业成绩”。2018 年 9 月，国务院发布的《关于推动创新创业高质量发展打造“双创”升级版的意见》提出“允许大学生用创业成果申请学位论文答辩”。2019 年 7 月，教育部发布《教育部关于印发〈国家级大学生创新创业训练计划管理办法〉的通知》，结合国家大学生创新创业训练计划实施情况，制定《国家级大学生创新创业训练计划管理办法》，加强对国家级大学生创新创业训练计划的实施管理，深化高校创新创业教育改革。2020 年 6 月，教育部发布《教育部关于印发〈高等学校课程思政建设指导纲要〉的通知》，将创新创业教育课程融入构建课程思政教学体系。2020 年 9 月，教育部办公厅印发《关于做好深化创新创业教育改革示范高校阶段性总结工作的通知》，激励示范高校梳理建设成果、总结建设经验、发挥示范效应，为带动全国高校创新创业教育改革向纵深迈进、谋划“十四五”创新创业教育改革新思路、构建世界水平中国特色的创新创业教育体系奠定理论与实践基础。

总体来看，本阶段创新创业政策数量上明显多于前序阶段，既有中央政策，也有颇多地方性政策。政策专深程度进一步提升，以专门性政策为主，体现了各级行政主管部门对高校创新创业教育的重视。政策内容更为具体详细且规范，并向体系化方向发展，管理办法等相关配套政策逐步完善，创新创业教育的内涵得以拓展，促进了创新创业教育的全面推广及高质量发展。

### 2. 创新创业教育政策要素分析

在对政策梳理的基础上，我们将通过文本内容分析方法对创新创业教育政策做进一步分析。

#### （1）政策类型

从创新创业教育政策的文件名称、发文字号来看，《普通高等学校学生管理规定》发文字号为中华人民共和国教育部令第 41 号、文件名称包含“规定”、类型属于部门规章。根据《中华人民共和国立法法》中所提该法适用对象包括法律、行政法规、地方性法规、自治条例和单行条例、国务院部门规章和地方政府规章，因此《普通高等学校学生管理规定》的政策类型属于法律规范。除此之外的其他政策文件名称多含“意见”“通知”“计划”“决定”，以部文、厅文、函等形式发文，属于行政规范性文件，而非法律规范。可以看出创新创业教育政策以行政规范性文件为主，而行政规范性文件在制定、修订、发行等方面都具有较高的灵活性，便于及时调整政策内容、进行更多样的探索，这也是支撑创新创业教育政策从试点探索到全面推广深化的重要因素。但是，行政规范性文件相较法律规范在效力约束及执行力度方面存在一定的不足，尤其萌芽起步阶段的政策多以鼓励、倡议为主，对政策的推进效果有一定的影响。

(2) 政策主体

政策主体指负责政策制定、监控、评估等的个体或组织，此处侧重分析政策的制定发文主体。创新创业教育政策的发文主体相对集中且稳定性高，发文主体集中表现在创新创业教育中央级别政策文件主要由国务院或教育部发行，地方级别政策文件则由地方政府或教育主管部门发行；稳定性则主要表现在时间维度，即自 1998 年以来各阶段的创新创业教育政策发文主体并无明显变化，发文主体具有连贯性。总体来看发文主体归口单位为两类：一是主管教育的部门，二是主管就业或整体行政工作的部门。这与创新创业教育政策的属性相关：一方面，创新创业教育政策，顾名思义其关键落脚点在于“教育”，由专门的教育主管部门负责推进符合我国行政工作职责划分，利于相关工作自上而下地开展落实；另一方面，创新创业教育政策与就业有明显相关性，高校创新创业教育是提升大学生创业意识与能力、促进创业的重要方式，而“以创业带动就业”政策在党的十六大至十九大报告、“十一五”至“十四五”国民经济和社会发展规划纲要中都有明确的表述和体现①，即创新创业教育政策对促进创业有重要作用，而创业是带动就业的重要手段。因此创新创业教育政策与教育、就业具有双重相关性，也决定了其政策主体归口于教育、就业两类主管部门。

(3) 政策客体

政策客体在此主要指政策的实施作用对象。经梳理创新创业教育政策不难发现，无论是政策名称还是政策内容，创新创业教育政策中高频出现的关键词是

① 靳晓光.高校创新创业教育的发展阶段、政策逻辑及推进策略[J].湖北经济学院学报(人文社会科学版),2022,19(05):125-131.

"高校/高等学校"，高校正是创新创业教育政策的主要客体，这与高校作为创新创业教育主阵地的地位相一致。而从政策内容来看，随着时间的推移，从试点推进阶段后期开始，创新创业教育政策的具体内容中也开始出现更多元的客体。2010 年 4 月，教育部发布《教育部关于成立 2010—2015 年教育部高等学校创业教育指导委员会的通知》成立教育部高等学校创业教育指导委员会，该委员会在教育部领导下对高等学校创业教育工作进行研究、咨询、指导、评估和服务，代表着政府这一角色不再只是作为政策的制定主体，也开始作为政策客体在创新创业教育中发挥直接作用。2010 年，人力资源和社会保障部发布《关于实施大学生创业引领计划的通知》，提出"认定创业培训（实训）机构，选评一批创业培训师和讲师，探索建立模拟公司、信息化创业实训平台等，组织开展形式多样的大学生创业竞赛活动"，将社会力量引入大学生创业培训；2012 年，教育部发布的《普通本科学校创业教育教学基本要求（试行）》指出"充分利用校内外资源，依托校企联盟、科技园区、创业园区、大学生校外实践基地和创业基地等开展学习参观和成果转化"，强调发挥企业在创新创业教育中的作用，此后强调社会、企业等共同参与创新创业教育的相关政策逐渐增多。总体来看，我国创新创业教育政策客体以高校为主，政府、社会及企业逐渐融入，呈现多元化趋势。

（4）政策目标

政策目标是政策发布实施要达到的目的，是政策制定的出发点。创新创业教育政策的目标是一个演进变化、螺旋深化的过程。萌芽起步阶段，创新创业教育政策多是内嵌于"教育"相关的宏观政策中，强调培养学生创新意识、创新能力、创业精神，将此作为提升大学生素质、推进素质教育的重要方式，该阶段创新创业教育政策更多的是辅助"教育"，政策目标更偏向于提升教育质量。2002 年开始直至 2010 年首部创新创业教育专门性政策发布，该阶段创新创业教育政策与"就业"的关联性更强，政策目标更偏向于促进就业。2010 年后，尤其 2015 年国务院办公厅发布《国务院办公厅关于深化高等学校创新创业教育改革的实施意见》后，创新创业教育内涵逐渐丰富拓展，并逐渐向体系化方向发展，一方面，随着高等教育改革，高等教育质量的重要性愈发凸显，国家越来越强调"人才"与"创新"，相关政策文件也更为强调将创新创业教育纳入人才培养全过程，将创新创业教育与专业教育、思想政治教育、职业道德教育培养体系紧密结合，共同支撑高等教育创新型人才培养，提升高等教育质量。另一方面，随着高校就业重要性及任务艰巨性日益突出，“大众创业、万众创新”新理念蓬勃发展，创新创业教育政策也体现出“以创新引领创业、以创业促进就业”的导向性，服务于促进高质量就业的目标。总体来看，在创新创业教育政策的发展过程中，虽然不同阶段的政策目标侧重不同，但始终围绕服务人才培养与促进就业两个核心，细究其目标内核是学生创新创业精神培养及创新创业能力提升。

(5) 政策工具

政策工具是实现政策目标的手段与方式。借鉴罗斯威尔（Rothwell）和赛格菲尔德（Zegveld）的政策工具分类方法[①]，将我国创新创业教育政策的政策工具划分为供给型、需求型和环境型政策工具 3 大类，其中供给型政策工具是指政府通过资金支持、人才投入、公共服务等举措，直接作用于政策客体（高校、企业），推动创新创业教育发展；需求型政策工具则是着眼于创新创业教育需求的培育引导，通过政府采购、教育服务外包等方式拓宽创新创业教育的需求市场[②]；环境型政策工具是指政府通过目标规划、税收优惠、教育评估、策略性措施等营造有利于创新创业教育的文化氛围与发展条件。通过梳理可以发现，虽然我国创新创业教育政策的数量不少，但政策中所提及的措施种类却并不多，主要围绕课程、实践、服务、保障 4 个方面，具体如课程体系及教学建设、师资队伍建设、创新创业实习实践基地建设、创业培训与指导等直接向高校/企业提出具体的策略性措施建议为主，同时辅以专项资金支持、“互联网 +”等专项活动支持等。总体来看政策工具类型较为单一，主要是环境型与供给型政策工具，鲜有需求型政策工具。

## 3. 小结

我国创新创业教育政策自 1998 年底制定首部相关政策至今已发展 20 余年，从萌芽起步期内嵌于教育就业相关宏观政策中逐渐形成专门性政策文件，并通过

① Rothwell R，Zegveld W. Reindusdalization and technology[J]. Logman Group Limited，1985：83-104.

② 马捷.政策工具视角下高校创新创业教育政策研究[J].学理论，2019(09)：146-147 + 154.

试点探索的方式以点带面逐步推进、拓展政策适用范围，自 2014 年起，政策数量、质量等方面更是有所突破，向体系化、规范化方向深化发展。创新创业教育政策对我国高校创业创业教育的实践有着重要指导意义，但经梳理分析发现，创新创业教育政策也存在一定不足：

### （1）政策类型以行政规范性文件为主，且多嵌套于其他政策主题中，落地保障性有所欠缺

一方面，我国创新创业教育政策多是国务院、教育部及地方政府发布的行政规范性文件，层级较低，缺乏立法保障性与稳定性，不具有强制执行效力；另一方面，总体来看虽然我国出台了专门性的创新创业教育政策文件，但在相关文件中的数量占比仍旧较低，创新创业教育政策仍以嵌套于其他主题的宏观政策中为主，缺乏独立性，在落地实施过程中依赖于其他政策的推进情况。

### （2）政策客体虽呈多元化发展趋势，但目前仍相对单一，各客体之间协同性不足

我国创新创业教育政策已逐渐发展为政府、高校、企业三方共同参与的多元化格局，但不容否认的是，目前仍以高校为主，政府、企业的参与广度、深度、力度仍旧不理想，且三者之间尚未形成良好的协同关系，三者协同育人、共同推进创新创业教育的政策还不完善。

### （3）政策工具以环境型、供给型为主，类型较为单一，一定程度上将影响政策实施效果

我国创新创业教育政策主要以环境型、供给型政策工具为主，缺乏需求型政策工具。供给型政策工具是创新创业教育发展的直接推力，环境型政策工具则最大程度发挥政策对创新创业教育的影响力，而需求型政策工具则是创新创业教育发展的拉力，三类政策工具各有优势，相互配合才能更好地发挥政策的引导作用。而目前我国创新创业教育政策工具结构失衡，类型单一，不利于政策的实施落地。

### （4）创新创业教育政策中缺乏评估反馈机制，不利于政策的持续良性发展

一方面，目前创新创业教育政策中缺乏有效且可落地的创新创业教育质量评价标准，多以创业率为主要评价指标，未形成更为全面体系化的评价指标体系，尤其对学生创新能力培养方面的评价指标匮乏，不利于政策目标的实现；另一方面，创新创业教育政策中的反馈机制也有局限性，对于政策的实施效果缺乏监督及反馈路径，不利于政策的自我评估及有针对性地优化演进。

# 第二节　高校就业政策分析

就业是重要的民生问题之一，在历届党的代表大会报告、政府工作报告、国民经济和社会发展规划纲要中都有着相应论述，其重要性不言而喻。本节聚焦高校就业政策，主要研究高校毕业生就业相关的宏观政策，社会层面的就业相关问题及政策不在本节研究范围。

## 1. 高校就业政策梳理

高校毕业生的就业问题是教育领域的重要民生问题，是党和国家高度重视的问题，也是解决我国就业问题的首要和关键问题。我国高校毕业生就业政策与我国经济体制密切相关，经济体制对高校就业政策有着决定性影响，随着我国经济体制的调整，我国高校毕业生就业政策经历了计划经济体制下的“统包统分”和市场经济体制下的“自主择业”两种发展模式。依据政策变迁过程中出现的若干重要时间节点和政策标识，可将其划分为国家调配、统招统分（1949—1984年），双向选择、自主就业（1985—2007年）和大众创业、高质量就业（2008年至今）3个发展时期①，结合学界相关研究，以中央政府相关部委网站和中国就业网等相关网站获取的高校就业政策为样本对我国高校就业政策加以梳理：

### （1）统一分配阶段（1949—1984年）

新中国成立后，整个国家百废待兴，恢复与重建国民经济为重中之重，对于人才有着迫切需求，与此同时我国高等教育普及率低，人才供应难以满足社会发展需求，因此在计划经济体制的实行背景下，我国对于高校毕业生也采取了统一分配的基本方案。1950年6月，政务院发布《为有计划地合理地分配全国公、私立高等学校今年暑期毕业生工作的通令》，要求“对毕业生一般应说服争取他

① 李文文.我国高校毕业生就业政策变迁的历史逻辑与应然走向——基于“间断-平衡”理论的视角[J].中国高教研究，2020(12)：75-81.

们服从政府的分配，为人民服务”[①]，1951年10月，政务院发布《关于改革学制的决定》规定“高等学校毕业生的工作由政府分配”，1952年7月，政务院《关于1952年暑假全国高等学校毕业生统筹分配工作的指示》中进一步指出“高等学校毕业生的工作由政府分配，这是完全符合我们国家实际情况的发展和需要的”，并确定“集中使用，重点配备”为1952年暑假高校毕业生统一分配工作的基本方针[②]。1957年，国务院《关于毕业生分配的规定》[③] 指出，除开国家某些缺门和急需的专业必须全部服从国家分配以外，对于其他专业学科中少数不顾国家需要、无理坚持个人要求、拒服从分配的学生，国家机关、学校、企业和事业不得自由录用这些自找职业的学生。

基于国家重点建设的现实需要及高校所属管辖部门的不同，国家为了适应这一新的发展现实需要，出台了新的分类安排大学生就业政策[④]。1958年4月，中共中央发布《关于高等学校和中等技术学校下放问题的意见》指出“由中央教育部和其他有关部门直接领导的学校的毕业生，原则上由中央统一分配；也可以同学校所在的地方商定分成比例，分配一部分给所在的省、市或自治区。划归省、市或者自治区领导的学校的毕业生，原则上由省、市或者自治区分配。”1981年12月，国务院批转国家计委、教育部、劳动人事局《关于改进1981年普通高校毕业生分配工作的报告》提出“对毕业生的分配确定在国家统一计划下，实行‘抽成调剂，分级安排’的办法，具体分三类院校进行分级安排：国家教委直属院校实施‘加强重点，调剂质量’的政策；中央其他部门下属的院校主要为本系统、本行业培养人才；省、自治区、直辖市主管的院校毕业生，原则上由地方自行分配。”

总体来看，该阶段高校毕业生就业政策逐步确立了国家统一分配的原则，这与我国当时的国情相关，是面临经济社会发展人才紧缺、实行计划经济体制下的必然选择。

---

① 全国高等学校本届毕业生政务院统筹分配工作，全部一万七千余人将按国家重点建设及各地各部门之需要合理分配[N].人民日报，1950-07-23（03）.

② 朱家德，胡海青.建国以来我国高校毕业生就业政策的变迁逻辑——基于历史制度主义的分析[J].中国高教研究，2010(04)：66-70.

③ 关于毕业生分配的规定[N].光明日报，1957-07-20.

④ 孟彬，钟新文，刘鸣禹.新中国成立70年我国大学生就业政策变迁[J].河北师范大学学报(教育科学版)，2019，21(02)：63-70.

(2) 自主就业阶段（1985—2007 年）

随着我国经济体制的改革发展，我国高校就业政策也开始出现变化。1985 年，由国务院颁布的《中共中央关于教育体制改革的决定》中明确指出“毕业分配办法，实行在国家计划指导下，由本人选报志愿、学校推荐，用人单位‘择优录取’的制度。”这一政策赋予了高校毕业生及用人单位一定的选择权，虽仍在国家计划指导下，但已经打破了完全由国家统一分配的就业政策制度。1989 年 3 月，经国务院批准国家教育委员会提出的《高等学校毕业生分配制度改革方案》指出“改革高等学校毕业生分配制度是高等教育体制改革的重要组成部分”，实行“在一定范围内毕业生自主择业，用人单位择优录用的‘双向选择’制度”，从政策层面提出要推进高校毕业生分配制度的改革，我国高校就业政策开始向自主就业、双向选择阶段迈进。随着 1992 年我国社会主义市场经济体制的确立，我国高校就业政策也逐渐变革。1993 年，国务院颁发的《中国教育改革与发展纲要》指出“随着社会主义市场经济体制的建立和劳动制度的改革，除对师范学科和某些艰苦行业、边远地区的毕业生，实行在一定范围内定向就业外，大部分毕业生实行在国家方针、政策指导下，通过人才劳务市场，采取‘自主择业’的就业办法”。1994 年 4 月，国家教育委员会发布《关于进一步改革普通高等学校招生和毕业生就业制度的试点意见》明确指出引导学生毕业后参与劳动力市场的竞争，国家不再以行政分配而是以方针政策指导、奖学金制度和社会就业需求信息来引导毕业生自主择业。1995 年，国家教育委员会在《关于 1995 年进行普通高等学校招生和毕业生就业制度改革的意见》中提出“毕业时原则上在本系统、本行业范围内自主择业，在条件成熟后逐步过渡到大多数毕业生自主择业，并在 2000 年基本完成高校毕业生就业政策改革。”1997 年，国家教育委员会颁发的《普通高等学校毕业生就业工作暂行规定》指出凡取得毕业资格的毕业生，在国家就业方针、政策指导下，按有关规定就业。2000 年教育部将新中国成立以来一直用于毕业生就业的“派遣证”改为高校毕业生就业的“报到证”[①]，高校毕业生就业政策正式转变为自主择业、双向选择模式。此后国家出台一系列政策加强市场对

① 孟彬，钟新文，刘鸣禹．新中国成立 70 年我国大学生就业政策变迁[J]．河北师范大学学报(教育科学版)，2019，21(02)：63-70．

就业的引导作用，如2002年国务院办公厅转发教育部等部门《关于进一步深化普通高等学校毕业生就业制度改革有关问题的意见》中提到实行市场导向就业的方针，指出引导大学生到基层、到中小企业就业是解决就业的主要途径。

此外，随着高等教育扩招、高校毕业生数量逐年增长，高校毕业生就业难问题逐渐突出，我国高校毕业生就业政策对高校就业问题重视程度进一步凸显，并以问题导向、细化形成高校毕业生就业工作政策框架，以应对高校毕业生严峻的就业形势，引导高校、企业等各主体做好高校毕业生就业相关工作。2003年4月，教育部发布的《教育部关于进一步深化教育改革促进高校毕业生就业工作的若干意见》提出一系列举措促进高校毕业生就业，如将毕业生就业状况与高校招生、学位工作挂钩，并将其纳入高校评估指标体系；要求高校以就业为导向，优化调整高校设置及学科专业结构，加快改革人才培养模式，加强毕业生就业指导并纳入日常教学；加大就业经费投入，加强就业指导教师队伍建设。2003年5月，国务院办公厅发布《关于做好2003年普通高等学校毕业生就业工作的通知》，强调"将高校毕业生就业工作纳入整个社会就业工作体系，动员和组织各方面力量千方百计拓宽高校毕业生就业渠道"，并要求政府、社会、高校通力合作，做好高校就业工作服务。2006年5月，中组部、教育部等14个部门联合下发《十四部门关于切实做好2006年普通高等学校毕业生就业工作的通知》，要求各地各部门要做好毕业生就业"一条龙"服务工作，初步形成了新时期高校毕业生就业工作框架。

总体来看，该阶段高校就业政策经过近10年酝酿最终形成了"自主就业、双向选择"的模式，在政府宏观调控基础上发挥市场导向作用。同时面向高校毕业生严峻的就业形势，以解决高校毕业生就业难问题为导向，形成了政府、社会、高校通力合作的工作机制，初步建立了高校毕业生就业工作体系框架。

### （3）推进高质量就业阶段（2008年至今）

2008年1月1日开始实施的《中华人民共和国就业促进法》（以下简称《就业促进法》）是我国专门的就业相关法律，从法律层面明确了我国就业政策的基本方针，即"国家把扩大就业放在经济社会发展的突出位置，实施积极的就业政策，坚持劳动者自主择业、市场调节就业、政府促进就业的方针，多渠道扩大就业"，并对就业工作进行规范化，为高校毕业生就业提供了法律保障。《就业促进法》发布后，教育部、人事部、劳动保障部联合发布《关于积极做好2008年普通高等学校毕业生就业工作的通知》，围绕《就业促进法》相关要求开展高校毕业生就业工作，自此高校毕业生就业政策也迎来了新发展。

首先，相关政策系列化，更具连贯性，稳定性强。国务院、教育部、人事部等中央部委按年度发布《关于做好普通高等学校毕业生就业〈创业〉工作的通知》（简称《就业〈创业〉工作通知》），对高校毕业生就业工作进行年度安排部署，尤其2008年后基本形成了以教育部、国务院为主的发文格局，其中尤以教育部发文最多，除2009年在国务院发布《国务院办公厅关于加强普通高等学校毕业生就业工作的通知》后教育部未再单独发布当年度的《就业〈创业〉工作通知》外，2008—2022年，教育部均发布了对应年度的《就业〈创业〉工作通知》。总体来看，《就业〈创业〉工作通知》的结构体系已趋于稳定，具有较强的连贯性，利于政策的一以贯之及深入实施。值得注意的是，在这一系列政策中，自2014年发布的《教育部关于做好2015年全国普通高等学校毕业生就业创业工作的通知》开始，该系列的政策标题中将"创业"纳入，也体现了高校就业政策中"以创业带动就业"的趋势。

其次，相关政策体系逐渐完善全面，形成宏观政策引导、专门政策细化、配套政策保障的政策体系。一是与国家发展规划及整体就业规划等宏观政策中体现高校毕业生就业工作部署。如2008年国务院发布的《国务院关于做好促进就业工作的通知》中提到"积极做好高校毕业生就业工作，把高校毕业生就业纳入就业工作总体部署"。2021年国务院发布的《国务院关于印发"十四五"就业促进规划的通知》中提到"持续做好高校毕业生就业工作"。二是高校毕业生就业专门政策中围绕"拓宽就业渠道、强化就业服务、加强就业保障"三大政策工具逐渐细化并完善具体的工作举措。如2007年底发布的《关于积极做好2008年普通高等学校毕业生就业工作的通知》提出要"实施积极的就业政策，扩大就业规模，改善就业结构"，并逐条提出举措建议，如开展技能培训和就业见习、推进课程指导和队伍建设等，虽然所提举措已相对具体但体系化程度还不完善。而经历十数年发展，相应政策的目标更加明确、政策体系更为完善。如2021年11月教育部发布《教育部关于做好2022届全国普通高校毕业生就业创业工作的通知》，将举措建议进行归类，从完善市场机制、拓展就业渠道、强化就业指导服务、开展就业帮扶、组织领导等方面提出开展高校就业创业工作的建议。三是教育等其他主题的宏观政策中也有高校毕业生就业相关内容，形成重要的补充保障。如 2017 年 1 月，《国务院关于印发国家教育事业发展“十三五”规划的通知》中以就业为导向对教育事业发展提出建议，提出调整高等教育结构，“引导高校把办学定位转到培养应用型和技术技能型人才上来，转到增强学生就业创业能力上来”。

最后，相关政策更强调在实现充分就业的基础上实现高质量就业。从该阶段的相关政策可以看出，一方面，与前序阶段相延续的是，相关政策仍然强调扩大就业规模以实现充分就业，这与我国高校毕业生面临严峻就业形势相关，教育部历年《就业〈创业〉工作通知》中都会有拓宽就业渠道、增加就业岗位的相应举措，如发挥政府宏观调控能力，发展“三支一扶”“西部计划”“大学生村官”等基层项目，引导高校毕业生前往基层就业等，《教育部关于做好 2010 年普通高等学校毕业生就业工作的通知》中提到 2010 年仍面临国际金融危机尚未消除影响的形势，要“力争 2010 年毕业生离校时初次就业率基本稳定，确保毕业生就业人数持续增加”，直接表明了实现充分就业的目标。另一方面，相关政策中也开始强调要实现高质量就业，在政策中明确高校毕业生就业工作目标是要实现高质量就业，也更多关注重点群体的就业、自主创业等。2011 年教育部发布的《教育部关于做好 2012 年全国普通高等学校毕业生就业工作的通知》指出，要明确工作思路和目标任务，实现“毕业生就业质量进一步提高”。2012 年党的十八大明确提出要推动实现更高质量的就业，高校就业政策对高质量就业也更为关注，教育部后续《就业〈创业〉工作通知中》均有相关内容。如 2013 年教育部发布的《教育部关于做好 2014 年全国普通高等学校毕业生就业工作的通知》明确指出要“实现高校毕业生更加充分和更高质量的就业”，建立高校毕业生就业质量年度报告制度，从 2014 年起各高校要逐步发布本校的毕业生就业质量年度报告。2014 年 12 月教育部发布的《教育部关于做好 2015 年全国普通高等学校毕业生就业创业工作的通知》提出“完善就业质量评价指标体系”，2015 年 12 月教育部发布的《教育部关于做好 2016 届全国普通高等学校毕业生就业创业工作的通知》提出要完善高校毕业生就业质量年度报告发布制度，“切实提高毕业生就业创业能力，推动毕业生更高质量就业创业”。此外，2017 年 1 月国务院发布的《国务院关于印发国家教育事业发展“十三五”规划的通知》、2017 年 2 月发布的《国务院关于印发“十三五”促进就业规划的通知》中也提出了“实现更加充分更高质量的就业创业”。2020 年 9 月，教育部发布《教育部办公厅关于开展高校毕业生就业状况跟踪调查的通知》，为促进高校毕业生更充分更高质量就业，教育部决定开展高校毕业生就业状况跟踪调查工作，通过毕业生就业状况跟踪调查，促进政府准确掌握高校及相关学科专业人才培养质量和毕业生就业质量。

总体来看，该阶段相关政策在《就业促进法》的影响下逐渐发展并趋于稳定成熟，形成宏观政策引导、专门政策细化、配套政策保障的政策体系，政策内容结构趋稳，围绕实现充分就业及高质量就业，形成系列政策文件，具有较强的连贯性与稳定性。

### 2. 高校就业政策要素分析

在前面对高校就业政策梳理的基础上，接下来我们将通过文本内容分析方法、参考创新创业教育政策分析维度对高校就业政策进行进一步分析，高校就业政策的政策类型、政策主客体较为清晰，不过多赘述，我们将重点分析高校就业政策的政策目标及政策工具。

#### （1）政策类型

通过对高校就业政策梳理发现，我国高校就业政策自 1949 年起经过70 多年的发展，已经形成了宏观政策引导、专门政策细化、配套政策保障的较为成熟的政策体系，所涉及的政策类型相较创新创业教育政策也更为丰富，兼具法律规范及行政规范性文件。法律规范方面，2008 年开始实施的《中华人民共和国就业促进法》属于专项法律，而且由于就业事关民生大计、高校毕业生就业更是其重要部分，与社会、经济、教育都密切相关，因此在国家重要发展纲要规划、中央部委部门规章等宏观政策文件中也均有高校就业的相关内容，因此整体来看高校就业政策中法律规范类也不在少数，有效保障了高校就业政策的稳定性与效力。行政规范性文件方面，与创新创业教育政策类似，高校就业政策中专门政策也多是以中央部委的部文、函等形式下发，文件名称也多含“通知”“意见”等，且形成了年度政策系列，有效保障了高校就业政策的连贯性和灵活性。

#### （2）政策主体

就政策制定主体而言，相较创新创业教育政策，由于就业涉及的群体众多，高校就业政策的制定发文主体更为广泛，诸多中央部委都有相关政策文件，但总体来看，文件数量最多的依然是教育部、国务院、人力资源和社会保障部、人事部，尤其教育部已形成《就业〈创业〉工作通知》系列年度文件，自2009年起，每年11月或12月提前制定发布下一年度高校毕业生的就业工作通知，以更好地引导高校毕业生就业工作。2020年受新冠肺炎疫情影响，教育部于2020年3月发布《教育部关于应对新冠肺炎疫情做好2020届全国普通高等学校毕业生就业创业工作的通知》。

(3) 政策客体

相较创新创业教育政策，高校就业政策的客体更为丰富多元且各客体相互之间协同性更高。高校作为高校毕业生的培养单位、社会及企业作为高校毕业生的就业接收单位、政府作为整体组织领导，都与高校毕业生就业工作有着密不可分的关系，高校毕业生就业工作涉及政府、社会、企业、高校等各相关责任单位。我国高校就业政策也充分体现了这一点，高校就业政策强调政府宏观调控及市场导向作用，对政府、企业、高校等均提出了诸多指导意见，尤以政府及高校为主：要求政府加强组织领导，尤其在拓展就业渠道方面发挥更大作用，拓展基层就业机会等，同时要求各级政府为高校毕业生就业提供充分保障，通过财政金融及行政手段激发其他几方的积极性；要求高校加强就业创业教育与服务，做好就业帮扶工作，提升高校毕业生就业创业能力；要求企业在高校毕业生自主创业中发挥积极作用。

(4) 政策目标

总体来看，对应所梳理的我国高校就业政策的发展阶段，其政策目标也经历了3个发展阶段。

第一阶段对应高校就业政策的“统一分配阶段”，该阶段高校毕业生“供小于求”，政策主要围绕稳定、解决国家发展人才需要的目标。新中国成立初期发展与稳定是第一要务，1949年全国高校毕业生仅2.1万人，1984年也仅增加至28.7万人①，占人口总数比例极低，远不能满足当时国家发展所需人才量，所以

① 中国历年普通高等院校毕业生人数统计表[EB/OL].(2019-03-29)[2022-05-18].https://baijiahao.baidu.com/s?id=1629311661563805600&wfr=spider&for=pc.

这一阶段的高校就业政策目标是通过国家统一分配实现人才资源的最高效率配置，服务于国家发展。

第二阶段对应高校就业政策的“自主就业阶段”，随着高校的扩招，高校毕业生连年增加，高校毕业生就业市场逐渐“供大于求”，这一阶段政策目标主要为扩大就业、充分就业。据统计，2004 年、2005 年本科院校初次就业率为 61.3%、70%，专科、高职院校就业率均不到 50%[①]，高校毕业生就业难的问题日趋严重，因此该阶段的高校就业政策目标是拓展就业渠道、增加就业岗位，以吸纳更多高校毕业生，实现充分就业。如 2005 年教育部发布《关于做好 2005 年普通高校毕业生就业重点工作的通知》要求“开拓毕业生就业空间”“千方百计促进毕业生充分就业”。

第三阶段对应高校就业政策的“推进高质量就业阶段”，高校毕业生就业形势依旧严峻的情况下，还伴随着就业市场日趋多元复杂化、高校毕业生职业获得感缺失等问题，该阶段主要政策目标是在充分就业基础上实现高质量就业。党的十八大明确提出，努力实现就业更加充分，推动实现更高质量的就业，做好以高校毕业生为重点的青年就业工作，这也是该阶段相关政策的基调与目标，如 2013 年教育部发布《教育部关于做好 2014 年全国普通高等学校毕业生就业工作的通知》指出要建立高校毕业生就业质量年度报告制度，从 2014 年起各高校要逐步发布本校的毕业生就业质量年度报告，并于同年发布《教育部办公厅关于编制发布高校毕业生就业质量年度报告的通知》，对该项工作做出具体安排，建立健全高校毕业生就业工作评价体系。2016 年 3 月，教育部发布《教育部办公厅关于开展全国普通高校毕业生精准就业服务工作的通知》，为高校毕业生提供精准就业服务以提高就业质量。2020 年 9 月，教育部发布《教育部办公厅关于开展高校毕业生就业状况跟踪调查的通知》，决定开展高校毕业生就业状况跟踪调查工作，以综合评价高校毕业生就业质量。

#### （5）政策工具

依旧借鉴罗斯威尔（Rothwell）和赛格菲尔德（Zegveld）的政策工具分类

① 魏雅华. 中国亟需《反就业歧视法》[J]. 观察与思考，2006(3).

方法[①]，将我国高校就业政策工具划分为供给型、需求型和环境型政策工具 3 类，其中供给型政策工具指政府通过资金、人力、信息等方面的支持投入，增强高校毕业生就业意愿与能力，改善高校毕业生就业相关要素的供给；需求型政策工具是指通过政府采购、服务外包等方式，拓展高校毕业生就业市场，拉动高校毕业生就业需求；环境型政策工具是指通过目标规划、策略性措施等方式，营造利于高校毕业生就业的政策环境与氛围，间接影响高校毕业生就业。通过梳理可以发现我国高校就业政策中举措相对丰富，可归类为拓宽就业渠道、强化就业服务、加强就业保障 3 类，政策工具类型相对多样，但也存在结构失衡的问题，即高校就业政策以环境型及供给型政策工具为主，缺乏需求型政策工具。有量化研究[②]选取 1950—2017 年的 58 份高校就业政策为样本，经分析发现环境型政策工具过溢，占比 66.27%，供给型政策工具相对不足，占比 30.12%，需求型政策工具缺位，仅占 3.61%。在此基础上结合具体政策文本[③]进一步分析，可以看出：

首先，环境型政策工具是我国高校就业政策的主要政策工具，我国高校就业政策多以改善就业市场条件、消除影响就业的障碍因素的方式，营造覆盖从招聘到入职的全流程的有利条件与良好氛围，从而促进高校毕业生就业。具体的政策举措可主要概括为：完善市场化、社会化就业机制，通过加强线上线下招聘市场建设，形成更为顺畅的求职招聘环境，通过税收减免等方式刺激企业招聘高校毕业生的积极性，营造利于自主创业及灵活就业的市场环境；完善就业指导服务与对重点人群的就业帮扶，解决其就业过程中的各种障碍与问题；完善就业过程服务，会同相关部门共同解决就业手续、社保、落户档案等问题，提供更为顺畅的就业入职流程；加强对就业工作队伍、监督、宣传、组织等方面的领导，确保各级各单位就业工作的顺利开展。

其次，供给型政策工具也是我国高校就业政策中使用较多的政策工具类型，但具体举措方式相对单一，主要表现为对高校毕业生就业能力与意愿心态的整体

---

① Rothwell R，Zegveld W. Reindusdalization and technology[J]. Logman Group Limited，1985：83-104.

② 葛蕾蕾，方诗禹，杨帆．政策工具视角下的高校毕业生就业政策文本量化分析[J]．国家行政学院学报，2018(06)：165-170 + 193.

③ 选自教育部 2017—2021 年发布的《就业〈创业〉工作通知》作为具体政策文本．

提升，与人才培养的关系密切。结合具体政策来看，举措主要包括：人才培养与就业联动，结合社会需求与就业状态跟踪结果，调整学科专业，并根据用人单位对人才培养的需求实施供需对接就业育人项目，从培养环节就加强高校学生与社会需求的匹配度，提高高校毕业生综合素质与就业能力；提供就业培训，尤其针对就业困难毕业生等重点群体开展有针对性的培训，如教育部组织实施“中央专项彩票公益金宏志助航计划——全国高校毕业生就业能力培训项目”，设立“全国高校毕业生就业能力培训基地”，面向有就业意愿的毕业生群体开展线上线下就业能力培训，以提高学生就业能力；加强就业教育，如通过政策形势讲座、榜样示范引领等形式的就业主题教育，引导学生树立健康、积极、理性的就业心态。

最后，需求型政策工具在我国高校就业政策中较少，集中体现在拓宽政策性就业渠道，以提供更多就业机会，拉动就业市场需求。具体举措主要包括：健全毕业生基层就业支持体系，组织实施“特岗计划”“三支一扶”“西部计划”等中央基层就业项目、“城乡社区专项计划”“村医专项计划”等地方性基层就业项目等，拓展基层机会；拓展征兵、升学、科研助理等就业渠道，提供更多样就业类型；会同有关部门加大政府购买力度，开发更多基层公共管理和社会服务岗位吸纳毕业生就业。

### 3. 小结

我国高校就业政策的变迁与我国经济政治体制的变化息息相关，也是我国高等教育发展的缩影，其本质是实现人才资源（高校毕业生）的合理配置，在不同历史阶段对我国社会经济发展与稳定就业起着重要作用。

总体来看，我国高校就业政策自新中国成立起经过国家统一分配、自主就业、促进高质量就业 3 个阶段、70 多年的发展，已经趋于成熟，形成宏观政策引导、专门政策细化、配套政策保障的政策体系，政策类型涵盖法律规范、行政性规范文件等，层次较为全面，兼具灵活性与稳定性，政策执行效力较高。由于就业事关民生大计，高校毕业生就业的重要性也不容忽视，中央各部委基本均出台了与高校就业相关的政策，其中教育部、国务院、人力资源和社会保障部等出台的政策最多，尤其教育部已形成年度常规性政策文件《就业〈创业〉工作通知》以部署每年的高校毕业生工作，同时结合专门性政策文件进行专项工作安排，如 2004 年针对高校毕业生就业状况统计专项工作，发布《教育部办公厅关于进一步加强和完善高校毕业生就业状况统计报告工作的通知》，2020 年针对高校毕业生就业状况跟踪调查工作，发布《教育部办公厅关于开展高校毕业生就业状况跟踪调查的通知》，通过常规性政策文件与专门性政策文件，协同促进高校毕业生就业工作的有序开展。

经过长期发展，我国高校就业政策的目标是与当前经济社会发展需求及就业市场状况相匹配的，目前政策目标是在充分就业基础上实现高质量就业。为实现这一目标，我国高校就业政策采取了多种举措，涉及环境型、供给型、需求型政策工具，有效促进保障了我国高校毕业生的就业工作，但也存在政策工具结构失衡的问题，面临当前严峻的就业形势，我国高校就业政策应加大对就业供给侧及需求侧的影响，增加供给型及需求型政策工具，拉动高校毕业生就业市场需求，优化供给质量，促进高校毕业生就业供给与需求相匹配，以实现更充分与更高质量的就业。

## 第三节　创新创业教育与就业政策的发展

前文已对高校创新创业教育及就业相关政策进行了系统梳理及分析，本节将在探究高校创新创业教育政策与高校就业政策关系的基础上，从政策角度提出高校创新创业教育促进高质量就业的发展建议。

### 1. 创新创业教育政策与高校就业政策的关系

我国高校创新创业教育政策自 1998 年开始，发展至今仅 20 余年，相较高校就业政策已经历 70 余年的发展，在政策完善程度上明显低于高校就业政策。由于我国高校创新创业教育政策中专门性政策较少，多内嵌于就业、教育等其他主题的政策中，总体来看，高校创新创业教育政策与高校就业政策具有较高的耦合性，以数学集合角度看，二者关系如图 2-1 所示。

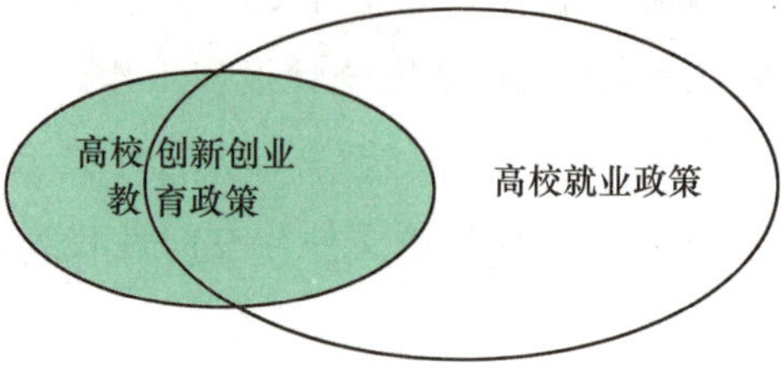


**图 2-1　高校创新创业教育政策与高校就业政策的关系**

首先，高校创新创业教育政策多包含于高校就业政策中。高校创新创业教育从属于高等教育与“双创”这两大主题范畴，其中“双创”这一主题主要指向“就业”，因此这就决定了服务于高校创新创业教育的政策与服务于高校就业的政策具有天然的共同性与从属关系。而从我国实际出台的政策来看，不难发现高校创新创业教育政策确实多以内嵌于高校就业政策中的形式出台发布，如教育部2007年以来发布的高校就业政策文件《就业〈创业〉工作通知》（表 2-2）中均有高校创新创业教育的相关内容，也是我国高校创新创业教育的相关政策文件。

其次，二者在政策目标方面存在共性。我国高校创新创业教育政策的政策目标始终围绕服务人才培养与促进就业两个核心，其内涵是学生创新创业精神培养及创新创业能力提升。而我国高校就业政策在当前阶段的政策目标是在充分就业基础上实现高质量就业，其关键在于充分就业与高质量就业。高校创新创业教育政策的目标之一——促进就业，与高校就业政策中实现充分就业的目标不谋而合；高校创新创业教育政策的目标内涵，即培养学生创新创业精神、提升学生创新创业能力，更是实现高质量就业的重要路径。

第三，创新创业教育是高校就业政策的政策工具之一。通过教育部 2007 年以来《就业〈创业〉工作通知》政策文件可见一斑，开展创新创业教育是推进高校毕业生就业的重要工作，由表 2-2 可以看出教育部 2007 年以来《就业〈创业〉工作通知》中均将开展创新创业教育作为促进就业的重要政策举措，总结来看所提出的具体举措包括：①提高站位，提高对创新创业教育的重视。将创新创业教育改革作为高等教育综合改革的重要突破口，融入人才培养全过程。②以课程推进理论教育。建立并完善创新创业教育课程体系，将创新创业教育融入专业课程、就业指导课程，对全体学生开发开设创新创业教育必修课和选修课，纳入学分管理，改进教学方法，增强实际效果。③加强实践。建设创新创业教育基地、实习与项目孵化基地等创新创业平台，推动“大学生创业示范基地”“大学生创业教育示范校”建设，实施国家级大学生创新创业训练计划，举办并积极组织学生参加各级各类创新创业讲座、竞赛、模拟创业等实习实践活动及项目孵化。④加强服务。开展分类培训，对有创业意愿的学生，开设创业指导及实训类课程；对已经开展创业实践的学生，开展企业经营管理类培训。建立完善大学生创新创业信息服务平台，为创业学生提供政策咨询、项目开发、风险评估、开业指导、跟踪扶持等服务，提高创业成功率。聘请创业成功者、企业家、投资人、专家学者等担任双创导师，进行经验分享和实践指导。开展示范校评选，编写教学基本要求和教材，推广创业教育优秀成果。⑤加强支撑保障。成立创新创业教育和自主创业工作领导协调机构，明确职责和任务，完善工作体制和运行机制，指导和推进创新创业工作。建立弹性学制，允许在校学生休学创业。设立创业教育资金，设立创新创业奖学金以表彰在创新创业方面表现突出的学生。大学科技园、创业园、创客空间等向高校毕业生提供场地优惠和专业化孵化服务。

第四，二者在政策范围与外延上存在一定的差异。创新创业教育政策除了与就业相关的部分，还包括人才培养相关的内容，其外延是服务于高等教育改革与质量提升，即通过创新创业教育提高学生综合素质，提升人才培养质量。高校就业政策相对更专门化，其政策范围涵盖高校毕业生就业教育培养、招聘直至就业及就业后状态追踪的全流程，其核心是对就业问题的解决，虽然政策内容中也体现出与高等教育有所联结，但更多的是通过高等教育改革调整学科专业以适应就业市场需求。

**表 2-2　2007 年以来教育部《就业（创业）工作通知》政策概览**

| 政策标题 | 发文字号 | 发文时间 | 通知中与创新创业教育相关的政策 |
| --- | --- | --- | --- |
| 关于积极做好2008年普通高等学校毕业生就业工作的通知 | 教学〔2007〕24号 | 2007.11 | 各地和高校要及时总结和推广高校毕业生创业的典型和经验，以多种形式开展创业教育，大力倡导创业精神，培养创业能力。劳动保障部门与高校要加强合作，将高校毕业生创业培训工作纳入创业培训总体规划，开展适合高校毕业生的创业实训，推动高校毕业生创业基地建设 |

续表 2-2

| 政策标题 | 发文字号 | 发文时间 | 通知中与创新创业教育相关的政策 |
|---|---|---|---|
| 教育部关于做好2010年普通高等学校毕业生就业工作的通知 | 教学〔2009〕15号 | 2009.11 | 全面加强高校学生创业教育。教育部将成立“高校创业教育指导委员会”；高等学校也可成立由主管校领导牵头，相关部门以及有关院系参加的创业教育指导协调机构；要积极探索在专业课教学中融入创业教育，就业指导课程也要把创新创业教育作为重要内容；要充分利用第二课堂，通过举办创业讲座、创业大赛、社团活动等，丰富学生的创业知识和创业体验，培养学生的创新精神和创业意识，提高学生的创业素质 |
| 教育部关于做好2011年全国普通高等学校毕业生就业工作的通知 | 教学〔2010〕11号 | 2010.11 | 全面开展创新创业教育和创业实践活动。教育部将积极推进创新创业教育教学改革项目；各地要积极推动高校建设创业教育基地，设立创业教育资金，开展示范校评选，编写教学基本要求和教材，推广创业教育优秀成果。高校创新创业教育要面向全体学生，结合专业教学，融入人才培养全过程；广泛开展创业讲座、创业大赛等实践活动，提高学生的创业素质和创业能力 |
| 教育部关于做好2012年全国普通高等学校毕业生就业工作的通知 | 教学〔2011〕12号 | 2011.11 | 全面加强创新创业教育和创业基地建设。各省级教育行政部门、各高校要把创新创业教育作为培养创新型人才的重要途径，普遍建立地方和高校创新创业教育指导中心等机构，积极开发创新创业类课程，并纳入学分管理。要探索建立聘用企业家和创业成功人士担任创业导师、学校专职教师到用人单位挂职锻炼双向交流的有效机制。广泛开展创业大赛、创业模拟等实践活动，着力提升学生的创新精神、创业意识和创业能力。要大力建设创新创业教育实践、实习和项目孵化基地等创新创业平台，积极推进“大学生创业示范基地”“大学生创业教育示范校”建设 |

续表 2-2

| 政策标题 | 发文字号 | 发文时间 | 通知中与创新创业教育相关的政策 |
|---|---|---|---|
| 教育部关于做好2013年全国普通高等学校毕业生就业工作的通知 | 教学〔2012〕11号 | 2012.11 | 普遍开展创新创业教育和实践活动。各地各高校要成立创新创业教育和自主创业工作领导协调机构，明确职责和任务，完善工作体制和运行机制，指导和推进创新创业工作。要把创新创业教育融入专业教学和人才培养的全过程，加快建立和完善创新创业教育课程体系；注重创新创业教育的实践性特点，认真实施“本科教学工程”国家级大学生创新创业训练计划，积极组织学生参加各类创新创业竞赛、模拟创业等实践活动，培养学生的创业意识、创新精神，提高创业能力。鼓励各地和高校开辟专门场地或依托大学科技园、高新技术产业开发区、工业园区等，开展大学生创新创业教育实践、实习和项目孵化，大力推动“大学生创业示范基地”“大学生创业教育示范校”建设 |
| 教育部关于做好2014年全国普通高等学校毕业生就业工作的通知 | 教学〔2013〕14号 | 2013.12 | 加强创业教育和创业服务。各地各高校要建立和完善创新创业教育课程体系，坚持理论与实践相结合，积极开展创新创业竞赛、模拟创业等实践活动，鼓励更多大学生参与创新创业训练计划和新一轮“大学生创业引领计划”，多渠道、多方式培养学生创新意识和创业能力。邀请创业成功人士、企业家担任创业导师，提高创业指导的有效性和实用性。为创业学生提供政策咨询、项目开发、风险评估、开业指导、跟踪扶持等服务，提高创业成功率 |
| 教育部关于做好2015年全国普通高等学校毕业生就业创业工作的通知 | 教学〔2014〕15号 | 2014.12 | 各地各高校要把创新创业教育作为推进高等教育综合改革的重要抓手，将创新创业教育贯穿人才培养全过程，面向全体大学生开发开设创新创业教育专门课程，纳入学分管理，改进教学方法，增强实际效果。坚持理论与实践相结合，组织学生参加各类创新创业竞赛、创业模拟等实践活动，着力培养学生创新精神、创业意识和创新创业能力。高校要建 |

续表 2-2

| 政策标题 | 发文字号 | 发文时间 | 通知中与创新创业教育相关的政策 |
| --- | --- | --- | --- |
| | | | 立弹性学制，允许在校学生休学创业。高校要聘请创业成功者、企业家、投资人、专家学者等担任兼职导师，对创新创业学生进行一对一指导 |
| 教育部关于做好2016届全国普通高等学校毕业生就业创业工作的通知 | 教学〔2015〕12号 | 2015.12 | 加快推进创新创业教育改革。各地各高校要把提高教育质量作为创新创业教育改革的出发点和落脚点，根据人才培养定位和创新创业教育目标要求，促进专业教育与创新创业教育有机融合。从2016年起所有高校都要设置创新创业教育课程，对全体学生开发开设创新创业教育必修课和选修课，纳入学分管理。对有创业意愿的学生，开设创业指导及实训类课程。对已经开展创业实践的学生，开展企业经营管理类培训。要广泛举办各类创新创业大赛，支持高校学生成立创新创业协会、创业俱乐部等社团，举办创新创业讲座论坛。高校要设立创新创业奖学金，并在现有相关评优评先项目中拿出一定比例用于表彰在创新创业方面表现突出的学生 |
| 教育部关于做好2017届全国普通高等学校毕业生就业创业工作的通知 | 教学〔2016〕11号 | 2016.11 | 推进高校创新创业教育改革。各地各高校要把深入推进创新创业教育改革作为高等教育综合改革的突破口和重中之重，在培养方案、课程体系、教学方法等方面加大改革力度。着力强化创新创业实践，搭建实习实训平台，实施大学生创新创业训练计划，办好各级各类创新创业竞赛，不断增强学生的创新精神、创业意识和创新创业能力 |
| 教育部关于做好2018届全国普通高等学校毕业生就业创业工作的通知 | 教学〔2017〕11号 | 2017.12 | 深化高校创新创业教育改革。各地各高校要把创新创业教育改革作为高等教育综合改革的重要突破口，在培养方案、课程体系、教学方法和管理制度等方面将改革持续向纵深推进，促进专业教育与创新创业教育有机融合，将创新创业教育贯穿人才培养全过程。强化创新创业实践，办好各级各类创新创业竞赛，着力培养学生的创新精神和创造能力 |

续表 2-2

| 政策标题 | 发文字号 | 发文时间 | 通知中与创新创业教育相关的政策 |
|---|---|---|---|
| 教育部关于做好2019届全国普通高等学校毕业生就业创业工作的通知 | 教学〔2018〕8号 | 2018.11 | 全面深化高校创新创业教育改革。各地各高校要将创新创业教育贯穿人才培养全过程，把创新创业教育和实践课程纳入高校必修课体系，促进创新创业教育与专业教育有机结合、与思想政治教育深度融合。开展好大学生创新创业训练计划、中国"互联网＋"大学生创新创业大赛和"青年红色筑梦之旅"活动，着力培养学生的创新意识、实践能力和奋斗精神 |
| 教育部关于应对新冠肺炎疫情做好2020届全国普通高等学校毕业生就业创业工作的通知 | 教学〔2020〕2号 | 2020.3 | 会同有关部门落实大学生创业优惠政策，加强创业平台建设，举办中国"互联网＋"大学生创新创业大赛，鼓励和支持更多毕业生自主创业 |
| 教育部关于做好2021届全国普通高校毕业生就业创业工作的通知 | 教学〔2020〕5号 | 2020.11 | 持续推进创业带动就业。加大"双创"支持力度，继续举办中国国际"互联网＋"大学生创新创业大赛。组织开展"高校毕业生创业服务专项活动"，发挥创业孵化基地作用，推动各类创新创业大赛获奖项目成长发展、落地见效，带动更多毕业生实现就业 |
| 教育部关于做好2022届全国普通高校毕业生就业创业工作的通知 | 教学〔2021〕5号 | 2021.11 | 促进创新创业带动就业。各地各高校要加大国家创新创业政策落实力度，加强创新创业服务平台建设，大学科技园、创业园、创客空间等要向高校毕业生提供场地优惠和专业化孵化服务，指导创业团队争取各类创业优惠政策，促进创新创业项目落地发展。办好中国国际"互联网＋"大学生创新创业大赛，切实发挥大学生创新创业带动就业作用。建立完善大学生创新创业信息服务平台，提供创新创业相关政策发布、解读、项目对接等服务。组织双创导师深入校园进行政策解读、经验分享和实践指导，支持大学生返乡创业、到城乡基层创业就业 |

### 2. 政策建议

通过对高校创新创业政策系统梳理分析，结合与高校就业政策的关系分析与对比，本节将从高校创新创业教育促进高质量就业这一角度出发，试为我国高校创新创业教育政策的后续发展提出以下建议：

#### (1)加强立法保障，完善效力层次

目前，我国高校创新创业教育政策以行政规范性文件为主，缺乏法律法规，政策的效力层次相对较低，尤其我国高校创新创业教育主要是在公共政策推动下发展起来的，政策的执行效力对于高校创新创业教育的发展至关重要，因此建议将高校创新创业教育纳入法律范畴，通过加强立法保障，进而为政策提供规范化且稳定的发展方向。为实现这一目标有两条路径，一是将高校创新创业教育加入现行法律内容中，二是出台专门的创新创业教育法律。综合路径可行性与影响力，建议采用前者，即在当前法律中纳入高校创新创业教育相关内容。现行法律中与高校创新创业教育最为相关的是《中华人民共和国高等教育法》(以下简称《高等教育法》)及《中华人民共和国就业促进法》(以下简称《就业促进法》)，可通过在这两部法律中增加与创新创业教育相关的内容，既是对其自身的修订完善，同时实现对创新创业教育立法层面的保障。《高等教育法》第五条提出“高等教育的任务是培养具有社会责任感、创新精神和实践能力的高级专门人才，发展科学技术文化，促进社会主义现代化建设”，已经提及“创新精神”的培养，但尚未与“创业”相结合，因此建议在《高等教育法》中进一步明确“创新创业教育”，凸显其重要性。《就业促进法》在第五章第四十四条、第四十六条、第四十九条、第五十条已经较充分地论述了在职业教育中开展创业能力培训的相关内容，建议再在《就业促进法》中增加高校创新创业教育的相关内容，对《就业促进法》中与创业相关的内容体系进一步完善。

#### (2)规范政策建设，完善政策体系

目前，我国高校创新创业教育政策体系尚不完善，一方面专门性政策较少，以内嵌于其他主题的宏观政策中为主，缺乏独立性。另一方面政策制定出台缺乏统筹规划与协同，存在一定程度的重复矛盾，如“创新创业教育”与“创业教育”两个概念在政策中混合出现，缺乏统一性，关于同一内容的表述(如将创新创业课程纳入

学分管理)重复出现,缺乏统筹协同。建议制定并发布专门性政策,出台更多的独立政策推进高校创新创业教育工作,既凸显创新创业教育的重要性,又能以专门独立政策形成对高校创新创业教育工作的体系化指导。同时还建议形成以固定频率发布的常规性政策文件,如高校就业政策中按年度发布的《就业〈创业〉工作通知》,可按发布频率划分为短期政策、长期政策,短期政策侧重解决当前面临问题及阶段性工作部署,便于及时调整,灵活性更强;长期政策则着眼于长期目标,提供总的发展方向,加强政策稳定性。在加强立法保障的基础上,增加专门独立政策及常规性政策,形成多级有效的政策体系。此外,建议明确高校创新创业教育的主管部门,规范政策制定的主管部门,由主管部门自上而下地统筹规划政策的制定,加强政策之间的协同。

(3)平衡政策工具,完善政策效果

目前,我国高校创新创业教育政策以环境型政策工具为主,其次是供给型政策工具,鲜有需求型政策工具,类型较为单一,存在结构失衡的问题。环境型政策工具主要是间接性影响,供给型政策工具与需求型政策工具更为直接地作用于创新创业教育,效果更为直接有效。供给型政策工具能够有效刺激创新创业教育“供给侧”发展质量,更聚焦于人才的培育,对于实现高质量就业也更加有效;需求型政策工具能够拉动创新创业教育“需求侧”发展,实现供需匹配。而当前以环境型为主的不均衡的政策工具组合,对于高校创新创业教育的长期、可持续、良性发展将产生不利影响。为提高高校创新创业教育政策的执行效果,后续需求型政策工具的补充完善将是重点,尤其注意教育海外交流与海外市场塑造[①],还要协调增加供给型政策工具,除了资金支持外,从人才、设施、科技支持及公共服务方面全面完善对高校创新创业教育的政策支撑。此外,在制定政策举措工具时还应充分考虑举措的可操作性,不要仅是概念性地规划建议,更要提出具体可落实的举措,同时还需要协调政策举措的适用对象,不仅依托高校开展创新创业教育,还要充分调动各级政府、社会、企业的积极性,共同融入参与创新创业教育。

(4)加强顶层设计,完善政策迭代

首先,进一步明晰创新创业教育定位,随着我国高校毕业生就业形势日趋严

① 马捷.政策工具视角下高校创新创业教育政策研究[J].学理论,2019(09):146-147+154.

峻，“以创业促就业”成为创新创业教育政策的基本思路，但是创新创业教育的内涵不止促进就业，更是提高人才培养质量的重要方式，其对就业的意义远不止缓解就业压力，更是提高就业质量，实现高质量就业。基于此在制定创新创业教育政策时，应从顶层设计层面明确政策不仅关注对大学生自主创业的帮扶，更应关注对学生创新创业精神能力、综合素质的培养。其次，应形成应急管理机制，以应对突发情况下的政策制定发布。2020 年新型冠状病毒性肺炎疫情突如其来，当年 3 月，教育部发布《就业〈创业〉工作通知》，对当年就业工作做出部署。我国高校创新创业教育政策应汲取经验，提前做好应急预案，以便应对突发事件的影响。最后，还应增加评价反馈机制，为政策迭代提供依据。从表 2-2 可以看出，历年《就业〈创业〉工作通知》中关于创新创业教育的内容趋同，一定程度上说明近 10 年创新创业教育政策整体没有过多的迭代升级，而这正是因为目前高校创新创业教育政策中缺乏评价与监督反馈机制，使得政策制定主体无法更好地评估当前政策的执行效果，从而无法有针对性地迭代升级。因此，建议增加评价反馈机制，可参考高校就业政策中的做法，一是出台专门政策完善对创新创业教育的评估要求，形成评估指标体系与工作方案，二是要形成专门的领导监督组织负责评估创新创业教育效果，并根据评估效果衡量政策的落地效果，根据效果有针对性地进行政策的更新迭代。

# 第三章

# 高校创新创业教育促进高质量就业的理论探讨

理论来源于实践，但又对新的实践形成指导。高校的创新创业教育工作在实践中已经开展得如火如荼了，虽然也有一些相关的理论探讨，但是远远不够，还需要我们对其开展深入的理论研究和探讨，不断地从实践中总结经验教训，并进行理论升华。当我们对创新创业教育从理论层面有了更为深入的了解和认知后，它反过来就能够更好地指导我们工作实践，促使高校的创新创业教育工作再上一个新台阶。本章将从创新创业教育的历史发展背景、现实意义、教育目的、教育内容、教育师资、教育方式方法，以及当前创新创业教育存在的不足等方面对其进行理论探讨，以期为相关研究者和一线工作人员提供有益参考。

## 第一节 高校创新创业教育的历史背景

任何当前发展重要的事件都有其历史发展的经纬和当下发展的现实意义，高校创新创业教育也不例外。对我国高校创新创业教育的历史发展背景，以及当下的现实意义进行探讨，不仅有利于我们了解创新创业教育发生发展的来龙去脉，也有利于我们预判创新创业教育未来的发展趋势，从而站在更高的历史高度和更新的现实角度更好地认知和推进高校创新创业教育的发展。

### 1. 大学生就业难呼唤高校积极开展创新创业教育

高校是培养高级专门人才的重要场所。高校培养学生的数量和质量在一定程度上决定着一个国家的教育水平和发展程度。我国高等教育从精英化到大众化，再到普及化经历了一个快速发展的过程：1999 年我国开始大学扩招，高等教育毛入学率快速上升，2002 年达到 15%，我国高等教育从精英化阶段进入大众化阶段[①]，2003 年全国各类高等教育总规模就达到 1 900 多万人，高等教育毛入学率达到 17%[②]，此后一直持续增长，2019 年我国高等教育毛入学率达到 51.6%，

① 张秀兰. 中国教育发展与政策 30 年(1978—2008)[M]. 北京:社会科学文献出版社,2008:260

② 教育部. 2003 年全国教育事业发展统计公报[EB/OL]. http://www.moe.gov.cn/jyb_sjzl/sjzl_fztjgb/tnull_3570.html.

首次超过50%，我国高等教育进入普及化阶段。可以看出，在短短不到20年时间里，我国的高等教育不仅跨越大众化阶段，还迈入了普及化阶段，而且现在仍然以较快速度增长，2020年我国高等教育毛入学率又增长到54.4%[①]。在我国高等教育快速发展的当下，每年都会有大量毕业生面临就业，并且还在逐年增加，这给我国的高等教育带来了不可回避的巨大挑战。2022年我国高校毕业生的数量更是达到前所未有的1 000多万人。据教育部统计数据显示，2022年高校毕业生的规模预计将达到1 076万人，比上一年又增加了167万人[②]。如何保障高校毕业生充分且高质量就业是我国高等教育当前必须给予积极回应的问题，这也呼唤高校积极开展创新创业教育予以积极应对。

### 2. 教育质量要求呼唤高校积极开展创新创业教育

1999年大学扩招以来，我国高等教育的教育质量时常遭受诟病，面临严峻挑战。其实，新中国成立以来我国的高等教育一直都非常重视对教育质量的把控，通过各种方式努力提高高等教育质量。新中国成立初期由于人、财、物等各种资源都非常匮乏，为了更高质量建设大学，中央曾在1954年、1959年、1978年等多次发文强调要建设国家重点大学，目的在于集中资源提高大学办学质量。随着国家政治、经济、文化各方面的发展和积累，1995年我国又提出高校建设“211工程”，旨在面向21世纪重点建设100所左右的高等学校和一批重点学科。到了1998年5月4日，江泽民同志在庆祝北京大学建校100周年大会上代表中国共产党和中华人民共和国中央人民政府向全社会宣告：“为了实现现代化，我国要有若干所具有世界先进水平的一流大学。”开始了“985工程”高校的建设。之后随着我国综合国力的进一步提升，尤其是党的十八大以来“中华民族伟大复兴中国梦”的提出，以及实现两个百年奋斗目标等相关重大战略的部署，2017年我国在高等教育发展史上又提出了一项重大工程建设，即建设世界一流大学和世界一流学科的“双一流”建设。纵观新中国成立后我国高等教育发展历程，可以

---

① 教育部.2020年全国教育事业发展统计公报[EB/OL].http://www.moe.gov.cn/jyb_sjzl/sjzl_fztjgb/202108/t20210827_555004.html.

② 程静之.据教育部统计，2022届高校毕业生规模预计达1 076万[EB/OL].http://finance.sina.com.cn/jjxw/2022-04-11/doc-imcwiwst1236983.shtml.

看出追求高等教育高质量发展一直是新中国高等教育发展的主旋律。进入 21 世纪，尤其是党的十八大以来，我国的高等教育更是再上层楼，在追求世界一流，追求卓越的道路上奋勇向前。虽然，我国高等教育在追求高质量发展的过程中使高校毕业生的整体水平得到了不断提高，但是自 1999 年高等教育扩招以来，由于教育资源短缺、经费投入不足、师资总量不足、生源质量下降等问题使大学生的教育质量受到了一定程度的影响和质疑①，持续的扩招“加大了高等教育数量和质量之间的张力，形成了对质量的威胁”②，给提升大学生培养质量带来了重大挑战，高等教育的质量要求也呼唤高校积极开展创新创业教育加以积极应对。

### 3. 第四次科技革命和我国的战略发展需要呼唤高校积极开展创新创业教育

随着以大数据、云计算、物联网、生物技术、人工智能、新材料等发展为典型特征的第四次科技革命给社会发展带来了颠覆性变迁③，我国需要更有创新性、更有创业潜力的高质量人才紧跟第四次科技革命浪潮引领我国的产业革命，并全面推进我国社会的快速进步与发展。与此同时，当前我国正在实施创新驱动发展战略，人才强国战略，建设科技强国，建设创新型国家，正在加速产业的转型升级和提质增效，而且我国还处于百年未有之大变局中，面临技术“卡脖子”和贸易战等各种国际竞争围堵，更为重要的是我国正处于加紧实现中华民族伟大复兴中国梦的伟大建设征程中，这些挑战和宏伟目标的实现都对我国高等教育的发展，尤其是高校人才培养的能力和水平提出了更高要求，同样呼唤高校开展创新创业教育以积极应对。

综上所述，无论是大量毕业生需要更加充分且高质量就业的现实挑战，还是我国高等教育追求高质量发展的历史使命；无论是第四次科技革命带来的颠覆性变迁，还是我国产业转型升级提质增效的现实需求；无论是百年未有之大变局下突破国际封锁控制、围追堵截，还是我国自身实现现代化、实现中华民族伟大复兴中国梦的内在驱动，都要求我国的高等教育在大学生的培养教育方面有新的突

① 王洪明，佟曾．高校扩招与高等教育质量问题研究[J]．理论界，2007(01)：110-111.

② 周川．高等教育大众化和普及化的中国路径及其质量问题[J]．现代大学教育，2021，37(04)：1-7+111.

③ [德]克劳斯·施瓦布．第四次工业革命：转型的力量[M]．北京：中信出版社，2016.

破和新的抓手。我国高校正是在上述的这些大的社会发展背景下开展和发展创新创业教育的。所以，我们可以说，开展和发展创新创业教育是我国高等教育发展到特定历史阶段的必然选择和自主选择。同时，我们也认为继续加快发展创新创业教育也是我国高等教育服务国家建设和实现民族复兴的必由之路。这已从我国高校在20世纪90年代开展创业教育实践，到2010年中央政策文件明确提出开展创新创业教育，再到近几年国家几乎每年都要发布文件对高校创新创业教育进行进一步强调和重视给予了最好的证明。中央在党的十九届五中全会中指出，“坚持创新在我国现代化建设全局中的核心地位，把科技自立自强作为国家发展的战略支撑”，我们坚信，在未来很长一段时间里，国家对创新创业教育的发展将会常抓不懈。

## 第二节 高校创新创业教育的现实意义

我们在上文已经谈到，我国高校开展创新创业教育是其特定历史阶段的必然选择，因此其无论是对于高等教育本身，还是对于大学的人才培养，以及对相关产业发展转型升级，还是中华民族伟大复兴中国梦的实现都有重要的现实意义。

### 1. 创新创业教育为我国高等教育注入了新的理念和活力

世界公认的现代大学是诞生于中世纪意大利的波隆那大学，形成类似于行会的团体进行教学和知识交易，是一种自治的教授和学习中心[①]。自现代大学诞生以来就承担着培养学生的神圣使命，就传承着老师教学生学的经典教育模式。无论是后来的巴黎大学、牛津大学、剑桥大学，还是再晚一些的哈佛大学、斯坦福大学等美国大学也都是如此，其教育模式的创新也都是在老师教学生学这种经典教育模式基础上的改良。我国的近代大学肇始于京师大学堂，仿照欧美学制而

① 吴式颖.外国教育史教程[M].北京:人民教育出版社,1999:121.

建[①]。新中国成立后，我国又学习苏联对高等教育进行了改革，1962 年高等教育进行的院系大调整就是改革成果；1978 年后，随着我国改革开放的大门越开越大，我国的高等教育进一步开始向世界其他国家学习，尤其是以美国等西方发达国家为最，一直在不断深入学习和模仿西方的教育理念和教育模式。但是，无论我们是向谁学习，教师教学生学的经典教育模式都没有发生根本改变。在这之中，虽然我国的大学教育一直重视对人才培养质量的保障，也重视对学生创新能力的培养，但是这种对学生创新能力的培养，更多的是体现在其工作以后，在工作岗位上的创新，而在大学期间对学生创新思维、创新意识、创新能力的培养和强调仍然非常不够，更没有强调和鼓励在大学阶段或者毕业时进行创业活动。另外，新中国成立以来由于我国整体上处于向西方学习的阶段，很多时候是模仿照搬，所以在教育教学中对学生创新创业思维和创新创业能力的强调也不够。但是随着创新创业教育在我国高等教育中的提出和推进，大学教育对创新的强调和重视比以往任何时候都更加突出了，而且进一步强调学生在就业时直接创业，甚至鼓励有条件的学生可以在学业中进行创业，大学期间休学创业，中国第二大手机短信游戏公司广州讯龙的林嘉喜同学就是最好的例证，2003 年他创业的公司以 2 000 万美元售予新浪获得了很大的成功[②]。

毋庸置疑，创新创业教育的提出和发展为我国高等教育传承的教师教学生学的经典教育模式带来了新的理念，也为我国社会主义建设者和接班人的人才培养增加了新的活力。创新创业教育不仅把创新创业作为教育学生的重要内容和学生需要掌握的重要能力来加以教育和培养，对教师在创新创业思维和能力方面的要求也越来越高，他们需要不断地学习和提高。与此同时，创新创业教育对实践实习、实操实练等更加重视，不仅使我国的大学教育进一步突破传统重知识传授轻创新创业实践的藩篱，使大学教育在教育理念、教育内容、教育方法等各个方面都发生了新的变化，增添了新的活力。

## 2. 创新创业教育有利于提高我国大学生的整体素质

众所周知，高等教育是国家为社会发展培养高级专门人才的重要阶段，大学

① 孙培青. 中国教育史[M]. 上海：华东师范大学出版社，1992：557-558.

② 李家华. 创业基础[M]. 北京：北京师范大学出版社，2013：1-3.

是高等教育进行专门人才培养的场所和载体，承载着培养优秀人才的责任与使命。优质的大学毕业生在一定程度上支撑着社会的高质量发展，尤其是支撑着高科技领域的发展。国家航天局的“嫦娥团队”“天问团队”“神舟团队”“北斗团队”平均年龄30～40岁，而利用10年时间打造中国空间站超级“净化器”的来自中国航天科工二院206所的年轻队伍平均年龄只有33岁[①]，正是这些优秀的大学毕业生团队支撑着我国实现航天强国梦。研究者们常常把每10万人口中受过大学教育人数的比例作为衡量一个国家教育发展，或者是衡量一个国家整体人口素质水平的重要指标。所以，任何一个现代国家都非常重视高等教育的发展，重视大学人才培养的水平和质量，把其作为提高国民素质的重要手段。

我们常常会听到，社会、企事业等用人单位诟病高校培养的人才缺乏创新能力、适应能力，综合素质不强等。这确实也是我国高等教育长期存在的不足：学校和老师往往重视知识教育，照本宣科、满堂灌的教学方式依然普遍，对学生的创新意识和创业能力重视不够，培养不够。创新创业教育正好能够弥补这一短板，不仅强调在教育过程中更加重视对学生创新意识、创新思维和创新能力的培养；同时也重视对学生创业精神、创业能力的培养。创新创业能力是学生未来生活和工作最需要具备的重要能力之一。如果我们把高校学生具备的能力分为基础能力、专业能力和创新创业能力，以前的教育更关注的是前两项能力的培养，而创新创业教育则对创新创业能力的培养给予高度重视。学生在创新创业教育过程中，不仅能够具备一定的创新意识、创新思维和创新能力，还能够具备一定的创业精神和创业能力，这无疑进一步提高了学生的整体素质，也会让毕业生更好地满足社会发展的需求和企事业等用人单位的要求。随着工作时间的推移，工作经验的增加，他们在工作岗位上必将发挥更大的不可或缺的作用，也必然为全社会的发展进步做出自己更大的贡献。

正如南开大学创业管理研究中心主任、教育部长江学者特聘教授张玉利所言，“不是每个人都可以创业，都会去创业，但创业思维对谁都有好处。”[②] 可以

① 平均33岁！他们10年打造中国空间站超级“净化器”[EB/OL]. https://baijiahao.baidu.com/s?id=1719708654918295458&wfr=spider&for=pc.

② [美]海迪·M.内克，帕特里夏·G.格林，坎迪达·G.布拉什著.薛红志，李华晶，张慧玉，陈寒松译.如何教创业基于实践的百森教学法[M].北京：机械工业出版社，2015：推荐序二.

肯定的是，在创新创业教育的持续推动下，我国大学生的整体素质必将全面提高。

### 3. 创新创业教育是促进高校毕业生更高质量就业的重要举措

我国推行计划经济建设时期，是按照国家所需人才的计划名额进行专业人才培养的，大学生毕业后也是由国家统一分配工作的，称为“统招统分”。改革开放后，社会主义市场经济逐渐发展成为我国经济发展的主体，我国的高等教育也逐渐转向按照市场需求开始培养社会所需专门人才。专业就是大学对接市场、培养市场所需专门人才的基本类别，也是大学进行人才培养的基本单元。所以，大学教育主要是在不同的专业设置下，通过完整的课程体系设计，通过教授学生所需相关专业的理论知识和实践能力以使学生在毕业时能够达到社会发展所需的基本需求。大学生毕业时，一方面，他们自己能够找到理想的工作；另一方面，大学也能够满足社会对专业人才的需求，为社会发展做出贡献。高等教育毕业生就业“统招统分”制度一直持续到 1988 年之前。1997 年“双向选择”的高等学校毕业生的就业政策开始在全国全面实行①，大学面向市场自主招生，大学生毕业时也不再由国家统一分配，而是进行供需见面，自主择业。这就进一步要求大学能够更准确地面向市场，满足市场需求，培养市场所需的专业人才。因此，随着大学面向市场培养学生，国家不包分配以来，大学毕业生毕业时能否找到合适的工作岗位，能否到企事业单位就业就成了大学的重要职责。市场是在不断变化着的，对人才的需求也是在不断变化着的。随着科学技术的日新月异，新兴产业的蓬勃发展，市场对人才的需求越来越多元化，而且对人才的质量要求也越来越高，大学在人才培养上，大学毕业生在就业上面临的挑战就越来越大。

创新创业教育更加重视对学生创新创业能力的培养，使毕业生的素质得到了进一步提高，有了更强的就业能力；另外，创新创业教育转变了学生们的就业观念，鼓励学生们进行创业，通过创业来实现更高质量的就业，不仅可以自己就业，还可以带动其他人员共同就业。在创新创业教育中，学校不仅继续教授学生们专业知识，还培养学生们的创新创业意识和创新创业有关的能力和素养，如相

① 王英杰，刘宝存．中国教育改革 30 年高等教育卷[M]．北京：北京师范大学出版社，2009：179-132.

关的财务知识，一定的管理能力等，这些都有益于学生更好的就业。总之，无论从学生综合能力的培养上，还是就业观念的转变上，以及就业渠道的拓展上，创新创业教育都是毕业生更加充分且更高质量就业的重要举措。

### 4. 创新创业教育有利于推动我国的产业转型升级

产业的发展离不开高素质的人才队伍，更离不开创新创业。当前我国正处于产业转型升级的关键阶段，急需大量的高素质人才队伍，也需要大量的有能力的人才开展创新创业，积极推动产业转型升级。大学教育处于人才教育培养的顶端，大学毕业生就是我们培养的高素质的人才队伍，其对任何产业的发展都具有不可替代的作用。人才兴则产业兴，正是一批批如马云、张朝阳、俞敏洪等优秀人才的创新创业才使我国的互联网产业、教育产业等发生了翻天覆地的变化，促进了产业的发展与进步，转型与升级。当然这些企业的转型升级不仅离不开这些创新创业的带头人，也离不开就职于这些企业的大量的高素质的有创新创业能力的大学毕业生。

当前我国正处于各个行业全面转型升级的阶段，不仅体现在互联网产业，也体现在传统的农业、制造业等产业上面。他们的转型升级需要一批又一批具有创新意识、创新能力和创业精神的大学毕业生。当然，在当前国际科技竞争加剧的紧要关头，尤其是高科技产业，如互联网、芯片、5G 等电子产业，还有生物医药产业等都对创新创业的要求和期盼更高。创新创业教育培养出来的具备创新创业能力的大批高素质毕业生进入产业，他们的创新成果毋庸置疑能够推动产业转型升级。同样，创新创业教育培养出来的大批创业型人才，无论是在他们毕业时直接进行创业，还是在他们工作一段时间做好充分的积累后再进行创业，也都会帮助加速产业的转型升级。所以，创新创业教育一定能够推动我国的产业转型升级。

### 5. 创新创业教育有利于助推中华民族伟大复兴中国梦的实现

当前，我国正处于持续推进实现中华民族伟大复兴中国梦的伟大进程当中，每年数以千万计的大学毕业生投身到中华民族伟大复兴建设的洪流中，他们是社会主义的接班人和建设者，也是实现中华民族伟大复兴的主力军和生力军。创新创业教育将更好地帮助我们的大学生们实现理想，完成使命。

为了实现中华民族的伟大复兴，我国提出了建设科技强国、教育强国、人才强国、创新型国家等一系列战略目标，并把创新作为国家发展全局的核心，把科技自立自强作为国家建设的重要战略支撑，习近平总书记还鼓励广大科技工作者要努力把我国建设成为世界科学中心和科研高地，这些都需要有大量的创新创业性人才作为后盾和支撑。近些年我国各项发展都突飞猛进，在高铁、大飞机、载人航天、5G、量子科技等方面取得了世界领先的成果，科技企业的发展也蒸蒸日上，2022 年 6 月 2 日《财富》世界 500 强榜单正式“出炉”，与 2021 年相比我国大陆上榜的公司又增加了 11 家，达到了 135 家，如果算上我国台湾的企业，我国上榜的企业数量就达到了 143 家，而这次美国上榜的数量是 122 家，我国上榜的企业数量已连续两年高居榜首。① 这些发展和进步都和我国培养的高质量创新创业性人才有着密不可分的联系。

时至今日，中国共产党成立 100 周年庆祝大会上，学生代表们“请党放心，强国有我”的声音仍然回响耳畔，学子们的志向是远大的，行动也必将是有力的。创新创业教育将为我国培养更多有创新创业能力和志向的高校毕业生，这将助推我国早日实现中华民族伟大复兴的中国梦。

## 第三节 对创新创业教育理念的解读

党的十七大提出了“提高自主创新能力，建设创新型国家”和“促进以创业带动就业”的发展战略。《教育部关于大力推进高等学校创新创业教育和大学生自主创业工作的意见》（教办〔2010〕3 号）是对党的十七大精神及其相关战略进行的落实部属，强调大学生是最具创新、创业潜力的群体之一，指出“在高等学校开展创新创业教育，积极鼓励高校学生自主创业，是教育系统深入学习实践

① 2022 年世界 500 强“出炉”，为什么京东排名会比腾讯、阿里还靠前[EB/OL]. https://www.sohu.com/a/556093137_121032977.

科学发展观，服务于创新型国家建设的重大战略举措；是深化高等教育教学改革，培养学生创新精神和实践能力的重要途径；是落实以创业带动就业，促进高校毕业生充分就业的重要措施。”基于此，我们需要从多个角度对创新创业教育这一理念和教学模式进行深入的认识和解读。

### 1. 要深入理解创新创业教育对创新的强调与重视

从历史上来看，我国对创新、革新一直都很重视，儒家经典——《礼记·大学》中就有“苟日新，日日新，又日新”，强调要持续革新。我国之所以有上下五千年的璀璨文明，有儒家、道家、法家等的百家争鸣，也正是因为一直强调创新。而且这些思想对我们今天仍然有着深远的影响。我们也有很多强调创新的成语，如“推陈出新”“革故鼎新”“标新立异”“吐故纳新”等。在实践中我们也有很多创新之举，如“维新变法”“新文化运动”“实业救国”“马克思主义的中国化”等。毛泽东思想就是对马克思主义的创新，如“农村包围城市”“枪杆子里出政权”“一切反动派都是纸老虎”等，在民族危亡之际挽救了国家，挽救了人民。可以说，中国共产党领导的整个新民主主义革命的过程就是一个不断探索创新的过程。新中国成立以来，虽然国家百废待兴，但是我们也没有忘记创新，所以才会有第一颗原子弹、氢弹的研究成功，才会有我国第一颗国产人造卫星“东方红一号”的升空。

但是不可否认的是，新中国成立以来我国的科技水平、教育水平曾远远地落后于西方发达国家，所以我们更多的是处于学习借鉴之中。在大学教育中虽然我们也强调创新，但是由于我们的大学教育一方面处于学习别人的过程中，对自身创新的教育重视不够；另一方面我们囿于传统教师教、学生学的教育理念中，更多的是重视教师的教，以及看重学生通过死记硬背而取得的学习成绩，对学生创新能力的强调并不是十分突出，致使大学生创新性的形象思维与灵感思维等创新能力较差①。当前，我国把创新作为我国现代化建设全局中的核心，把科技自立自强作为国家发展的战略支撑，不仅提出创新驱动发展战略，还要建设创新型国家，这些都要求我们对创新给予更高程度的重视。

① 钱贵晴，刘文利. 创新教育概论[M]. 北京：北京师范大学出版社，2009：178-182.

创新不仅有知识创新、技术创新、管理创新、方法创新①，而且还有原始创新、自主创新、集成创新和引进、消化吸收再创新②，这些创新正是国家所需。所以创新创业教育对创新的强调和重视正符合当下我国发展的宏观布局和发展需要。

## 2. 要从创业就业的角度深入理解创新创业教育

教学、科研和社会服务是大学的基本功能。其中社会服务，不仅是指为社会提供人才支撑，同时也指为社会提供创新性的科技成果，甚至是创业性的孵化高科技企业。美国著名的硅谷就依托于斯坦福大学人才资源和科技资源引领全球的创业革命。今天，我们需要从创业就业的角度来深入理解创新创业教育这一理念，它给我们带来了新的视角和新的认知。

①创业就是一种就业。在很多时候，对于大多数大学生，以及他们的家长和社会各界而言，大学生毕业时需要找工作进行就业，很少有人会把创业和就业联系在一起来考虑，这就是我们受定式思维约束的结果。人们普遍存在着大学生毕业后才进行就业的基本认知和看法。当创新创业教育出现以后，打开了人们新的视野，创业本身就是一种就业形式，而且创业不仅使自己得到就业，还可以带动其他更多的人进行就业。对于高等学校的大学生而言，无论你是本科生、硕士生，还是博士生，在毕业时你可以选择进行创业，不仅可以是自己独立创业，还可以是和同学共同创业，甚至是可以和社会人员共同创业等。当然，创业也不仅仅解决自己的就业问题，由于创业往往需要更多的工作人员，从而可以带动解决更多人的就业。所以，我们要清楚地认识到，高校毕业生创业本身就是一种就业，而且其对就业的意义非常重大，它转变了我们传统的大学生的就业观念。

②创业不一定等到毕业。我们长期习惯于把学习和创业人为地分开，认为大学阶段就是学生的学习阶段，大学毕业后才是就业创业的阶段。当然，上学阶段是应该以学习为主，但是也不能完全把创业从大学阶段割裂出去。创新创业教育打破了我们固有的认知，我们要把创新创业和就业统一起来看待，大学生在大学

---

① 赵俊亚，李明．大学生创新创业教育[M]．北京：清华大学出版社，2019：7-9.

② 钱贵晴，刘文利．创新教育概论[M]．北京：北京师范大学出版社，2009：10-12.

阶段也可以进行创业。创业是需要时机的，有些创业机会如果等到毕业可能就时过境迁了。所以如果有创业的机会，大学生就可以选择在大学阶段进行创业。现在很多高校在大学阶段就为学生提供创业竞赛的机会，而且对好的项目直接支持学生创业。所以，我们要清楚，创业不一定要等到毕业，而是需要把握最好的创业时机。

③创新创业在一定程度就是高质量就业。大学生创业往往是在一定创新基础上的创业，不是低层次低水平上的体力劳动的创业。它们可能是技术上的创新，也可能是管理上的创新，或者是其他方面的创新，总而言之，它们的创业往往是一种更高质量的就业。如农业领域大学生的创业，往往把新的农业科技带入创业企业，甚至是带入农村，带入园区，结果是无论其管理水平还是行业领域的科技水平都得到一定程度的提高，其带动就业的同时在一定程度上也促进着整个产业的转型升级。

### 3. 创新创业教育是人的全面发展理论的重要组成部分

我国的教育目的是以马克思主义关于人的全面发展学说理论为基础的，是正确引导和帮助学生健康成长，使他们德、智、体、美、劳得到全面发展。“马克思关于人的全面发展的思想的本质和核心是：每个社会成员在智力和体力上都得到尽可能多方面的、充分的、自由的和统一的发展。”① 当今社会，创新创业能力对一个人的成长和发展至关重要，所以，创新能力和创业能力也应该是人的全面发展的重要组成部分。人的全面发展是需要有创新意识、创新精神和创新能力的，同样人的全面发展也是需要有创业意识、创业精神和创业能力的。尤其是在当前科技发展日新月异、社会发展全面进步的阶段，更需要有创新思维和创新能力的人推陈出新促进社会进步，也需要有越来越多的人积极创业引领产业发展风骚。所以，人的全面发展思想也自然而然要包括对人才创新创业能力的培养，而创新创业教育自然而然也应该是全面发展教育思想的重要组成部分。

创新创业教育有利于受教育者一生的成长和发展。创新创业教育对创新意识的培养和创业思维的培养不仅是在就业阶段对学生有帮助，而且其对受教育者的

① 柳海民.现代教育原理[M].北京：中央广播电视大学出版社，2002：203-204.

一生都会产生积极的影响。有人指出，在一些企业很多学生不是在大学毕业时就进行创业，而是在其工作几年以后，有一定的积累以后才选择创业。之所以如此，这和他们接受的创新创业教育密不可分。正是这些创业者们在大学阶段接受了创新创业教育，种下了一颗创新创业的种子，使他们拥有了创新创业的意识和一颗创新创业的心，所以无论是多少年以后，一旦他们认为条件成熟了，他们就会选择创新创业。所以，创新创业教育会使学生终身受益，创新创业教育也应该是人的全面发展理论的重要组成部分。

### 4. 创新创业教育要贯彻“三全育人”的教育思想

“三全育人”是指“全员、全过程、全方位育人”。创新创业教育也要贯穿“三全育人”的教育思想。在创新创业教育过程中，高校也要对学生实行全员、全过程、全方位的创新创业教育，即创新创业教育要由学校全体人员共同推进，包括学校领导、班主任、各任课老师等；创新创业教育也应该是大学阶段全过程的教育，包括从入学教育一直到毕业教育，包括从课前、课中和课后，还包括从第一课堂到第二课堂的全过程教育；当然，创新创业教育也应该是全方位的教育，我们在学校的任何空间、方位都应该体现创新创业教育的理念，帮助学生们树立创新创业教育的文化氛围，让他们在潜移默化中接受创新创业教育理念，锻炼创新创业能力。只有在“三全育人”教育思想的指引下，实现“全员、全过程、全方位”的创新创业教育，学生的创新创业能力才能够得到最好的培养和锻炼。

## 第四节　创新创业教育的目的与内容

教育是有目的、有组织地培养受教育者的过程。创新创业教育也是高校有目的、有组织地培养学生具备创新意识、创新精神、创新能力和创业意识、创业精神和创业能力的教育过程。对于创新创业教育，我们首先需要从教育目的、教育内容两方面来认识。

### 1. 创新创业教育的目的

简单而言，创新创业教育的目的就是为了培养创新性人才和创业性人才。人区别于动物的本质特征就是人具有主观能动性，而不仅仅是本能。正因为如此，人是改造和改变世界的重要力量，无论是创新性人才还是创业性人才，他们都是推进人类社会物质文明和精神文明的核心力量。我们认为，创新性人才就是指具有创新意识、创新精神和创新能力的人才；同样，创业性人才就是指具有创业意识、创业精神和创业能力的人才。当前，在科技日新月异，大国竞争日趋激烈的大背景下，发展创新创业教育，培养创新创业性人才对于我国的全面发展至关重要。所以，我们要清楚地认识到开展创新创业教育的目的就是要培养具有创新意识、创新精神和创新能力的创新性人才和培养具有创业意识、创业精神和创业能力的创业性人才，他们将进一步提高国民素质，助推产业转型升级，助力国家的繁荣昌盛。

### 2. 创新创业教育的具体目标

在清楚了创新创业教育的目的后，我们也应该明白创新创业教育的具体目标。被称为创业教育之父的杰弗里・蒂蒙斯曾说过，创业"不仅仅意味着创办新企业、筹集资金和提供就业机会，也不只是等同于创新、创造和突破，而且还意味着孕育人类的创新精神和改善人类的生活。"① 实际上，创新创业教育不仅仅是培养具体开展创新创业的人，而更多的是让学生具备这样的意识、精神和能力。清华大学副校长杨斌教授也认为，"从更基本面出发的创业教育，其目标不是帮助学生开办公司，而是着力于培养具有开创性的人，培养首创精神、冒险精神、独立意识、创业能力以及挑战现状并创造性地解决问题、满足需求的本领。"② 因此，开展创新创业教育的具体目标就是要教育培养学生具备创新意识、创业意识、创新精神和创业精神、创新能力、创业能力。

"意识是指人们根据社会生活发展的需要，引起创造前所未有的事物或观念

① [美]海迪・M.内克，帕特里夏・G.格林，坎迪达・G.布拉什著.薛红志，李华晶，张慧玉，陈寒松译.如何教创业基于实践的百森教学法[M].北京：机械工业出版社，2015：1.

② [美]海迪・M.内克，帕特里夏・G.格林，坎迪达・G.布拉什著.薛红志，李华晶，张慧玉，陈寒松译.如何教创业基于实践的百森教学法[M].北京：机械工业出版社，2015：推荐序一.

的动机，并在创造活动中表现出的意向、愿望和设想。”① 大学生的创新意识和创业意识就是大学生创造前所未有的事物或观念，干成一番新事业的动机、愿望和意向。并不是每一个学生都会有创新意识和创业意识，这需要通过教育来培养。在不同教育理念的指引下，我们对大学生的创新认识是不一样的。传统的教育理念认为我们有多少知识就教会学生多少知识，所以我们经常看到老师们认真地教，学生们认真地学的场景，课堂上没有提问、缺少互动。考核的标准也更多的是死记硬背，不需要思考创新。而在创新创业教育的理念下，教育过程应该是师生互动互相建构的过程，是师生互动共同思考解决问题的过程，通过创新创业教育，我们对学生的创新创业意识给予重点培养，让学生在学习的过程中不死搬教条，而是要活学活用，并且要有意识地主动去进行创新创造。

精神是人的一种内在的气质或状态。创新精神就是个体积极追求创新的一种内在的气质和状态。创业精神也是如此，就是创业者勇敢追求实现干一番新事业的内在的气质和状态。创新精神和创业精神有相似的地方，但也有不同。它们都需要孜孜不倦、持之以恒，但是创新精神更多的是对科学、知识的追求，而创业精神更多的是对自己所创事业的一种执着追求。创新精神也是科学精神的一种，要求人们在面对事物时不因循守旧，不故步自封，而是守正独立，勇于创新创造。创业精神需要我们在事业上敢于冒险、勇于担当、执着追求。

创新能力和创业能力都是实现创新创业目的所必须具备的本领，它们有相同的东西，也有差异。如无论是创新还是创业，它们都需要有扎实的基础知识，当然它们也需要表达、沟通、协调等基本能力，但是它们也需要有相对独特的能力，如创新所需要的是对闲异的好奇，创业所需要的是对所创行业的敏感等。总之，创新创业教育的具体目标之一就是要培养好学生的创新意识和创业意识，创新精神和创业精神，创新能力和创业能力。

### 3. 创新创业教育需要培养学生的基本素养

“简单地说，创新就是创造新事物。这里的‘新事物’，包括新产品、新技术、新思想、新方法、新的教育方法、新的管理模式、新的用人机制、新的经济体制

① 孙敬全，孙柳燕. 创新意识[M]. 上海：上海科学技术出版社，2010.

等，涵盖了所有有形事物、无形事物，物质文明成果和精神文明成果。”① 著名的管理学家彼得·德鲁克认为，“创业既不是科学也不是艺术，创业是一种实践。”② 所以，创新创业教育就是要培养学生具备创造新事物和开展创业实践的基本素养。有学者在新工科视域下探索与分析了大学生创新创业素质，主要包括创新思维、创业意识、创业精神、工匠精神、创业技能和管理能力在内的6种创新创业素质。③ 笔者认为，正如笔者前文所言，创新和创业既有相同的地方，也有些许差别，而且它们有时候还相互交叉融合在一起，所以就创新创业教育整体而言，笔者认为创新创业教育应该在如下几个方面对学生进行深入的培养。

### （1）创新创业教育要培养学生宽泛且扎实的基础知识

任何创新都不是平白无故所产生的，任何创业也不应该是愚昧无知的大胆冒险，它们都应该建立在宽泛且扎实的基础知识之上。就像爱因斯坦发现相对论绝不是上天的恩赐，而是其拥有对物理学基础知识的扎实功底，才能在此基础上发现更为高级更具有创新意义的学说和理论。俞敏洪对新东方的创业也是其对英语教育本身深入了解基础上的成功，而他进行“东方甄选”直播带货的第二次创业，以及董宇辉结合着英语教育、历史、文学、哲学讲解的直播带货的成功，也是因为其在相关领域有相当深厚的知识基础④。所以无论是创新也好还是创业也罢，都需要有宽泛且扎实的基础知识，这也要求创新创业教育不能为了创新而创新、为了创业而创业，不仅不能忽视对基础知识的教育，而且还要加强。

### （2）创新创业教育要培养学生的兴趣和好奇之心

创新创业往往和兴趣、好奇心有直接的关联。能够创新创业的人往往是对其有强烈兴趣的人，其对创新创业本身有着强烈的兴趣，愿意花大力气专研追求于此。北京大学的年轻数学家“韦神”韦东奕就是对数学非常感兴趣的人，他对于

---

① 赵俊亚，李明. 大学生创新创业教育[M]. 北京：清华大学出版社，2019：4.

② ［美］海迪·M. 内克，帕特里夏·G. 格林，坎迪达·G. 布拉什著. 薛红志，李华晶，张慧玉，陈寒松译. 如何教创业基于实践的百森教学法[M]. 北京：机械工业出版社，2015：1.

③ 黄德昌，等. 新工科视域下的大学生创新创业能力培养模式的探索与研究[M]. 北京：中国农业大学出版社，2018：9-11.

④ 赵东山. 对很小的业绩都有渴望的队伍，才能把创新性的业务做起来《中国企业家》，转引自[EB/OL]. https://baijiahao.baidu.com/s?id=1735663406473002420&wfr=spider&for=pc.

穿什么、吃什么并不在意，也不在意去和别人应酬，他是个很纯粹的人，所有的兴趣爱好都集中在解决数学问题上，所以才能在顶尖的数学期刊上发表自己的创新成果①。我们在中央电视台农业农村频道的“我爱发明”节目里也经常会看到很多农民发明家，他们虽然没有高深的学问，但是他们凭借着强烈的兴趣，不断地去试验去修正自己的研究发明，最终使自己的发明创造获得成功。所以在创新创业教育中要培养学生们对科学问题，科技创新的兴趣。这就要求老师一方面要善于发现学生们的独特兴趣，另一方面也要求老师们要善于培养学生们的创新创业兴趣。

每个学生都是一个独立的个体，尤其是大学生们已经成人，他们已形成一定的独特的兴趣。比如，对于理工科学生，有的学生可能爱好专解数学难题，有的学生可能爱好动手做试验，还有的学生可能爱好程序开发等，对于人文社科类学生有的可能爱好音乐，有的可能爱好文学，有的可能爱好时政评论等，所以需要老师们发现不同学生的不同爱好兴趣，并在此基础上开展对学生们的创新创业教育，学生们往往也能够在自己的爱好兴趣的基础上有创新性发展和表现。当然，对于大学生而言，其可塑性仍然很强，老师们还需要有意识地培养一些他们的兴趣爱好，或者在原有兴趣爱好的基础上再拓展一些他们的兴趣爱好，让其获得更全面的发展，或者让其有更多发展创新的可能性。

兴趣爱好的培养方式是多种多样的，老师们可以通过兴趣班、兴趣小组，或者让学生参与自己的研究项目，或者在课堂讲授中幽默风趣、有理有据、旁征博引地让学生们对科学问题、研究项目、实践锻炼等产生兴趣。总之，发现和培养学生们的兴趣爱好是创新创业教育的重要内容之一。

#### （3）创新创业教育要培养学生的批判性思维

创新创业不能墨守成规，需要推陈出新。孟子说“尽信书不如无书”，就是要求读者要有批判性思维。无论是理论创新还是技术创新都需要在原有的基础上进行创新。创新就需要多问些为什么？需要对现有理论、现有常识、现有经验多一些质疑和疑问。需要对书本所说，对老师所说，对他人所说有一定的质疑和疑问。要敢于进行追问和讨论交流，看能不能发现原有理论、常识、经验中的漏洞

① “韦神”的爆红，让我们看到了，什么是一个极度纯粹的人[EB/OL]. https://new.qq.com/omn/20210602/20210602A0CNRL00.html.

和不足。如果没有不同流派的互相争论，推陈出新，也就不会有百家争鸣的蔚为大观了。在西方也是如此，如果没有哥白尼日心说对地心说的突破，没有英国哲学家、科学家培根的实验科学对神学藩篱的冲破，就不会有我们现在自然科学、实证科学的繁荣。

批判性思维的培养需要老师们给予学生更宽松的空间，尤其是我国的教育多以规范性教育见长，从小学到中学再到高中，基本都是以书本知识为准，都强调标准答案，在批判性思维的教育与培养上存在一定的不足。在大学阶段开展创新创业教育，培养创新创业人才，必须打破以前教育惯性的束缚，在批判性思维教育上下功夫。要鼓励学生们敢于发表自己的意见和想法，能够容忍学生们可能犯的错误，要启发学生们突破定式思维，突破固有的知识限制，鼓励学生们拓展知识面，摆脱学科限制，多进行跨学科的学习和思考。

### (4) 创新创业教育要培养学生一定的胆量和勇气

创业是创业者勇闯天下的一种行为，没有人可以为其遮风挡雨，可能也没有太多可以借鉴的经验，因为每一条创业道路都是独一无二的。这就要求创业者需要有足够的胆量和勇气开展创业。没有勇气和胆量的人是无法走上创业道路的。我们开展创新创业教育就要培养学生的胆量和勇气，要培养学生的冒险精神，当然这种冒险精神不是盲目的、无知的冒险，而是一种敢于尝试新东西、敢于挑战不可能的精神。只要有机会，具备一定的条件，创业者就敢于去尝试，勇于去奋斗，争取成功。世界上干任何事都没有百分之百的成功，更何况是创新创业。培养学生的胆量和勇气对于创新创业教育而言是必不可少的。

### (5) 创新创业教育要培养学生的底线思维

创业是有一定风险的，创新创业教育需要培养学生对创业有正确的认识，对困难做好应有的准备，培养他们的底线思维。创业是一个系统工程，从找创业的项目，到场地、资金，再到人员雇佣、管理等一系列事情基本都需要创业者自己操持，所以，创业者在进行初始创业时往往是困难重重。即使是侥幸开局良好，创业者在事业不断壮大的过程中也会遇到各种各样的问题。一个创业者如果没有做好充足的困难准备，是很难坚持到最后的。这就要求我们在创业教育中要教育学生们面对创业要做好充分的困难准备，每个创新创业者对自己的创新创业都要有一种底线思维，想到其最坏的结果。在创新创业之初就能够想到出现最坏的结果时自己应该怎么办，而不是靠着一腔热忱、无知者无畏地投入其中。

### (6) 创新创业教育要教育学生有足够的意志力

无论是创新还是创业，其成败很可能就在于你能不能坚持到最后，能不能有足够的意志力和即将失败的阴影做斗争，最终战胜它并获得成功。一旦你有足够的意志力，能够坚持到最后，往往你会成为最后的胜利者。很多创新创业者在一开始都是意气风发，信心百倍，但是一遇到点困难，就像霜打的茄子，很快败下阵来。所以，创新创业教育要教育学生有足够的意志力。面对困难的时候能够不被困难所击倒，能够勇往直前，能够坚持到最后。

### (7) 创新创业教育要教育学生有具体的目的和解决具体的问题

创新创业不是为了创新而创新，创业而创业，也不是为了标新立异，创新创业一定是基于具体的目的和解决具体的实际问题。创新既有理论创新，也有发明创造。理论创新多体现在基础学科，如哲学中各理论流派，还有数学、物理等学科方面的基础理论创新等。在工程领域更多的是技术创新、发明和创造，如新工艺、新的装备等，手机的迭代更新就属于这一类。但无论什么创新都是有目的、有具体问题的，如手机的迭代更新就是为让消费者使用起来更迅速便捷，体验更好。创业也是如此，没有具体目的，不解决具体问题的创业是没有市场的，也是存活不了的。所以，创新创业教育要培养学生们的问题意识，无论是理论问题还是现实问题，都需要学生们敏感地发现具体的问题，才能找到创新创业的切入点。

### (8) 创新创业教育要教育学生认识到创新创业是一个不断挑战、不断完善、不断自我实现的过程

创新创业并不是一帆风顺的，很多人都在创新创业过程中遭受过失败和挫折。如曾经风靡一时的“锤子科技”在第一次创业中就失败了，而且败得很惨，但是“锤子科技”的创业者罗永浩在还清债务后，又一次于 2022 年 6 月 13 日宣布退出微博和所有社交平台，再次埋头创业[①]。他说，“再创业可能会后悔，不

① 罗永浩宣布再次创业，将研发下一代 AR 智能平台产品[EB/OL]. https://baijiahao.baidu.com/s?id=1735514708609908140&wfr=spider&for=pc.

再创业百分之百后悔”。他还说，一个理想主义者的创业一直在路上，“永远年轻，永远热泪盈眶。当你试图放弃一个你知道是正确的事情的时候，希望你能再看看这句话。”我们一定要知道，即使失败了，创新创业也让我们在不断地实现自我完善和自我超越，这个过程本身对于我们每个人的价值都是无穷的。所以，创新创业教育一定要教育学生认识到创新创业是一个不断挑战、不断完善、不断自我实现的过程，即使你失败了，你也有收获。

## 第五节　创新创业教育的师资与方式方法

创新创业教育对师资队伍提出了新的更高的要求，对教育教学方法也有新的不同的选择，我们需要在这些方面有所认知，才能把创新创业教育办得更好。

### 1. 创新创业教育对师资的要求

创新创业教育对教师队伍提出了新的更高的要求，需要老师具备更高的能力和水平。

#### (1) 创新创业教育需要“双师型”教师

创新创业教育要求老师不仅要具备丰富的理论知识，还要具备一定的从事创新创业工作的实践能力，所以提倡“双师型”教师。2015 年国务院《关于深化体制机制改革，加快实施创新驱动发展战略的若干意见》中明确指出“允许高等学校和科研院所设立一定比例的流动岗位，吸引有创新实践经验的企业家和企业科技人才兼职。试点将企业任职经历作为高等学校新聘工程类教师的必要条件”。为了让老师们具备“双师型教师”的素质和能力，学校需要在两个方面努力。首先，学校需要在招聘老师的时候要吸引创新创业理论和实践两种能力同时具备的老师加入；其次，为了让现有老师能够尽快转变以适应新的创新创业教育的更高要求，学校还需要通过培训，派遣相关教师到企业、工厂挂职，进行实践锻炼以弥补自身实践能力不足的短板。当然，学校也可以聘请企业和工厂的领导和技术人员来学校担任实践性教师，加强创新创业教育中对学生实践能力的培养。总之，创新创业教育对教师队伍提出了新的要求，教师需要紧跟时代发展变化的要求，适应创新创业教育的新发展让自己成为合格的“双师型”教师。

（2）创新创业教育需要教师本身要有创新意识和创业思维

上文我们谈到，创新创业教育的重点在于重视对学生创新意识、创新精神、创新能力和创业意识、创业精神和创业能力等方面的培养。任何的创新创业者都必须有一定的创新能力，而真正有意愿创业的人也一定要有创业思维，知道创业的关键症结是什么，明白创业的风险在哪，也有面对创业失败的勇气，还有持之以恒的毅力等。这些都需要老师在教育过程中对学生给予培养。这就要求教师本身也要有一定的创新意识和创业思维，如果教师自身缺乏创新意识和创业思维，他们也无法在教学过程中对学生的创新意识和创业思维给予启发和培养。我们可以设想，一位老师如果只知道照本宣科，对教材和参考书目没有自己独到的理解，对教学内容也没有自己特有的创新性想法和认知，在教学的方式方法上也缺乏自己的创新，那么可想而知其培养的学生也不可能具有创新意识和创新能力。同理，如果一位老师自己本身缺乏创业思维，对创业所需条件、可能面临的风险一无所知，或知之甚少，其也不可能培养出具有创业能力的学生。所以，创新创业教育需要教师本身要有创新意识和创业思维，这些都需要老师在自身的教育教学工作中不断地增强，并很好地引导学生得到锻炼。

## 2. 创新创业教育对教学方式方法的要求

创新创业教育有其独特性，传统的填鸭式教学，照本宣科、满堂灌是培养不出创新创业人才的，其需要新的课程组织和新的教育方式方法。

（1）创新创业教育需要和现有专业教育的紧密结合和无缝衔接

专业教育是我国大学教育的基本形式，有利于按照市场需求培养专业所需的高级专门人才。我国的创新创业教育不是对专业教育的否定，而应该是和专业教育并行不悖，紧密结合起来的。这一方面体现在课程设置上，创新创业教育需要设定一些独特的创新创业课程，如创业教育财务知识、管理课程等，独特的创新创业课程应该和专业课程共同组建课程体系。另一方面还体现在要加强在专业课程教学中融入创新创业教育思想，真正把创新创业教育落到实处。总之，通过全面系统的课程设置，以及贯穿于教学全过程，全流程的创新创业教育来实现对学生创新创业能力的培养。

(2) 创新创业教育要重视理论和实践的结合，尤其要更加重视对实践的强调

古语云："读万卷书，行万里路"，理论学习和实践锻炼是紧密结合在一起的。在现实生活中，没有理论指引我们往往容易迷失方向，没有实践锻炼，我们往往眼高手低，就像纸上谈兵的赵括一样，书本知识、理论知识学得再多，也不能逃脱"长平之战"的惨败。创新创业教育既要培养学生扎实的理论功底，也要历练学生们的实践能力，做到两手抓，两手都要好。理论方面需要学生们仍然学好专业理论，同时要学好管理、财务等相关创新创业的基本理论，打好基础以便在自己以后的创新创业过程中有很好的理论指导。实践方面，学生们在创新创业教育中需要锻炼各种实践能力，包括表达、写作、沟通等基本能力，还包括各种专业能力，如在农业创新创业方面，学生们可能要掌握包括选种、育种、打药、施肥等农业方面的专业能力。只有理论和实践都得到很好的培养和锻炼，这样的学生才能在未来的创新创业过程中获得成功。

(3) 创新创业教育需要参观、沉浸式体验等教学方式

创新创业教育需要让学生对相关产业有更为直观的感受和体验，所以参观和沉浸式体验的教学方式就非常重要。这要求学校要建立更多的教育教学、实验实训基地，也需要学校配套学生们进行创新创业的场地和设备等。当然这种参观、沉浸式体验的方式是多种多样的，可以是学生对某个厂家、基地进行短暂的参观学习，也可以是学生们较长时间作为实习生在企业里进行实习锻炼。玩要的体验式练习、移情的体验式练习、创造的体验式练习、试验的体验式练习和反思的体验式练习的"百森教学法"①，都在强调体验式方法对创业教育的重要影响。只有沉浸式地体验过，学生们才能对相关产业有更深刻的认识，才有利于激发其日后走上真正的创新创业之路。

(4) 创新创业需要灵活而有意义的课堂讨论

创新性的思想和想法在学生们相互的讨论、争论中可能更容易碰撞出火花，

① [美]海迪·M.内克，帕特里夏·G.格林，坎迪达·G.布拉什著.薛红志，李华晶，张慧玉，陈寒松译.如何教创业基于实践的百森教学法[M].北京:机械工业出版社，2015.

更容易发生，而且创新创业精神的培养在相互讨论中才更容易形成。创新能力在讨论中也才能得到锻炼，也会变得更加得心应手。英国剧作家萧伯纳说，“如果你有一个苹果，我有一个苹果，我们彼此交换，每人还是一个苹果；但如果你有一种思想，我有一种思想，我们彼此交换，每人可拥有两种思想。”在讨论的情境下，学生们的思想可以进行交换，思维也是活跃的，互相能够得到启发。此时老师的角色更多的是引导，能够及时引导学生向某个方向思考，对一些思考不到位、回答不到位的学生能够及时给予纠正并把他们引导到正确的方向上去。虽然，这对于教师而言实际是更加困难的，对其知识和能力的要求也更高，但是灵活而有意义的课堂讨论是创新创业教育的重要方法。

## 第六节 当前高校创新创业教育存在的问题

创新创业教育在我国开展和发展的时间还不是很长，在创新创业教育实践中还存在着很多问题和不足，我们需要对这些问题和不足有清醒的认识。

### 1. 对创新创业教育理念理解不到位

我国创新创业教育理念的完整提出，并成为一种国家导向出现在正式发布的国家政策文件中是2010年的事情，所以还比较晚。虽然近些年随着就业形势的急剧紧张，国家进一步加强了创新创业教育的推进和要求，但是很多高校和很多老师对创新创业教育的理解还有很多不到位的地方。具体体现在，对创新创业教育在国家教育体系中重要地位和作用理解不到位。创新创业教育是我国高等教育在新的发展阶段，面临高校毕业生逐年增多就业压力不断加大的现实压力，还有我们要建设创新型国家，建设教育强国、科技强国，实现中华民族伟大复兴梦的道路上自我选择的新的教育理念，有其深刻的现实意蕴。如果仅仅把其理解为一种教育理念，而不能很好地结合当前我国高等教育毕业生面临的现实困境，以及当前国家战略发展的目标和定位，其对创新创业教育的理解就是肤浅的。另外，一些人对当前创新创业教育对于解决我国高校大学生就业问题紧迫性理解不到位。从1999年我国高等教育扩招以来，进入21世纪我国高校毕业生数量逐年递增，近年来受突如其来的新型冠状病毒性肺炎疫情、复杂严峻的国际环境等多重因素的叠加影响，毕业生就业形势更加严峻，所以推进创新创业教育，通过创新创业来带动高质量就业迫在眉睫。通过创新创业不仅可以自己就业，甚至还能带动其他人群就业，这对于保就业、稳发展至关重要。

同时，还存在对创新创业教育的核心内涵理解不到位的情况。创新创业教育不是新瓶装旧酒，不是换汤不换药。正如前文说到的，它比以往的教育对创新有了更为明确的强调，并提倡从创业的角度开展学生教育。但是当前很多学校，很多老师都没有对创新创业教育给予足够的了解和认识，在教育教学中并没有把创新放在重要位置，对学生开展更为有针对性的创业教育也不足，致使创新创业教育在高校的发展和推动受到一定的影响。

### 2. 高校对创新创业教育重视不够，缺乏体系化的布局与安排

正是因为对创新创业教育认识上的不到位，致使很多高校对创新创业教育的重视程度不够，也缺乏顶层设计和全盘考虑。既然创新创业教育作为一种新的教育理念和教学模式，其就应该从学校的顶层设计给予布局和安排，无论是学校的政策支撑，还是师资配备，以及课程设置、实践基地等的保障都要系统协调，共同确保创新创业教育顺利且高质量开展，最终促进学生高质量就业。

### 3. 创新创业教育和专业教育结合不紧密

专业是大学教育的最小单元，每名学生都隶属于具体的专业，其课程体系也是围绕不同专业而系统设计的。创新创业教育要想扎实推进，落到实处，必须和专业教育紧密结合起来，其教育目的、教育课程体系都应该和专业教育紧密结合起来，不能彼此脱节。但是，当前我们开展的创新创业教育和专业教育方面的联系不够紧密。具体表现为，专业课程体系设计时对创新创业课程的融入不够，在专业课程体系中适当的创新创业课程设计不足，以及专业课程中对创新创业教育的目的、理念、能力培养融入不够，具体的专业课程教学中对学生创新创业能力的培养不足。同时，教师对创新创业教育理念理解不到位，体现在具体的专业课程教学中不能很好地培养学生的创新创业能力。

### 4. 创新创业教育和就业关联不密切

前文我们已经论述过创新创业教育在一定程度上是为了缓解就业压力，解决高质量就业而开展的，这就要求创新创业教育要和就业教育紧密关联起来，但是当前一些高校做得并不是很好。当前高校开展的就业教育包括就业简历制作、就业面试等就业技巧培训，还有对困难家庭等特殊群体的具体帮扶，以及就业心理方面的咨询与教育等，在这些过程中对创新创业教育的体现不足。创新创业教育可以以就业为出发点和落脚点，尤其是在和相关企业开展创新创业教育合作时，就可以从就业的角度开展更有针对性的创新创业教育。要重视就业单位对人才素质和能力的要求、在创新和创业能力方面的要求，从而反馈给创新创业教育一线，让老师们在课程内容设置，以及教学目标和能力培养方面，更能符合用人单位的要求。用人单位对人才创新创业方面能力的具体要求，就是我们高校在创新创业教育方面需要重点加强给予学生培养的内容，这样从就业的角度出发，创新创业教育能够更有针对性，能够真正培养学生的创新创业能力，培养企业所需要的能力。

面对上述不足，我们需要如何全面推进创新创业教育？对此，我们可以从一些学校的具体实践中获得启示。

# 第四章

# 高校创新创业教育促进高质量就业的体系建构

推进并深化高校创新创业教育对于社会经济发展及高等教育改革具有重要意义。我国高校在创新创业教育方面已开展了很多积极实践，在课程体系、赛事活动组织等方面也进行了诸多有益探索，总体来看，我国创新创业教育相对起步较晚，但发展迅速，取得了一定成效，但目前各环节仍存在一些问题。为更好地推进高校创新创业教育工作，本章将在完善创新创业教育政策制度、健全组织机制的基础上，构建教育、实践、服务、保障“四位一体”的工作体系，以期为高校创新创业教育工作提供借鉴与参考。

## 第一节 完善高校创新创业教育政策制度

完善高校创新创业教育政策制度，旨在健全高校创新创业教育顶层设计，明确高校创新创业教育的站位与目标，为高校创新创业教育工作指明发展方向，以更好地引导创新创业教育工作发展。

### 1. 提高站位，统筹谋划创新创业教育工作

高校创新创业教育并不只是狭义地服务于创业，而是具有更为丰富的内涵，包括创新教育、创业教育、基于创新的创业教育等，是对学生创新创业意识、创新创业精神、创新创业能力的培养，具有深远的重要意义。

从政策内涵角度来看，高校创新创业教育相关政策具有“教育”与“就业”的双重关联属性，聚焦学生创新创业精神培养及创新创业能力提升，对于促进高质量就业及人才培养质量提升具有重要意义。一方面，相关政策强调将创新创业教育与专业教育、思想政治教育、职业道德教育培养体系紧密结合，共同支撑高等教育创新型人才培养，进而提升高等教育质量；另一方面，高校创新创业教育还具有“以创新引领创业、以创业促进就业”的导向性，服务于促进高质量就业的目标。2015 年 5 月，《国务院办公厅关于深化高等学校创新创业教育改革的实施意见》指出，深化高等学校创新创业教育改革，是国家实施创新驱动发展战略、促进经济提质增效升级的迫切需要，是推进高等教育综合改革、促进高校毕

业生更高质量创业就业的重要举措。这是高校创新创业教育具有标志性意义的重要政策文件，该政策高度强调了高校创新创业教育的重要性，突出了高校创新创业教育对于国家发展、高等教育改革及高校毕业生就业的重要作用。

从国家战略角度来看，我国实施创新驱动发展战略、建设创新型国家，亟须创新型人才作为支撑，而高校创新创业教育正是服务于这一国家战略。2016 年国务院印发《国家创新驱动发展战略纲要》，提出创新驱动发展是我国的优先战略，强调创新作为引领发展的第一动力，科技与人才是国力强盛最重要的战略资源，对培育高校这一创新主体、建设高水平人才队伍、创新创业等方面提出具体建议，并明确提出要改革人才培养模式，把科学精神、创新思维、创造能力和社会责任感的培养贯穿教育全过程。这进一步为高校创新创业教育的发展指明了方向，要将创新创业教育融入人才培养全过程，注重培养学生的创新思维、创造能力等，培养国家发展所需的时代新人。

从高校角度来看，“双一流”建设是我国的重大战略决策，也是我国高校发展的重大命题，这也对高校创新创业教育提出了新要求。2015 年，国务院颁布的《统筹推进世界一流大学和一流学科建设总体方案》强调，要坚持立德树人，突出人才培养的核心地位，着力培养具有历史使命感和社会责任心，富有创新精神和实践能力的各类创新型、应用型、复合型优秀人才；加强创新创业教育，大力推进个性化培养，全面提升学生的综合素质、国际视野、科学精神和创业意识、创造能力；合理提高高校毕业生创业比例，引导高校毕业生积极投身大众创业、万众创新。2017 年，教育部等发布的《统筹推进世界一流大学和一流学科建设实施办法（暂行）》中进一步提出“双一流”建设高校遴选条件，其中明确指出“双一流”建设高校应在人才培养方面，坚持立德树人，培育和践行社会主义核心价值观，在拔尖创新人才培养模式、协同育人机制、创新创业教育方面成果显著。2022 年，教育部、财政部、国家发展改革委发布《关于深入推进世界一流大学和一流学科建设的若干意见》，再次强调人才培养的中心地位，要引导广大青年学生爱国爱民、锤炼品德、勇于创新、实学实干，全面提升创新型、应用型、复合型优秀人才培养能力。总体来看，“双一流”建设对高校创新创业教育提出了明确要求，要求各高校在推进“双一流”建设的过程中改革人才培养模式、加强创新创业教育，提升学生综合素质，培养创新型优秀人才。

综上所述，高校创新创业教育是促进高质量就业的重要路径，是提升人才培养质量的重要举措，是建设一流大学的必然要求，也是实施创新驱动发展战略的迫切需要。在开展创新创业教育工作时应对其在人才培养中的重要性、对时代发展的重要意义有更为充分的认识，提高思想站位，立足国家发展战略，坚持党的教育方针，深化落实国家高等教育相关的重要战略部署，从培养时代新人高度出发，统筹谋划创新创业教育工作。

### 2. 明确任务，将创新创业教育纳入高等教育改革和总体发展规划

高校创新创业教育是推进高等教育改革的重要举措，应将创新创业教育纳入教育改革统筹规划。2012 年以来党中央、国务院对高等教育事业做出全面系统的重要部署，党的十八大提出“推动高等教育内涵式发展”，2018 年全国教育大会全面阐述了实现教育现代化，党的十九大报告提出“实现高等教育内涵式发展”，我国高等教育转向高质量内涵式发展阶段，加强创新创业教育正是高等教育综合改革的突破口和着力点之一。目前，国家层面的教育改革规划中已多次纳入创新创业教育，明确其发展目标、任务与路径等。2010 年发布的《国家中长期教育改革和发展规划纲要（2010—2020 年）》全面谋划了我国教育发展，其中对于高等教育发展强调要“着力提高学生的学习能力、实践能力、创新能力”，“加强就业创业教育和就业指导服务”以提高人才培养质量；2012 年《教育部关于全面提高高等教育质量的若干意见》中，明确提出要加强创新创业教育和就业指导服务，从教育教学、师资培养、实习基地建设等方面提出具体举措；2018 年教育部印发《关于加快建设高水平本科教育全面提高人才培养能力的意见》对创新创业教育提出了具体规划，从创新创业教育教学方法、课程体系、实践训练、队伍建设等关键领域着手深化创新创业教育改革；2019 年国务院先后印发《中国教育现代化 2035》《加快推进教育现代化实施方案（2018—2022 年）》，提出要发展中国特色世界先进水平的优质教育，培养学生创新精神与创新能力，实施创新创业教育改革燎原计划、高等学校毕业生就业创业促进计划，进而推动高等教育内涵发展。

高校创新创业教育是实现“双一流”建设目标、提高高校人才培养质量、推进高校发展的重要路径，高校在制定总体发展规划时，应将创新创业教育作为重

要内容统筹考虑。2021年是首轮“双一流”建设结束、新一轮建设的启动之年，也是“十四五”开局之年，各高校纷纷发布了本校的“十四五”事业发展规划，明确本校2021—2025年的发展目标、重要任务、主要举措等，是各高校当前最重要的总体发展规划。以42所首轮世界一流大学建设高校为例，调研发现截至2022年初42所高校中有21所发布了其“十四五”发展规划，且均在人才培养的相关内容中提及创新创业教育相关规划。总体来看，有两种模式将创新创业教育纳入高校总体规划，一种是概略纲要性提出要加强创新创业教育、将创新创业教育融入人才培养全过程，支撑高质量人才培养。如《清华大学事业发展“十四五”规划纲要》中，将创新创业教育作为本科教育的一部分，在建设高质量本科教学体系中提出要“探索实践教学与研究型学习体系建设，把推进创新创业教育融入人才培养全过程”，同时在深化本科人才培养体系中强调要“在本研贯通、通专融合、创新能力培养、个性化成长等多方面开展更加深入的探索实践”。另一种则是对创新创业教育进行更为具体的工作部署，涉及创新创业教育的课程、实践等各方面。如《华东师范大学“十四五”发展规划》中将着力加强学生创新创业能力培养作为建立卓越人才培养新模式的重要路径，并进一步规划了完善创新创业课程、竞赛、训练、实践和文化体系的具体措施。

综上所述，将创新创业教育纳入高等教育改革是我国高等教育发展的内在需要，应从高等教育发展的全局高度统筹创新创业教育的发展，明确创新创业教育的发展任务与路径，为创新创业教育指明发展方向。高校是创新创业教育的主体，也是开展创新创业教育的主阵地，高校应落实主体责任，在充分认识到创新创业教育重要性与必要性的基础上，将创新创业教育内嵌于学校的总体建设工程及人才培养等各类专项改革工作，在制定总体发展规划时纳入创新创业教育，为创新创业教育的开展提供方向指引及举措部署，进而促进创新创业教育的落地与实施。

### 3. 完善制度，将创新创业教育嵌入教育评价与考核激励体系

有研究指出，目前我国创新创业教育的主要障碍之一是校园文化氛围缺失，创新创业教育尚未与管理文化、教学文化和科研文化实现有机融合，学生与教职

工的参与性较低[1]，因此通过完善制度建设，将创新创业教育纳入教育评价与考核激励体系，可有效激励学生与教职工参与度，进而促进创新创业教育的开展，提升实效。

### （1）深化教育评价体制改革，将创新创业教育纳入人才培养成效评估及师资评聘体系，以评促创

2020年，中共中央国务院印发《深化新时代教育评价改革总体方案》，充分发挥评价指挥棒作用，为改革教师评价与学生评价提出指导性建议：提出改革教师评价，要突出教育教学实绩、强化一线学生工作；改革学生评价，注重学生综合素质、促进德智体美劳全面发展。在此背景下各高校纷纷开展并深化教育评价改革，已有部分高校开始探索并实践将创新创业教育融入各项评价机制。

一方面完善多维度人才培养成效评估机制，在学分认定、学位成果考核、评优评奖等环节纳入创新创业教育相关的指标，学生参与创新创业活动赛事获奖，除了可获得直接的经费奖励之外，还可申请学分认定、优先推免等。如华南理工大学在《华南理工大学大学生创新创业竞赛管理细则》中规定，本科生以核心成员身份参加校级及以上创新创业竞赛获奖，即可申请以“创新研究实践”课程代替专业选修课（2个学分），全日制学术型研究生参加“互联网+”大学生创新创业大赛全国赛，进入省级复赛阶段，可获得社会实践必修环节1学分；四川大学将“互联网+”全国大学生创新创业大赛奖项列为研究生国家奖学金的重要考察内容，对于获得国家级银奖以上（含银奖）奖励的全日制研究生，等同于发表一篇SCI论文或CSSCI论文，纳入学位成果考核范畴。

另一方面完善师资评聘机制，在教师工作量认定、岗位聘任、职称晋升等环节纳入创新创业教育相关的指标，将从事创新创业教育指导等相关工作纳入教师工作量认定，并在岗位聘任、职称评审中给予成果认定或一定程度上的政策倾斜，同时还可进一步给予招生指标、荣誉称号等方面的奖励。北京大学提出在教师评价中突出教育教学实绩，将教师参与就业、创新创业、社会实践、竞赛展演等计入工作量；武汉大学明确将指导“互联网+”大赛纳入教师评价体系，教师

---

① 王洪才.创新创业教育：中国特色的高等教育发展理念[J].南京师大学报（社会科学版），2021(06)：38-46.

指导学生获得“互联网＋”大赛奖项可按奖项级别相应折算为教学工作量，如获全国金银奖可折算108课时、铜奖可折算54课时，省级金银奖可折算36课时、铜奖可折算18课时等，此外还提出指导学生获得“互联网＋”大赛奖项可适用于教师职称评聘，指导学生赛事获奖的教师在职称晋升评聘时可享有指标单列、可申请破格、适当放宽条件、同等条件优先等政策倾斜。此外，四川大学还提出对获得“互联网＋”大学生创新创业大赛全国赛获奖团队指导教师授予“四川大学学生创新创业优秀指导教师”荣誉称号，并对获得金奖的项目增加1个研究生招生指标。

目前，诸多高校已做了有益尝试与探索，通过将创新创业教育纳入人才培养及教师评价体系，有效激发了教师与学生群体参与创新创业教育的积极性。但值得注意的是，目前各高校在指标设计时主要考虑参与创新创业竞赛活动的获奖情况，不够全面，与创新创业教育培养时代新人的高站位尚有一定偏差，后续可根据实际情况在人才培养成效评估及教师评价体系中，更广泛、更全面地纳入创新创业教育相关指标，既是对深化教育评价改革的有益探索，也能促进创新创业教育的组织开展。

#### （2）完善监督考核机制，形成全过程全方位创新创业教育质量监控反馈体系

我国创新创业教育的一大特点是政府主导，即政府发布相应政策指导并推动高校创新创业教育的发展，纵观当前已发布的政策文件，已有政策明确了要考核评估创新创业教育的效果，但考核标准相对单一，多简单以创业率为主要评价指标，缺乏对学生创新能力培养等方面的评估，尚未形成明确、合理、体系化且操作性强的创新创业教育质量评价标准，也缺乏对高校创新创业教育更为明确具体的监督考核机制。因此应从制度层面健全对创新创业教育质量的考核机制，并形成全过程全方位的监督反馈机制，保障创新创业教育的发展。

首先，完善对创新创业教育的考核机制，建立多层次考核体系，细化评价标准。建立并完善高校创新创业教育的评估指标体系，综合高校创新创业教育的课程体系、实践活动、科研转化成果、学生创新意识与创新能力等方面，量化考核，综合评估创新创业教育水平。教育主管部门对高校进行考核评价时，要将创新创业教育水平作为衡量办学水平、考核领导班子的重要指标，同时将创新创业教育水平指标细化，纳入本科教学审核评估指标体系、学科评估指标体系、“双一流”建设评估体系等；高校层面，要结合本校情况，树立创新创业教育相关的

目标，并将任务分解至学院、定期考核其工作进展与成效，此外还应将创新创业教育工作进展情况列入学校各项工作报告，接受社会监督；学院层面，应根据学校整体目标制订具体工作计划，作为学院年度重点工作之一，并向学院下一级专门负责创新创业教育的个体、组织分解任务并定期考核。

其次，健全监督及跟踪反馈机制，加强对创新创业教育状况的跟踪调查与反馈，以反馈结果推动学校创新创业人才培养改革。完善自上而下的监管机制，加强过程监管，同时可针对参与创新创业教育的学生，通过个案分析、网络调查、实地调研等方式建立顺畅的反馈渠道，形成对创新创业教育质量的长期跟踪、动态监测与及时反馈，并将反馈结果与后续目标规划、考核激励等挂钩，形成良性循环的闭环，以便及时改进创新创业教育实施过程中的问题与偏差，促进创新创业教育良性发展。

最后，完善多层次制度建设，为创新创业教育提供全方位支撑。我国创新创业教育政策制度整体是以政府主导、高校跟进的，应形成制定主体多层次化、内容多层次化的制度体系，在政府出台指导性、原则性方案的基础上，高校应及时跟进，制定更为细化、操作性强的具体制度，从而为创新创业教育提供更为全面的引导与支撑。以中国农业大学为例，学校出台《创新创业教育改革实施方案》，提出学校创新创业教育改革发展的总图；制定《进一步深化本科教育教学改革的若干意见》《关于“双一流一卓越”本科教学改革若干意见》等，确保专项改革纳入人才培养系统工程；配套发布创新创业训练计划、学科竞赛、创业优秀项目遴选、创业园入驻等系列管理办法，形成创新创业工作推进的制度规范；设立教师教育教学奖和大学生创新创业、双创成果等专项奖励，为创新创业人才培养提供激励支持。通过多层次制度相互补充，最终形成完善的制度保障体系。

## 第二节　健全高校创新创业教育组织机制

我国创新创业教育的主体主要包括政府、高校、企业，其中政府是创新创业教育的主导，负责政策制定、引导及统筹规划，引导创新创业教育发展方向；高校是创新创业教育的主体，主要负责创新创业教育的组织实施，是创新创业教育的主阵地；企业是创新创业教育的重要参与者，通过校企合作、产教融合等方式协同育人、在创新创业教育中发挥着关键作用。政府、高校、企业这三大主体既相互独立又相互融通，目标价值取向有契合点，通过资源整合协同推动创新创业教育发展。健全创新创业教育组织机制，是指在理顺政府、高校、企业三方关系的基础上，重点围绕高校这一创新创业教育主阵地，探讨开展创新创业教育的组织体系与协同机制。

### 1. 强化创新创业教育的组织体系

我国创新创业教育的实践探索已有 30 余年，随着创新创业教育实践的开展，我国高校创新创业教育的组织机构也不断演变，为更好地分析创新创业教育的组织体系建设，先对我国创新创业教育组织机构的历史演变进行简要梳理。参照第二章创新创业教育政策的发展阶段划分，结合我国创新创业实践各时期的发展特征及创新创业教育的组织机构设置情况，总体来看可分为 3 个阶段：

（1）初期阶段（1998—2001 年）

这一阶段是创新创业教育的萌芽阶段，我国对创新创业教育的实践探索主要表现为创业竞赛等实践活动的举办，多是由高校团委、学生工作部门或就业指导中心等行政职能部门进行活动组织，1998 年清华大学举行“清华大学创业计划大赛”是此类活动的典型尝试。除此之外，也有高校进行创新创业教育的课程探索，由学院负责相应课程的组织开展，1999 年浙江大学由浙江大学竺可桢学院和管理学院共同成立创新与创业管理强化班（ITP），提供创业相关的辅修课程。总体来看该阶段创新创业教育的组织机构尚不明晰，也未专门化、体系化。

（2）试点阶段（2002—2014 年）

2002 年教育部确定了 9 所创业教育试点高校，创新创业教育的实践探索也更加丰富多元，在竞赛活动之外，创新创业课程、讲座等也更为普遍。9 所试点高校多是依托学院、职能部门或是成立专门机构开展创新创业教育①（表 4-1），

① 陈耀，李远煦. 改革开放以来我国高校创新创业教育组织变迁及其启示[J]. 高等教育研究，2019，40（03）：46-52.

其中中国人民大学、南京财经大学、西安交通大学依托学院开展创新创业教育，清华大学、上海交通大学、武汉大学、西北工业大学依托职能部门开展创新创业教育，北京航空航天大学、黑龙江大学则是成立专门机构负责创新创业教育。

**表 4-1　试点高校创新创业教育组织机构情况**

| 学校名称 | 创新创业教育组织机构 | 组织机构类型 |
|---|---|---|
| 中国人民大学 | 经管学院 | 学院 |
| 南京财经大学 | 工商管理学院 | |
| 西安交通大学 | 管理学院 | |
| 清华大学 | 校团委 | 职能部门 |
| 上海交通大学 | 就业中心、校团委 | |
| 武汉大学 | 大学生创业指导中心 | |
| 西北工业大学 | 校团委 | |
| 北京航空航天大学 | 创业管理培训学院 | 专门机构 |
| 黑龙江大学 | 创业教育学院 | |

2008 年，教育部与财政部联合设立 100 个人才培养模式创新试验区，进一步扩大试点范围，2010 年 5 月《教育部关于做好 2010 年普通高等学校毕业生就业工作的通知》提出“高等学校也可成立由主管校领导牵头、相关部门以及有关院系参加的创新创业教育指导协调机构”，并下发《关于大力推进高等学校创新创业教育和大学生自主创业工作的意见》，要求高校“理顺领导体制，建立健全教学、就业、科研、团委、大学科技园等部门参加的创新创业教育和自主创业工作协调机制”，因此 2010 年前后国内高校纷纷建立创新创业教育工作领导小组或委员会，多由学校党委书记、校长或其他校领导担任负责人，并以团委、学工部等职能部门及院系为挂靠单位开展相关工作。总体来看，该阶段创新创业教育的组织机构相对多元化，已开始初步探索建立创新创业教育专门机构，为我国目前创新创业教育的组织体系奠定了基础。

**（3）成熟阶段（2015 年至今）**

这一阶段我国高校已广泛开展创新创业教育，各高校开始认识到建立专门组织机构的重要性，创业学院既能有效协调校内外资源，又能优化人才培养模式①，被各高校广泛采用。据有关研究，截至2017年底，99所首批深化创新创业教育改革示范高校中，有72所高校建立了创业学院②。2015年5月发布的《国务院办公厅关于深化高等学校创新创业教育改革的实施意见》要求"各高等院校必须成立创新创业教育工作领导小组，由校长任组长，分管校长任副组长，各相关部门负责人任成员，建立由校领导宏观指导，教务处牵头，学工、就业、团委等部门齐抓共管，广大学生积极参与，企业大力配合的创新创业教育工作机制"，在这一政策引导下，创新创业教育的牵头主导部门由原来的团委、就业指导中心等职能部门逐渐转向教务部门。总体来看，该阶段的最主要特征就是各高校纷纷成立创新创业教育专门机构，创新创业教育的组织机构及组织模式日趋成熟。

在对我国创新创业教育组织机构历史演变梳理的基础上，进一步对我国创新创业教育的组织模式进行分析。从机构功能职责来看，高校创新创业教育组织机构可进一步分为创新创业教学管理机构、创新创业实践育人机构、创新创业教育研究机构、创新创业教育中介机构（负责协调校内外资源、科研成果转化等）。从组织性质及运行机制来看，我国高校创新创业教育组织机构主要有独立模式、依托模式、协作模式3种③，独立模式下，高校设立实体型创新创业学院并作为学校二级组织机构，专门负责创新创业教育教学、创新创业竞赛活动组织等相关工作，并探索创新创业人才培养模式，如上海交通大学设立创业学院、大连理工大学设立创新创业学院等；依托模式则是指依托管理学院、商学院等专业学院或大学科技园等其他平台开展创新创业教育相关工作，如华南理工大学2011年以工商管理学院为依托成立创业教育学院，负责全校的创业教育等；协作模式则由一个机构牵头主导，其他相关部门协同共同推进创新创业教育工作，是目前比较普遍的一种模式，一般由教务、团委或就业指导中心牵头，与学工部门、学院等

① 陈伟忠，张博．以"创业学院"为载体的高校创新创业人才培养工作的模式、困境与改进[J]．高教探索，2017(1)：113-115．

② 朱家德．高校创业学院的组织特征分析——基于首批深化创新创业教育改革示范高校的实证数据[J]．中国高教研究，2017(11)：49-53．

③ 成希，张放平．高校创新创业教育组织模式的现状分析与发展策略——基于40所高校创新创业教育组织模式的调研[J]．中国高校科技，2017(09)：80-83．

根据各自职能，分别负责课程教学、竞赛活动组织等工作，协作模式下也可能会成立创业学院，但多是虚拟组织，属于管理协调机构，如上海交通大学 2010 年成立的创业学院，中国人民大学 2016 年由就业创业指导中心牵头统筹成立创业学院。

创新创业教育组织模式各有优劣，没有统一标准。高校应结合自身发展定位，根据研究型、应用型、创业型等各种不同发展方向，厘清创新创业教育在高校发展中的功能和职责，以问题为导向，选择适合自身的组织机构与组织模式，并根据工作组织情况与实效反馈等动态调整优化，进而发挥创新创业教育的最大价值。但是，总体来看，高校在构建创新创业教育组织体系时应注意：

①建立专门的组织机构，强化对创新创业教育的组织管理。建立专门的组织机构是保障创新创业教育顺利开展的重要载体，既是我国创新创业教育政策的要求，也是创新创业教育发展的必然趋势，高校要明确创新创业教育组织机构的重要战略地位，明确工作职责，完善人员、经费、场地等配套保障。加强对创新创业教育的组织管理，可设立专门的组织管理机构，负责顶层设计与系统规划，统筹考虑，明确工作运行机制，形成定位明确、职责分明、结构合理的组织体系，确保创新创业教育有序开展。

②注重组织机构职能完善性，构建专业化的创新创业组织体系。从机构职能来看主要包括教育教学、实践育人、创新创业教育研究、中介服务 4 类，目前我国创新创业组织机构职能更侧重教育教学、实践育人、中介服务，在创新创业教育研究方面相对较弱，4 类职能可集中整合于某一具体机构，也可分散或交叉于多个不同部门，但 4 类职能都是必不可少的，应确保 4 类职能的完善性。教育教学及实践育人作为创新创业教育的核心毋庸置疑，但从长远来看，应加强对创新创业教育理论和实践等问题的深入研究，深入挖掘其学科价值和指导价值，通过成立专门的创新创业研究中心把握国内外学术前沿动态及最新实践进展，建立创新创业教育数据库，为创新创业教育提供更加丰富系统的资源，为创新创业教育教学及实践育人等提供系统科学的指导，形成积极良性的内循环，为创新创业教育的开展与提升提供内生动力。

## 2. 完善创新创业教育的协同机制

从宏观角度来看，创新创业教育是一个系统工程，包括创新教育、创业教育，涉及创新教育与创业教育的融合、创新创业教育与专业教育的融合等问题，政府、高校、企业、学生、社会都是这一系统工程中的重要主体；从微观角度来看，高校作为创新创业教育的主阵地，创新创业教育嵌入高校教学、科研等各项工作中，与高校教育理念、教育改革、校园文化建设等紧密相关，涉及高校的各个机构组织，与专业学院、学生工作部门、教务管理部门、科技管理部门、就业管理部门以及宣传教育部门、学生组织等多主体具有重要相关性。综合来看高校创新创业教育是立体式、多主体合作的教育链，完善创新创业教育协同机制，既涉及高校内部各相关主体之间的协同，也包括与高校外部的政府、企业等主体之间的协同。

### （1）构建多方主体协同联动机制

关于高校创新创业教育的相关主体，目前学界较为常见的是采用三螺旋理论模型进行分析，三螺旋理论是由荷兰阿姆斯特丹大学的勒特·雷德斯道夫（Loet Leydesdorff）和美国纽约州立大学普切斯（Purchase）分校的亨瑞·埃茨科瓦茨（Henry Etzkowitz）提出，强调以高校、政府、企业为主体，三者存在共同的利益目标，共同促进社会经济发展，基于三螺旋理论分析，高校、政府、企业是创新创业教育的关键因素，强调三方建立有效的联动机制，螺旋作用于创新创业教育的发展。实现“政府-高校-企业”多方主体高效协作一体化，也是业界与学界很早就有的广泛共识，多方协作一体化的实现必须要有一个明确的中心主体，即高校[①]。高校应承担起构建多方主体协同联动机制的第一责任，推动创新创业教育实际诉求与国家政策的对接，加强与企业的合作共建。

以高校为中心构建多方主体协同联动机制，首先，高校可设置专门的创新创业协调沟通组织机构，建立多方主体协商交流机制，形成政府、高校、企业三方之间常态化的沟通与交流，弥合三方之间的利益分歧，促使三方基于共同的目标

① 李亚员，刘海滨，孔洁珺．高校创新创业教育生态系统建设的理想样态——基于4个国家8所典型高校的跨案例比较分析[J]．高校教育管理，2022，16(02)：32-46．

价值取向实现有效协同。其次，高校可搭建共享平台，建立全方位的资源共享机制①。政府、高校、企业各有其资源优势，政府具有行政力量、政策宏观引导等优势，企业则具有技术、资金、平台等实践资源优势，高校作为育人主体，具有教育资源优势，通过共享平台聚集三方主体的优势资源，实现资源利用最大化。最后，高校要形成具体的项目合作机制，形成系统化的协同育人机制。一方面构建校企合作协同工作机制，以具体项目为契机，实现校企合作的落地实施，不断理顺并优化项目合作机制，进一步深化校企合作，加强校地互动；另一方面从人才培养高度开展创新创业教育，注重政府及企业在人才培养中的重要作用，与政府，尤其与企业合作，形成人才培养从“入口”到“出口”系统化、全方位的协同育人机制，在三方合作共赢的同时，推动创新创业教育的规范化科学发展。清华大学牵头成立的“中国高校创新创业教育联盟”② 正是建设多方主体协同联动机制的有益探索，该联盟于 2015 年 6 月成立，得到了教育部的支持与指导，目前，已有 261 所高校及 60 家企事业单位加入联盟。联盟以“加强校际和校企合作，共同研讨创新创业教育的理念、方法和体制机制，扎实推进全国高校开展多样化、多层次的创新创业教育探索合作，实现资源共享、协调发展、共同提高，共同引领我国的创新创业教育”为目标，以理事长会议为议事决策机制，将高校、政府、企业切实地联合起来，为三方协商交流提供了良好平台，形成了便于三方资源共享的平台与机制，为校际合作、校企合作提供了便利，共同推动了创新创业教育发展。

### （2）完善高校内部组织治理与协同机制

高校创新创业教育，事关高校人才培养与总体发展，是高校教育改革的突破点，与高校的教育教学、就业、科学研究、社会服务、文化建设等各方面重要工作息息相关，不是高校内某一个部门的事情，而是涉及学校各个机构组织的系统工程。目前，我国高校在创新创业教育方面存在组织机构功能定位不清晰、组织运行机制不完善、组织机构管理失调③等问题，亟须形成完善的组织治理与协同机制。

首先，加强顶层规划与统筹。目前，我国高校创新创业教育存在缺乏总体规

① 陈勇平.论三螺旋理论视角下的高校创新创业教育协同机制[J].教育与职业，2020(10)：92-97.

② 中国高校创新创业教育联盟[EB/OL].[2022-06-19].http：//www.ieeac.com.cn.

③ 陈元媛.基于生态系统理论的高校创新创业教育研究[J].学校党建与思想教育，2021(14)：94-96.

划的问题，一方面部分高校是应教育部要求才设立创新创业教育专门机构，未深入思考创新创业教育的目标任务，工作开展限于竞赛活动举办等形式，缺乏系统规划；另一方面部分高校内部创新创业教育相关机构存在职能重叠、职责不清晰等情况。因此高校应加强统筹规划，可通过自上而下的模式加强顶层设计，以行政力量为主导，成立以书记、校长为主要负责人、各相关部门领导为成员的创新创业领导小组，全面负责创新创业教育工作，同时聘请校内外专家、创业精英和知名校友作为顾问，成立创新创业教育专家指导委员会，共同研讨和规划创新创业教育工作，厘清各相关部门职责，明确创新创业教育发展理念及目标任务等，指导各相关部门开展创新创业教育。

其次，加强跨部门沟通协作。创新创业教育的有序开展需要高校内部各部门的相互协作，高校应在领导小组下建立全校性创新创业教育协调管理机构，负责创新创业教育具体工作的统筹推进与沟通协调，从人才培养的整体着眼，根据领导小组确定的目标任务，进一步制订分项工作计划，协调各相关单位按职责分工负责各分项工作，打破部门壁垒，建立长效沟通机制，加强横向单位间的协同配合，形成学院、学工、教务、科研等各部门各司其职、相互支撑、分工协作的机制，部署落实创新创业教育工作。

最后，加强制度规范与管理。制度的优势在于规范，能对各行为主体的责任与义务进行约束，从而实现稳定与有序。高校应围绕创新创业教育建立相关组织机构和平台运行的制度规范体系，形成教学、科研、就业、学工、财务等各方面的管理办法与实施细则，通过规章制度进一步明确岗位职责及权责分工，为各相关部门参与创新创业教育提供依据，引导并规范创新创业教育工作的组织与开展，有效提高创新创业教育的工作效率。

## 第三节　构建高校创新创业教育促进高质量就业的工作体系

高校是创新创业教育的组织实施主体，构建科学合理的工作体系对于具体工作的部署落地具有重要意义，本节将围绕教育、实践、服务、保障 4 方面，构建高校创新创业教育促进高质量就业的工作体系。

### 1. 以教育为核心：促进创新创业教育知识内化与意识养成

高校创新创业教育课程作为知识的主要载体，是高校开展创新创业教育的重要路径，也是创新创业教育的核心要素。有研究以国内150所创新创业教育典型经验高校为样本，对高校创新创业教育效果的影响因素进行分析，研究发现课程是对创新创业教育效果影响最为显著的因素①。因此，高校应高度重视创新创业教育课程建设，以此为核心完善创新创业教育体系建设。

#### (1) 变革教育理念

创新创业教育旨在培养学生创新创业精神、意识和能力，其中创新创业精神是指具备承担创业风险、勇于冒险开展创新创业实践、不畏困难、开拓进取等素质，创新创业意识是指大学生积极参与创新创业教育活动的主观意愿和行为态度，创新创业能力是指将创新创业知识技能转化为创新创业成果的能力素养②。因此创新创业教育不应局限在显性知识的教学，而是要促进创新创业教育知识内化与意识养成。一方面应该促使学生在学习显性知识的基础上，将显性知识转化为其个体的知识系统，让知识具有流动性，实现知识的内化与吸收，这也是评价高校创新创业教育开展成效的关键因素③；另一方面要注重创新创业精神与意识的培养，培养创新创业意识是创新创业教育的基本要素，要引导学生形成发现新问题、探索新事物的主动性，具备问题意识、主动意识，从而激发学生创新创业的动机、充分挖掘创新创业的潜能。

当前高校创新创业教育更多地关注创新创业相关理论内容、创新创业技巧等方面的知识传授④，对创新创业教育的认识存在一定偏差，片面地将创新创业教育理解为教学生创业、让学生参加创业竞赛等。高校应变革传统的教育理念，尤

① 胡玲，杨博．高校创新创业教育效果的影响因素研究——基于2016—2018年我国150所创新创业典型经验高校的数据[J]．华东师范大学学报(教育科学版)，2020，38(12)：64-75．

② 张永杰，吴铃，罗忠莲．“双一流”建设背景下高校创新创业教育体系建构研究[J]．教育学术月刊，2022(02)：50-56．

③④ 石丽，李吉桢．高校创新创业教育：内涵、困境与路径优化[J]．黑龙江高教研究，2021，39(02)：100-104．

其要摒除对创新创业教育的刻板印象，将创新创业教育融入人才培养方案、贯穿人才培养的全过程，以构建宜于知识内化的知识结构体系为目标，着力加强学生创新能力、创意思维培养，实现创新创业教育与专业教育协同、创新教育与创业教育协同，以提升素质、强化基础、突出重点、综合施策为指导思想，不断增强学生的创新精神、创业意识、创造能力。

（2）完善课程体系

课程是创新创业教育的核心，也是目前我国高校加强创新创业教育的重要着力点。无论是我国创新创业教育相关政策文件中的指导意见，还是各高校总体发展规划或创新创业教育发展规划中的方针举措，完善课程体系建设都是促进创新创业教育发展的重要路径。

首先，要围绕创新创业教育的理念，构建以提升学生创新创业素养、强化学生创新创业能力为核心的课程体系。一方面要整合完善创新创业教育课程群，面向全体学生开设创新创业教育课程，将创新创业课程纳入学分体系，通过开设课程内容及面向对象各有侧重的创新创业通识课程、创新创业专业课程、创新创业选修课程，丰富课程类型与内容，形成通、专、辅“三位一体”的多层次系统性强的创新创业教育课程体系；另一方面要积极推进创新创业教育与专业教育一体化，将创新创业教育融入专业教育的培养方案，将创新创业教育元素柔性嵌入专业教育课程，根据不同专业的特征与特色，调整创新创业教育的内容与形式，实现创新创业教育与专业课程的紧密结合与协调适配。

其次，构建课程体系应注重增强针对性，实现分阶段、分类别、分层次培养。针对性主要体现为对象细分和目标细分，对象细分指对不同学段、不同专业、不同背景的学生开展个性化的创新创业教育课程，如针对本科生、研究生分别开设不同的创新创业课程，面向不同专业的学生在学科专业特征的基础上开设内容各异的创新创业课程，面向对创新创业具有不同基础、意愿的学生开设不同的创新创业课程。目标细分指结合不同层次的教育目标开设实用高效有针对性的创新创业教育课程，以提升创新创业能力为目标，开设传授创新创业基础理论与技能等方面知识为主的课程，以培养创新创业意识与精神为目标，则开设注重学生批判性思维、创造性思维等方面培养的课程。如温州大学确立全体学生重“精神”、兴趣学生挖“潜能”、意向学生强“知能”、创业学生精“实务”的目标层次①，并据此开展分层次有针对性的创新创业教育。

(3) 改革教学模式

教学模式将对课程的效果产生直接影响，为充分发挥创新创业教育课程体系实效，高校应从多方面改革教学模式。

首先，革新理念、发挥学生主体性，构建以激发学生创新潜能为目标的教学模式。创新创业教育的本质不是知识教育，而是能力素质和价值观教育，需要学生亲身实践、自我建构与体悟生成②，因此要尊重学生的主体地位，以学生为中心开展教学，激发学生的主动性与积极性。倡导教学新理念，注重学生批判性和创造性思维培养，激发学生创新创业灵感，以此为核心目标开展创新创业教学。

其次，改革教学方式方法。探索翻转课堂等混合式教学模式，开展启发式、探究式、讨论式、参与式等教学方法改革；以科研促教学，推动教师把国际前沿学术发展、最新研究成果和实践经验融入课堂教学；探索授课模式创新，引入知名企业家、校友等担任导师，结合真实案例开展实战分析，增强对学生的针对性指导。

最后，改革考核考试方法，推进以创新创业能力考核为主的考试方式改革。完善考核内容，侧重学习过程考核和能力评价，研究探索学生成绩评定和综合评价方式。注重学生思维能力、实践能力和创新精神培养，减少记忆性知识考核，着重综合运用知识分析问题解决现实问题方面的考核。

### 2. 以实践为支点：撬动创新创业能力塑造与深化提升

实践是创新创业教育的重要组成部分，也是创新创业教育的"第二课堂"，是学生创新创业能力提升的主渠道，为创新创业教育提供了重要支撑。创新创业教育具有明显的实践性，实践育人也是创新创业教育的特色之一。虽然课程是创新创业教育的核心，但课程必须与实践相结合才能实现创新创业教育的目标。因此，要培养真正的创新创业人才，不能仅仅依靠课程教学，更要以实践为支点，在实践的过程中将创新创业相关的知识转化为实际能力，实现学生创新创业能力

①② 李亚员，刘海滨，孔洁珺．高校创新创业教育生态系统建设的理想样态——基于4个国家8所典型高校的跨案例比较分析［J］．高校教育管理，2022，16（02）：32-46．

的塑造与提升。

(1) 搭建全方位的实践平台

实践平台是组织开展创新创业教育实践的基础与重要载体，是创新创业教育生态系统的重要组成部分。高校应从以下 3 方面搭建“体验-实训-孵化”全链条、全方位的实践平台：

首先，教研结合、搭建校内实践教学平台。2015 年国务院发布的《国务院办公厅关于深化高等学校创新创业教育改革的实施意见》强调，各高校要加强专业实验室、创业实验室等实验教学平台的建设，深入实施大学生创新创业训练计划，这对高校搭建实践教学平台具有指导意义。高校要积极促进教研结合、科教融合，基于创新创业训练项目驱动实践教学，鼓励学生积极开展基于科研成果的创新创业实践。高校可依托国家级、省市级、校级等各级创新创业训练项目进行具体的实践教学设计，学生可自主申请导师指导项目进行学习，并能够进入科研团队和实验室开展研究。为有效支撑实践教学，高校可整合校内已有实验室资源，并根据实际需要搭建创业实验室、众创空间等平台，共同作为创新创业教育实践教学平台，形成覆盖各学科专业的综合实践教学平台体系，面向全体学生开放使用。

其次，校地企协同，搭建校外实训基地平台。学生的创新创业实践需要有更“仿真”的实践情境以进行更真切的实习训练。虽然目前高校学生参加创业沙龙等创新创业实践活动的机会并不少见，但是真正能在实践实训基地上进行实习训练的机会却不多。高校自身的场地空间及经费等资源有限，应积极与地方及企业开展全面战略合作，充分发挥地方政府及企业的优势，共同搭建创新创业实训基地平台，协同开展创新创业实践教育。一方面，高校要加强与政府合作，尤其是与地方政府的合作，这要求高校发挥创新创业教育区域服务价值，要面向国家发展及区域发展需要、契合国家及地方的发展战略，实现与地方区域发展的衔接互补；另一方面，要加强校企合作，推动不同学科专业对接不同行业企业需求，深度嵌入行业企业，实现产教融合、协同育人。

最后，注重成果转化，搭建创新创业孵化平台。在积极培育创新创业项目的基础上，关注创新创业成果的市场化转化。高校可在支持各二级单位成立院级孵化中心的同时，建立校级孵化中心，并积极探索与政府、企业合作，共同建立孵化基地，完善孵化平台体系，建立学院—学校—社会三级孵化平台，提供不同覆盖广度及支持力度的孵化帮助。在具体创新创业项目的发现与培育上，高校要支持鼓励学生创新创业团队依托学校的学科专业特色开展创业实践，通过学院—学校—社会三级体系层层选优，为项目孵化提供稳定的场地、系统的指导与服务，促进项目实现市场化转化，提高项目孵化成功率。此外，一般而言，高校学生初创企业入驻科技园是创新创业实践的最后一环①，因此要协同政府及企业力量，共同完善大学生创业园、高校科技园等平台为孵化项目的后续发展提供持续的支撑。

#### （2）构建多层次的实践体系

实践体系是高校创新创业教育的重要支撑，高校应构建多层次的创新创业实践体系，为学生提供丰富多样、层次分明的创新创业实践内容，这是促进学生创新创业意识向行动转化落地、锻炼并提升学生创新创业能力的重要路径。

首先，构建多层次的创新创业活动体系。各类创新创业活动是高校学生能参与创新创业实践最普遍的方式，具有举办灵活、频率高、覆盖人群广等优势。目前，高校常举办的创新创业实践活动包括创新创业论坛、讲座、创业沙龙等，高校应继续探索创新活动形式、提升学生参与积极性，提高创新创业活动质量。继续深入实施“国家级大学生创新创业训练计划”，并健全校级创新创业训练计划，为学生提供更多参与实践项目的机会；组织科技文化节、创业成果展、创业嘉年华等各类形式丰富的活动，依托学校及学科专业特色，开展主题品牌活动，全面提升学生创业能力；举办创业沙龙、创业高峰论坛等活动，邀请成功企业家、杰出校友代表交流分享创业经验，充分营造创业氛围；结合学校已有的社会实践体系，将创新创业相关主题嵌入社会实践组队立项、志愿服务项目培育等活动。同时还可积极探索校外资源，承接行业企业或政府的创新创业成果展示活动等，激发创新创业活力。

其次，构建阶梯式创新创业竞赛体系。结合“国创计划”、市级及校级创新创业竞赛，打造适用不同阶段学生群体的层次鲜明的创新创业竞赛体系，围绕

① 张庆晓，许礼刚，王轶珍．美国高校开展一流创新创业教育的经验及启发[J]．黑龙江高教研究，2020，38(04)：98-102.

“创意-创新-创业”构建目标层次鲜明的创新创业竞赛体系，为各类学生提供更有针对性、更合适的赛事。组织低年级本科生或创新创业基础较薄弱的学生参加以训练学生创新思维为主的创意类启蒙赛事；组织高年级本科生或对创新创业有较高兴趣的学生参加全国“挑战杯”大学生课外学术科技作品竞赛、“创青春”大学生创业计划竞赛等创业训练类赛事；组织研究生或具有一定创新创业基础的学生参加“互联网+”大学生创新创业大赛等创业实践类赛事，全面、有针对性地培养学生创业意识、创新精神和创新创业能力。

最后，构建坚实的学生组织体系。学生组织是创新创业实践的基层堡垒，具有扎根学生基层的优势，作为学生群体与学校相关部门间的桥梁纽带，为创新创业实践的落地开展提供了组织保障。一方面，充分发挥班团组织的主力军作用，在班团组织中设置创新创业委员，并定期召开工作会议，确保创新创业实践能够实现自上而下、自下而上的双向顺畅沟通；另一方面，充分发挥社团组织生力军作用，继续建设好学生创业类社团，加大经费保障及分类指导，大力支持其开展创新创业活动，培养学生社团“自我组织、自我服务、自我管理”的意识，全面激发学生在创业活动中“自我教育”的活力。

### 3. 以服务为抓手：推动创新创业指导精准有效

服务体系是高校开展创新创业教育的重要抓手，高校应针对创新创业各环节提供精准的高质量服务，打通创新创业全过程，确保创新创业服务精准有效。具体来说可从以下 4 个方面开展相应工作：

#### (1) 建立多层次指导服务体系

指导服务是高校提供的创新创业基础服务，学生是创新创业教育的最终受众，满足学生的个性发展需求是创新创业服务的重要原则。建立多层次指导体系的关键在于，根据不同学生群体的特点及需求，为学生的差异化发展提供丰富多元的指导服务。

首先，面向全体学生，完善职业生涯发展支持体系。职业生涯规划及发展是所有学生面临的人生课题，高校应基于全体学生的共性需求，整合校内外师资力量，分学历、分年级、分层次、分主题设计开展职业生涯教育，完善学生职业生涯发展支持体系。在具体方式上，高校可通过高频次地开设面向全体学生的职业指导课程、讲座等方式，向学生提供创业就业理念、创新思维培养、创业精神等各方面的知识内容指导，为学生的就业、创业以及个人综合素质提升发展，提供基础的服务保障。

其次，面向有意愿学生，完善多元化培训支持体系。对于有创新创业意愿的学生而言，其对学校的创新创业服务的需求更为具体、也更贴近实践，因此高校应进一步提供多元化培训服务，以提升学生创新创业实践能力为核心，围绕其创新创业实践全过程提供相应的服务，以支撑其对创新创业实践的探索。在具体方式上，高校可考虑采用就业技能指导、创新创业工作坊、创业大赛、企业走访等方式，向有意愿、有需求的学生提供创新创业技能培训等服务。

最后，面向有潜质学生，完善个性化咨询指导体系。对于有志于投身创新创业的学生而言，其对学校创新创业服务的需求更多地集中在实操层面，高校应以问题为导向，根据学生的个性化需求，有针对性地提供精准的指导服务，解决其实际创新创业过程中所遇到的各种问题。在具体方式上，高校可通过提供一对一指导、创业政策咨询、创业融资对接等方式，为有创业潜力的学生提供深度指导服务。

（2）丰富创新创业服务形式及内容

除了基础的指导服务之外，高校还应继续探索丰富创新创业服务的形式、拓展创新创业服务的内容，根据国内外高校的实践经验，具体可从以下几方面开展：

首先，建立高效信息服务平台。通过整合项目与技术资源，建立信息服务平台，实现信息发布、信息共享、服务对接、项目管理等功能，以更高效地提供服务。一方面，通过信息服务平台进行就业创业信息的采集聚类，为学生提供全面、权威的就业创业信息，如通过信息服务平台发布创新创业政策、创新创业赛事活动信息、创业知识、行业动态等；另一方面，通过信息服务平台聚合高校所能提供的各类创新创业服务，通过信息服务平台为学生提供一站式服务，如提供创新创业政策解读与咨询、大学生创新创业训练计划申报、创业项目孵化申请、各类手续办理等服务。

其次，完善成果转化支撑服务。成果转化是创新创业教育价值落地的体现之一，目前各高校越来越重视创新创业成果转化，一是将创新创业研究成果转化为创新创业教育实践，为创新创业教育提供更科学的指导；二是推进学生创新创业实践活动与产业孵化对接，促进创新创业项目向市场化、产业化发展；三是广泛关注学校的专业性科研创新成果，积极推动通过专利授权、技术入股等方式将科研创新成果向社会转化。高校应完善成果转化工作体系，构建教研相长与科教共融的双创共同体，打通产、学、研、用全链条，为成果转化提供强有力的支撑。

再次，规范创新创业项目管理服务。项目是高校开展创新创业教育的重要载体，规范项目管理有助于提升创新创业项目落地效率。一方面高校可通过建设创业信息管理系统，通过系统进行项目发布、申报、评比、考核等各环节的管理，实现创业项目全流程的系统化管理，进而推进创业项目管理规范化；另一方面要健全项目管理机制，明确项目管理办法，通过具体的制度明确各环节的管理原则与方案，从而实现创新创业项目的规范化管理。

最后，注重创新创业文化氛围营造。创新创业文化氛围对于学生创新创业意识养成具有重要作用。创新创业课程及项目、赛事等各类实践活动等都能带动激励学生的创新创业意识，有助于校园创新创业文化氛围的营造。除此之外，高校还应进行更主动的宣传，将思政教育与创新创业教育相融合，积极选树典型示范，通过新媒体、主题展览等各种方式广泛宣传，形成激励创新创业文化的氛围，引导更多学生在创新创业实践中实现人生价值。

### (3) 长效追踪，动态调整

创新创业教育是一个动态发展的过程，需要根据学生的需求及创新创业教育的效果及时调整。高校在建立科学的创新创业教育评价体系、对创新创业教育进行即时考核评价的基础上，还应对创新创业教育的效果进行长效追踪，建立反馈机制，根据反馈结果动态调整。

一方面，用人单位是创新创业人才培养的出口，是高校学生的就业去向单位，用人单位的人才需求对于高校人才培养具有重要的参考意义。高校可通过学校走访、用人单位入校、学生实习实践等形式，不断汇聚“校+企、政、研”的人才培养合力，搜集不同类型用人单位对人才培养的反馈意见，围绕“用人单位人才需求”“学生创新创业意识”“新生职业生涯规划”“应届毕业生就业意向”“选调生发展路径”等主题形成调查研究报告，为人才培养和创新创业指导服务的动态调整提供多维度精准参考。

另一方面，学生是创新创业教育的直接受众，用人单位对学生的综合评价是学校创新创业教育效果的体现。高校应加强对毕业生就业及创业状况的跟踪调查与反馈，通过问卷调研、网络调研、实地调研等方式，按一定时间频率定期且多次对毕业生就业创业情况进行调研，更全面地掌握用人单位的真实反馈，形成对创新创业教育效果的长效跟踪；构建创新创业人才培养反馈机制，建立顺畅、常态化的反馈渠道，便于用人单位意见的灵活反馈，同时将反馈结果与课程设置、政策保障、指导服务和经费安排等多环节联动，以反馈结果推动学校创新创业人才培养改革与创新创业服务调整。

### 4. 以保障为支撑：为创新创业教育、实践、服务保驾护航

保障体系是创新创业教育的重要支柱，创新创业教育课程、实践及服务的开展，都需要对应的人员、经费、场地等硬件保障以及政策、制度等软件支持。因此，为提高创新创业教育质量，应构建制度保障为基础、“机构、人员、场地、经费”四到位的保障体系。

总体来看，创新创业教育保障体系主要包括制度、机构、人员、场地、经费 5 个要素，在本章第一节和第二节中已分别具体论述了完善创新创业教育政策制度、健全创新创业教育组织机制，这正对应着创新创业教育保障体系中制度与机构这 2 个要素。因此本节对此不再赘述，仅从人员、场地、经费 3 个方面具体展开：

#### （1）人员到位

师资是创新创业教育的关键因素，师资短缺是我国创新创业教育面临的突出问题之一。2019 年教育部高等学校创新创业教育指导委员会第二次年会暨“深化创新创业教育改革，促进创新创业创造发展”会议上，时任教育部高等教育司司长吴岩强调，截至 2019 年底，我国各高校创新创业教育专职教师近 2.8 万人，兼职导师 9.3 万余人，首批入库的全国万名优秀创新创业导师 4 492 人，创新创业师资队伍存在“师资短缺，高手太少”的问题。① 创新创业师资短缺体现在两方面：一是创新创业教师总量短缺，二是师资结构不合理，专职教师短缺程度尤甚。高校可从以下两方面着手解决这一问题：

① 创新创业教育不是“搞搞活动”而已［EB/OL］.［2019-12-11］.［2022-06-19］. https：//baijiahao. baidu. com/s? id = 1652593661352625242&wfr = spider&for = pc.

一是，扩大师资规模，构建专兼职结合的师资队伍。专职教师是创新创业教育的主力，兼职教师是创新创业教育的重要补充，二者相辅相成，共同构成创新创业师资力量，高校要充分挖掘校内外资源，形成专兼职结合的创新创业师资队伍。首先，高校要完善创新创业师资队伍规划，纳入学校总体师资队伍统筹规划，完善创新创业教师的引进及评价激励机制，扩大创新创业专职教师指标规模，补充专职教师数量；其次，高校要立足校内，从已有的师资队伍中选拔具有创新创业知识或技能储备的教师，作为创新创业专职或兼职教师；最后，高校要积极拓展校外资源，从行业、企业等选聘创业成功人士、优秀校友、专家学者等作为兼职教师，通过讲座、培训、协同教学等方式，广泛参与到高校创新创业教育中。

二是，加强师资培训，构建跨学科师资队伍。一方面要大力开展创新创业师资培训，保障创新创业教师的职业发展。通过国家级、省级等创新创业教育实践技能培训提升教师创业技能；支持创新创业教师前往企业挂职锻炼，积累丰富的创新创业实践经验；加强与国内外高校的交流与合作，学习国内外先进教学指导经验，切实提高创新创业教师教学与指导能力；另一方面，创新创业教育本身就具有跨学科性，从知识层面涉及经济、管理等多学科内容，在课程教学、项目指导等方面都对各学科的师资有一定需求，高校可结合课程建设需要，引入跨学科师资，组建跨学科教学团队、项目指导团队、培训团队等，提高创新创业师资队伍素质，进而提高创新创业教育的专业化程度。

#### （2）场地到位

场地是创新创业教育的基础设施。创新创业教育具有实践性，是需要“线下”实践的，场地是开展创新创业教育的必备条件。高校要为创新创业教育提供独立专用的充足场地。一方面要确保服务办公场地到位，高校应在校内为创新创业教育划拨专用场地，建设校内各类活动场所，如就业创业活动厅、培训室、创享工作坊、职业生涯咨询室等，以便以此为依托面向全校学生提供指导服务；另一方面要确保实践场地到位。高校应将实验室、实践实习基地、创业苗圃、创业园等基地建设纳入学校总体建设规划，通过自建、企业政府合建等各种方式，搭建创新创业教育实践场地。

### (3) 经费到位

经费是创新创业教育发展的根本保障，没有经费，一切皆为空谈。高校应通过设立专项经费、拓展经费来源、加强经费管理等方式，确保经费到位。

首先，设立专项经费。为保障创新创业教育发展，政府应加大对高校创新创业教育专项投入力度，高校应在总体财政规划中划拨专项经费支撑创新创业教育发展。在做好经费总体科学规划的基础上，可进一步针对课程、项目、赛事等各项工作计划，设立专项基金，确保经费与创新创业教育工作计划配套，保障创新创业教育的顺利开展。

其次，拓展经费来源。高校在利用好各级政府创新创业支持资金的同时，可进一步向政府争取政策优惠，通过政策吸引更多投资，如通过税收减免等政策吸引企业投资。此外，主动寻求合作企业单位、海内外校友及社会各界人士等各方面的各类型支持，全方位做好资金筹措工作，如以基金会形式积极争取社会商业资金，挖掘校友资源争取校友捐赠经费等。

最后，加强经费管理。经费采取“专款专用、绩效管理”的原则[①]，经费使用要设立专项、制定预算，并严格按照预算执行，建立项目经费绩效考核制度，要对经费使用效果进行定期评估，并与后续经费拨付挂钩，实现经费合理高效使用。

① 张晨阳，梅汉成.高校创新创业教育：问题、对策及保障措施[J].东南大学学报(哲学社会科学版)，2020，22(S1)：114-117.

# 第五章

# 创新创业教育课程体系促进高质量就业

创新创业教育课程是创新创业教育体系的核心要素，支撑和推动着创新创业教育的健康有序发展。当前，很多高校都已经开设了创新创业教育课程，虽然名称各式各样、内容各具特色，开展方式也不尽相同，但不可否认的是，这些课程正在逐渐展现价值，并成功在高校学生培养方案中占有了一席之地。相比其他教育方式，经过精心设计的创新创业教育课程具有明确的授课目标、合理的章节安排和科学的知识结构，能够较为正式、系统和集中地向学生传授有关创新创业的知识和内容，在教育效率和效果上具有其他方式无法替代的优势。值得注意的是，创新创业知识丰富而广泛，学生实际需求具体而复杂，开设一两门看似互不相关的课程还远远无法满足创新创业教育的需求。要想让创新创业课程发挥更大作用，就必须形成创新创业教育课程体系，即在创新创业教育理念指导下，设计具有不同内容和侧重点的课程，使各个课程相互联系、互为补充，在动态过程中统一指向创新创业教育课程体系的总体培养目标。可以说，创新创业教育课程体系是实现创新创业教育目标的重要载体，是保障和提高创新创业教育质量的关键。要研究创新创业教育对高质量就业的促进作用，必然要先分析创新创业教育课程体系与高质量就业的关系，而要探讨创新创业教育课程体系与高质量就业的关系，需要先认识和了解创新创业教育课程体系。本章先从理论上探讨创新创业教育课程体系的特点，阐述创新创业教育课程体系促进就业的理论依据，探究创新创业教育课程体系对就业的影响，再通过问卷调查和课程数据分析揭示创新创业教育课程体系促就业的现状，最后围绕创新创业教育课程体系促就业存在的问题与不足，提出建议和策略。

## 第一节　创新创业教育课程体系的理论探讨

### 1. 创新创业教育课程体系的特点

课程设计的好坏直接关系到课程教育的效果，很多研究者就创新创业教育课程设计提出了自己的观点。马永斌和柏喆[①]提出从“专业教育与创业教育”“必

① 马永斌，柏喆. 创新创业教育课程生态系统的构建途径——基于清华大学创业教育的案例分析[J]. 高等工程教育研究，2016(05)：137-140＋150.

修课程与选修课程”相融合的角度打造一个多层次的创新创业教育课程体系。高志刚等[①]提出构建集全程性、多层性、基础性、渗透性、实践性、体验性为一体的“模块化”课程体系。胡剑锋和江泳[②]认为创新创业教育课程体系的构建应该具有层次多样、修读方式多样（包括必修、选修、通识等）、开设方式灵活等特征。成希和张放平[③]提出了基于核心素养理念的创新创业教育课程建设思路，认为创新创业教育课程体系应该分层、分类，课程内容要融会、综合，教学方式需情境、体验。杨华萍和马亚林[④]提出基于OBE理念构建创新创业课程体系，即以成果为导向制定教学目标，以需求为根本构建课程体系，以学生为中心确定教学策略，以能力为核心评价学习效果，以发展为重点提升教学质量，构建“五位一体”的创新创业课程体系。贾建锋等提出的[⑤]基于个人—环境匹配理论，依据多主体的不同供求情况提出了创新创业课程体系的设计方法。张继明和马书君[⑥]认为应用型高校应根据创新创业人才的素养结构，搭建初阶、中阶、高阶三阶课程体系。胡玲和李艳杰[⑦]认为创新创业课程设计要遵循多学科交叉式风格，课程知识既要有通识教育，也要有专业教育，对不同学习阶段的学生应分层级授予不同难度的创新创业课程。程虹等[⑧]主张构建“三阶递进”课程体系，从意识培养、基础训练、能力提升3个层次阶段搭建“通识课程+双创课程”“专业课程+双创训练”“拓展课程+双创实践”3个层次的课程体系。于荣娟等[⑨]提出以三螺旋视角，从“政府—高校—学生”方面构建大学生创新创业课程体系，并提出基于“一平台、一核心、三层次”的高职大学生创新创业课程体系框架。同时，研究

① 高志刚，战燕，王刚．论高校创新创业教育课程教学体系构建[J]．黑龙江高教研究，2016(03)：93-95．

② 胡剑锋，江泳．高校创新创业教育课程体系建设研究[J]．创新与创业教育，2016，7(04)：107-109．

③ 成希，张放平．基于核心素养理念的高校创新创业教育课程建设[J]．大学教育科学，2017(03)：37-42+50．

④ 杨华萍，马亚林．基于OBE理念的创新创业课程体系构建——以滇西应用技术大学为例[J]．创新创业理论研究与实践，2021，4(24)：158-160．

⑤ 贾建锋，侯彦博，梁晴．个人—环境匹配视角下创新创业课程体系的设计[J]．创新与创业教育，2021，12(04)：142-150．

⑥ 张继明，马书君．应用型高校创新创业教育课程的建设与治理[J]．创新与创业教育，2022，13(01)：103-108．

⑦ 胡玲，李艳杰．中美高校创新创业教育比较研究——基于关键性指标因素视角[J]．黑龙江高教研究，2022，40(04)：75-85．

⑧ 程虹，等．地方高校构建“四三四五”创新创业教育模式的探索与实践[J]．创新创业理论研究与实践，2022，5(05)：59-62．

⑨ 于荣娟，等．三螺旋视角下高职大学生创新创业课程体系的构建与实施——以内蒙古农业大学职业技术学院为例[J]．创新创业理论研究与实践，2022，5(01)：167-169．

者认为创新创业教育课程体系也要吐故纳新、与时俱进，不断融合新的教育趋势和元素，王艳和邓晓[①]提出创新创业课程要拓宽课程思政教学理论研究，屈莉莉等[②]研究了电子商务创新创业课程思政教学改革路径，北京科技大学已精心打造了创新创业课程思政“跟党学创业”公选课[③]。此外，劳动育人[④]、信息素养[⑤]等教育理念也在不断与创新创业教育课程进行融合。

从现有文献中可以看出，各研究者为创新创业教育课程体系的构建提出了不同的模式和策略，虽然他们秉持的观点不同，构建创新创业教育课程体系的角度和结果也不同，但其中有一些基本原则是公认的，即创新创业教育课程体系需要具备系统性、针对性和融合性。

#### （1）避免零散孤立，保持系统性

实践证明，创新创业教育课程教学需要循序、全面、连贯地进行，因此，“双创”课程体系必须具有系统性，这包含3个层次：第一层次，课程内容要有系统性。创新创业教育课程与现实联系紧密，涉及知识范围较广、内容繁多，因而也更容易出现课程内容松散的情况。松散的课程设计其实会极大影响教学效果，如何使课程内容具有系统性？一方面要做到课程结构合理，在内容设计上善于“谋篇布局”，从而使课程逻辑顺畅、脉络清晰，让学生清楚要学什么、何时学和怎么学，这样才能抓人眼球、引人入胜；另一方面要做到课程循序渐进，知识学习和能力培养是一个螺旋上升的过程，不能一蹴而就。创新创业教育课程的内容应由表及里、由浅入深，切实符合学生掌握知识和发展能力的规律，让学生在学习过程中体验从渐进到跃进、从量变到质变的演化。第二层次，课程设置要有系统性。作为创新创业教育课程体系中的元素，不同创新创业课程之间应既有区别又有联系，讲究协同互补，共同构成科学完整的课程体系，从而实现整体功

---

① 王艳，邓晓．课程思政背景下应用型高校创新创业课程教学改革探索[J]．黑龙江教师发展学院学报，2022，41(04)：36-38.

② 屈莉莉，李朝辉，张金松．创新创业课程思政教学改革实践探索——以电子商务创新创业课程为例[J]．创新创业理论研究与实践，2021，4(11)：25-27.

③ “跟党学创业”——北京科技大学创新创业课程思政建设简介[J]．思想教育研究，2021(07)：2.

④ 王晓波，李苗苗．新时代“五育”视域下高校劳动育人与创新创业课程建设[J]．创新创业理论研究与实践，2021，4(13)：43-44+47.

⑤ 张敷欣．高校图书馆信息素养教育嵌入大学生创新创业教学研究[J]．图书馆学刊，2022，44(02)：37-42.

能大于部分之和的效果。第三层次，创新创业教育课程要与其他课程形成统一整体，成为高校课程体系的重要组成部分。创新创业教育课程与传统课程不同，它历史较短，没有学科特性，容易被忽视和低估，因此往往游离于正常课程体系之外，导致学生的重视度和参与度不足。无数研究者和实践者看到了其中的问题，纷纷主张将创新创业教育课程嵌入到人才培养课程体系之中，同等对待并综合权衡其授课目标、选课要求、学分设置及课程评价等问题，以便实现与其他课程的协同发展。只有学校层面对其给予应有的重视，才能切实提高创新创业教育课程的地位和实效。

（2）拒绝千篇一律，具备针对性

研究者普遍认为，千篇一律、照本宣科的创新创业教育课程缺乏吸引力，无法达到创新创业教育的要求，主张创新创业课程要“因地制宜”“因势利导”“因材施教”，注重个性化、具有针对性。具体来讲，首先，创新创业教育课程要体现高校的资源优势。创新创业课程具有明确的指向性和较强的实践性，动员企业乃至社会各界参与其中能使课程更具实操性，也可以为学生争取更多交流和锻炼机会，甚至可以借此为学生积累合作人脉。不同高校拥有的校友资源，行业资源及社会资源不同，这就意味着其创新创业教育课程不可能完全相同。此外，不同高校的学术特色和优势也不同，创新创业教育课程体系在发展中要不断融合新的教育元素和趋势，将高校自己的优势学科、特色实践、重点师资与创新创业课程相结合，以此让其学术优势惠及更多学生，这也是值得参考的做法。总之，创新创业教育课程的设计应充分考虑、利用和挖掘高校拥有的优势资源，巧妙地将这些资源融入课程之中，这对于提高课程趣味性、实用性和有效性大有裨益。其次，创新创业教育课程要考虑授课对象特点。不同高校、学科和专业的学生所处的教育背景、行业背景、学科背景及专业背景不同，导致其所具备的能力和优势不同，未来创业就业的目标也不同，如行业特色高校和综合型高校学生的学科背景及创业方向就会有差异。创新创业教育课程要充分认识到这一点，设计适合授课对象的课程内容，这样才能引起学生的兴趣，激发学生潜能，使课程更加实用。最后，创新创业教育课程要考虑学生在不同阶段的实际需求，不能一概而论。如低年级学生对毕业及就业压力感知不强，在创新创业教育课程上学到的实操知识难以实时消化，到真正使用时也会遗忘，而毕业年级学生则需要实用性强、见效快的建议和方法指导就业创业，因此，创新创业课程应该根据不同年级学生的需求开设，对低年级学生侧重于基础和能力培养，对毕业年级学生给予更多实操和实践建议。只有这样，由低到高、由浅入深、循序渐进、潜移默化，创新创业教育课程才能真正得到各年级学生的喜爱和认可。

（3）持续优化创新，拥有融合性

创新创业教育课程体系设计完成后并非固定不变，而是要不断吸收新的理念和方法，持续发展和完善。原因并不难理解，一是创新创业教育课程与现实联系紧密，对环境具有极度敏感性。随着“十四五”扬帆起航，我国的社会环境发生着深刻的变化，如果不能立足新发展阶段，贯彻新发展理念，以新思维持续强化对内外部环境的研判和应对，则创新创业教育课程的内容便失去了实际价值，高质量人才的培养也就无从谈起。此外，政策环境是创业需要关注的重点因素，国家对创业的支持政策随着社会环境的变化而不断更新，不同城市也有着不同的创业环境支持和政府的政策支持，这些都是创新创业课程要持续关注、不断追踪的。二是随着环境的变化，社会对于学生能力的要求也在不断变化。以科技领域创新创业为例，当前，信息技术迅猛发展，以“大、智、移、云、物、链”为代表的新兴技术正加速与行业融合，为行业发展带来颠覆性的变革，国家“十四五”规划也强调，要培育壮大人工智能、大数据、区块链、云计算、网络安全等新兴数字产业、构建基于5G的产业生态，如果创新创业教育课程内容无法做到与技术发展有效衔接，所教授的知识和能力将逐渐无法完全满足学生及社会需求，培养出的人才也会与社会脱节。三是创新创业教育课程的形式也在不断创新。目前，很多高校都采用企业家授课、参与式教学、研讨式教学、实践实训等形式，并且取得了很好的效果。在创新创业教育发展过程中，还会涌现出更多创新的、有效的授课形式，只有不断地融合创新，才能将课程知识更高效地传输给学生，真正实现开设课程的初衷。从现有研究可以看出，但凡有新的教育理念、教育趋势、能力要求等出现，研究者就会着手探索其与创新创业课程结合的可能性，创新创业课程体系像一个生长着的有机体，不断吐故纳新，拥抱变化，只有这样，该课程体系才可能持续优化创新，牢牢与实际相结合，授以学生最实用的知识和能力。

### 2. 创新创业教育课程体系促进高质量就业的理论依据

创新创业课程体系能够有效促进就业，体现在创新创业带动就业、创新创业与就业核心能力相通、创业与求职协同共生 3 个方面。

#### (1) 创新创业带动就业

2015 年，国务院办公厅印发《关于深化高等学校创新创业教育改革的实施意见》，明确提出要坚持创新引领创业、创业带动就业。一方面，高等学校全力打造的创新创业课程体系，通过推进教学、科研、实践紧密结合，推进双创教育，进一步增强学生的创新精神、创业意识和创新创业能力，并为学生提供基础的创业支持，其直接目的就是促进学生创业成功。从本质上看，创新创业本身是就业的一部分，创业成功也就意味着解决了学生就业问题。另一方面，创业带动就业具有乘数效应，一个创业项目的成功，不仅解决了创业学生的就业问题，还往往意味着创造了更多的就业岗位，可以极大地拉动就业。华南理工大学通过与企业共建教学基地、实验室等形式，解决了学生的实际就业问题；同时，通过进一步挖掘、动员基地内部孵化企业，尽可能提供了一批就业岗位；“十三五”期间，北京工业大学等学校的 8 家学生公司登录北京股权交易中心（北京四板市场），2020 年学生创业公司提供了约 400 人次的就业机会，涵盖软件、文创、先进制造、智能农业设备、旅游等领域。这都是创新创业带动就业的典型范例。

#### (2) 创新创业与就业核心能力相通

创新创业教育是涵盖创新教育和创业教育两个维度的系统体系，创新教育的核心是培养学生的创造性思维和创新能力，创业教育广义上来说是指培养具有开创性的人，两者相辅相成、互为一体。创新创业教育的核心是使学生具备开展创业行为的各种能力，而这种能力，并不是单维度个别化能力，是一种以创业为导向的多维度、集成化的能力集合，不仅包括创新教育培养的丰富创造力、想象力以及创新转化能力，还包括创业教育聚焦的组织管理、团队协作、高效执行等实践能力，其最终目的就是培养具有创新思维能力和创业行为能力的复合型专业人才。这种人才无论是在创业中还是求职中都具有强大的竞争力。以华东师范大学为例，其构建了“通识课程 + 特色课程 + 专创融合 + 拓展课程”进阶式“双创”课程体系，强化对学生创新思维和创业能力的培养，厚植学生敢闯会创的本领能力及家国情怀，并连接课堂内外、助力项目实践，建立“企业家＋教师”共同授课、“校内课堂＋校外实践”联动推进的教学模式，推动课程由知识讲授型向演示体验、探索训练、任务驱动和实践创造型发展。区别于传统教育培养出的学习型专业人才，这类人才在专注理论知识学习的同时，更加注重实践能力的培养，他们在接受创新创业课程体系培养的过程中，开始提前具备快速适应社会、融入工作的各项能力，这种“实操型”导向的能力与企业的需求匹配度较高，在就业招聘中更容易受到招聘企业的青睐，更容易获得心仪的岗位。

（3）创业与求职协同共生

创业与求职看似不同，实则协同共生。创业与求职之间存在能量的相互流动，这种能量流动首先是人才的流动，创业者可能在某个阶段变成求职者，求职者也会在某个时机变成创业者，两种身份是可以相互转化的，而在这种明线的人才流动之中，隐藏着暗线的知识、技能、经验等的流动，在这种不断的相互转化过程中，实现了能力的协同增效与不断增长；其次，创业者向求职者提供了岗位和薪资，而求职者向创业者提供了知识和劳动，促使能量交换和流动，使创业企业不断发展，从而带动更多的人就业。基于上述两个方面，我们可以看出，创业和求职是一个共生的单元，其中任何一方发展受阻都会影响其向另一方的能量流动，他们在相互促进、协同发展的过程中，逐步达到整体的价值最优。

基于以上 3 点可以发现，创新创业教育课程能够有效提高创新创业水平，创新创业对于就业有很好的促进作用，因此，创新创业课程可以有效促进就业。

## 3. 创新创业教育课程体系对就业的影响

创新创业教育课程极大地影响了就业水平。一方面，创新创业课程直接促进大学生创业水平提升，推动大学生自主创业，从而提升就业率；另一方面，创新创业课程所授的方法和技巧对于求职学生同样适用，可有效提升求职能力。而且，课程着重培养的创新创业精神也能帮助寻求就业的学生建立良好心态，缓解焦虑和压力，使其更加积极地面对就业中的挫折，不断尝试，增加成功的可能性。

（1）启发就业灵感

创新创业教育课程能够启发就业灵感，增加就业的可能性。通过不断接触和深入了解创新创业课程，学生能够对创新创业有更多的思考，其视野和思路也会因此更加开阔。对于有志于创业的学生，创新创业课程中丰富的创业案例和创业知识能使他们的思维更加灵活、眼光更加独到，更具有创新精神，在生活中发现更多创业机会。对于有志于求职的学生，创新创业课程能够带他们了解较多行业类型，使他们更加理解各行业的过去和未来，熟悉企业的运作和经营，明白职场的内容和利弊，有利于打破他们过去在不对称信息下对求职设定的条条框框，改变他们对求职范围的狭隘定义，丰富他们对行业和职位的认知和选择。如此一来，学生能在求职上给自己更大的心理空间，学会不执着于某个或者某类想象中的职业，从而找到真正适合自己的求职方向。对于比较迷茫和反复纠结未来创业还是求职的学生，创新创业课程能够让他们看到新的可能性，给他们更多信息去思考和选择，从而发现自己所擅长的方向。

（2）提升就业能力

创业者在创业中需要对资源进行优化整合，从而创造出更大的社会价值和经济价值。该过程要求创业者具有杰出的综合能力，如经营能力、领导与决策能力、团队协作能力、人际关系能力等，这些能力大多数时候不是与生俱来，需要在后天进行培养和训练，创新创业课程是其中一个重要的途径。好的创新创业课程能够带领大学生了解创新创业政策、聆听创新创业经验，能够培养大学生创新创业能力，还能够为他们提供较多实战和演练机会，甚至可以帮助他们搭建创新创业平台并积累相关人脉，可谓益处多多。在创新创业课程的帮助下，大学生能够在有所准备的情况下开展自己的创新创业实践，还可以在遇到问题时随时咨询和寻求帮助，这能够极大地提高创业水平和创业成功率。当然，大学创新创业教育的本质并非只是解决创业问题，另一个更重要的目标是培养学生的创业意识与实践能力，塑造学生成为创新型的综合人才①。创新创业课程也能够为求职的同学提供帮助。在求职压力越来越大的今天，求职技巧和经验至关重要，因此求职培训也必不可少。很多时候，求职单位看重求职者的创新能力、合作能力、领导能力、适应能力等，而这些能力也同样需要出现在创业者身上。创新创业课程在致力于培养创业者相关能力的同时，也可以培养求职者的这些能力。创业者和求职者的

① 马永斌，柏喆.创新创业教育课程生态系统的构建途径——基于清华大学创业教育的案例分析[J].高等工程教育研究，2016(05)：137-140+150.

核心能力有相通之处，只是在侧重和程度上有所差异。在学习创新创业课程之后，即使不去创业而去求职，也能够将课上所学用于求职，从而提升求职能力。

（3）改善就业心态

创业精神包括激情、积极性、适应性、领导力和雄心壮志五大要素。创新创业教育课程的一项重要内容和目标就是培养学生的创业精神。创业是一个艰苦的过程，创业者需要承受巨大压力，顶住周围质疑，经受一次次的失败和挫折，解决一个又一个棘手的问题，这极其考验创业者的心理素质，没有足够的精神动力和强大的抗压能力作为支撑，创业者是无法克服重重障碍突出重围的。而创业精神对于普通求职者同样有用。很多调研显示，大学生在求职时期也面临着巨大压力，他们可能会面对无数次的否定、经受数不清的失败，可能在很长一段时间毫无进展和收获，可能会在四处奔波、极度疲惫之时陷入沮丧，从而出现各种各样的心理问题，如果他们能够在创新创业课程中领悟创业精神，就有可能坚定自己的心志，学会自我鼓励和肯定，以更加从容和坦然的心态面对暂时的困难，以更加饱满和高昂的热情应对辛苦的求职过程。从这一点上讲，创新创业课程能够改善就业心态，促进就业成功。

## 第二节　创新创业教育课程体系促进高质量就业的现状分析

### 1. 各高校创新创业教育课程开展情况

近年来，教育部持续深化高校创新创业教育改革。全国高校开设创新创业教育专门课程 3 万余门、在线开放课程 1.1 万余门，聘请 17.4 万名行业优秀人才担任创新创业专兼职教师[①]。各高校从自身实际情况出发，设计了各具特色的创新创业课程体系，如中南大学打造创新创业教育专门课程群，支持教师基于学科专业

① 教育部：中国高等教育在学总人数超过 4 430 万人　接受高等教育的人口达到 2.4 亿[EB/OL].[2022-06-22]. http://www.moe.gov.cn/fbh/live/2022/54453/mtbd/202205/t20220517_628250.html.

背景开发、开设相应创新创业教育课程 101 门次，包括大学科类 61 门次、创业基础类 3 门次、素质拓展类 37 门次；支持教师编写出版创新创业教育教材 30 部，支持创新创业教改项目 186 项；该校 7 门创新创业教育课程被认定为国家级一流本科课程①。黑龙江大学打造了“必修 + 选修 + 专修”“通识 + 专业”“线上 + 线下”“课内 + 课外”的“分层分类进阶式”课程体系，建设了一批“思创融合”“专创融合”“科创融合”“就创融合”“产创融合”的创新创业教育特色示范课程，年均开设课程 110 余门；该校也十分注重分类培养，为全体学生开设“创业基础”必修课，为有意向创业的学生开设“创业实战训练”等选修课程，为少数具有创业实践的学生开设“创业融资”“创业法务”等专修课程②。中国石油大学（华东）打造了通专结合的创新创业课程群，涵盖学科前沿、创新创业管理、研究方法和跨学科交叉等多个模块的 96 门课程③。南昌大学构建了由“公共基础课程 + 通识教育课程 + 专业教育课程 + 创新创业教育课程”组成的学科交叉融合、专业互通集成的多学科一体化课程体系，目前共开设创新创业课程 221 门，“创业 +”专业课程 11 门④。华中农业大学实施“创新创业课程建设计划”，已建成各类创新创业课程 470 多门⑤。

## 2. 中国农业大学创新创业教育课程开展现状

中国农业大学近年来大力推进创新创业工作，为培养学生创新创业意识和能力，打造工商管理（创业方向）双学位班，开设了 21 门专业课程，同时，根据学院和学生意愿安排了相关选修课程。据统计，在 2019—2020 学年春季学期，各学院共开设 6 门与创新创业有关的选修课（不计算与其他课程融合的创新创业

① 中南大学“五力”并举　打造创新创业教育“升级版”[EB/OL].[2022-06-22]. http://www.moe.gov.cn/jyb_sjzl/s3165/202206/t20220602_634065.html.

② 黑龙江大学多措并举　持续深化创新创业教育改革[EB/OL].[2022-06-22]. http://www.moe.gov.cn/jyb_xwfb/s6192/s222/moe_1739/202205/t20220531_633334.html.

③ 中国石油大学(华东)“四位一体”推进创新创业人才培养[EB/OL].[2022-06-22]. http://www.moe.gov.cn/jyb_sjzl/s3165/202201/t20220127_596563.html.

④ 南昌大学聚焦“四力”支持学生创新创业[EB/OL].[2022-06-23]. http://www.moe.gov.cn/jyb_sjzl/s3165/202201/t20220124_596029.html.

⑤ 华中农业大学全面推进创新创业教育改革[EB/OL].[2022-06-23]. http://www.moe.gov.cn/jyb_sjzl/s3165/201606/t20160617_268831.html.

教育课程）。其中，信息与电气工程学院开设了“移动互联网创新”课程、国际学院开设了“创新与创业能力”、水利与土木工程学院开设了“科技创新和实践”、工学院开设了“机械创新实验和工程思维：从创意到创新”、人文与发展学院开设了“创新思维方法与创业管理课程”；学校就业创业办公室面向全校学生开设了3门校内选修课，为“大学生职业生涯规划”“大学生创业基础”和“大学生求职技能”，以满足同学们创新创业相关的需求。为了更好地了解中国农大创新创业教育课程的开展情况和效果，创新创业通识中心面向学生、教师及辅导员进行了一项问卷调查，名为《关于改善学校创新创业氛围的调查问卷》。该问卷调查基于线上问卷星填写系统开展，主要针对学校开设的创新创业教育选修课程进行调查。

问卷询问了166名同学关于课程改进的看法，要求参与者回答“您觉得课程在哪方面需要进行改进”这个问题，该题允许参与者多选，结果显示，73.49%参与者表示应增加课程实用性，57.83%参与者表明应丰富讲课内容，51.81%参与者希望增加课程趣味性，42.77%参与者希望改进授课方式，37.35%的参与者认为应该增强师资力量。从图5-1可以看出，课程实用性是参与者认为最该关注的改进方向，也反映了同学们对课程最本质的需求：希望课程内容可以学以致用；对“丰富讲课内容”“增条趣味性”“改进授课方式”的需求占比比较相近。

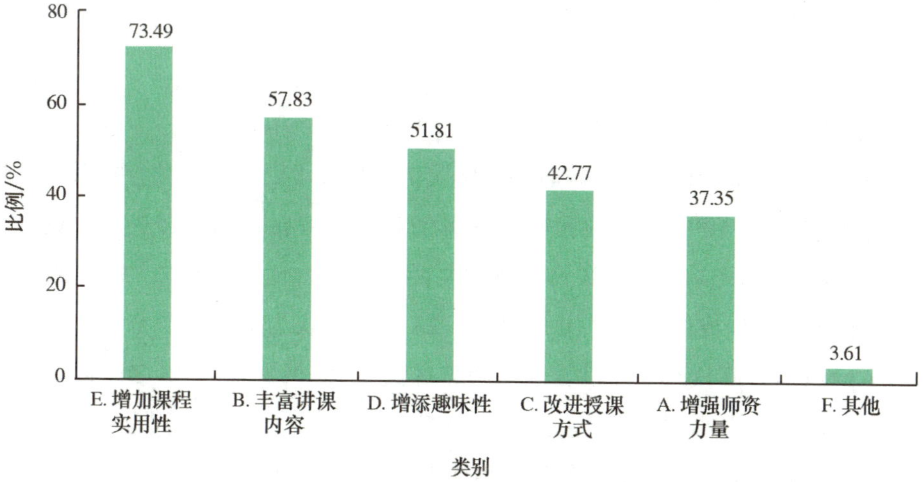


图5-1 参与者对课程改进的看法

问卷询问受访者“如果我们学校要开设新的关于创新创业课程或培训，您希望是哪方面的”，允许受访者进行多选。该题的有效填写人数为 1 014 人，62. 13%参与者表示需要项目书等文字材料的撰写培训，75. 15%参与者表示需要仿真实战演练（如面试、答辩、问辩、路演等），63. 91%参与者表示需要项目展示技巧的讲解，72. 29%参与者表示需要创新创业的方向指导，55. 62%参与者表示需要往届优胜队伍的经验分享（图 5-2）。上述选项占比比较相近，可以认为参与者对以上课程内容的需求共同存在。

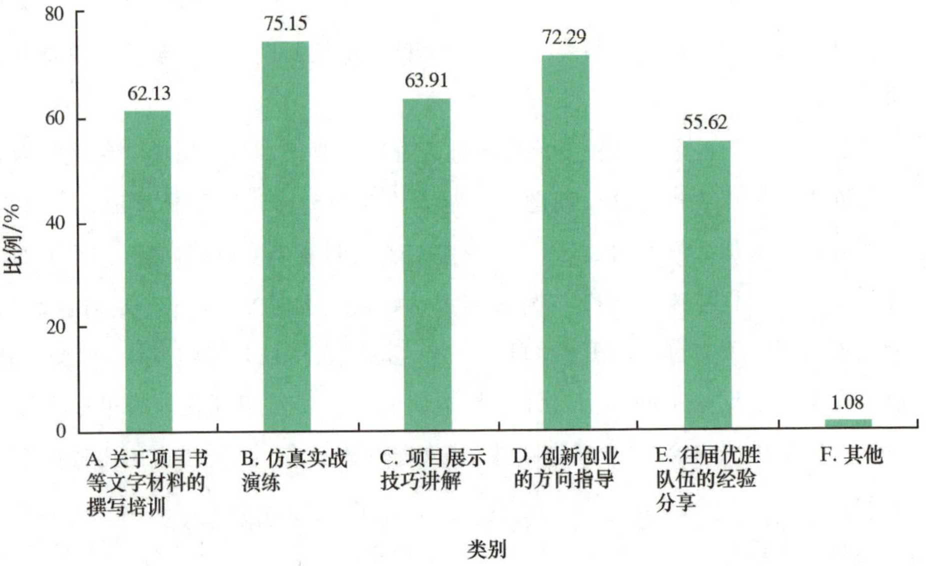


图 5-2　参与者对课程内容的需求

本次问卷调研还询问了学校教师及学院辅导员关于创新创业教育的看法，让 61 名教师参与者回答“您认为我校的创新创业教育需要在哪方面进行改进”的问题并允许多选，37 名教师认为应增大奖励力度，占比 60. 66%；33 名教师认为应开设更多培训或讲座，占比 54. 1%；23 名教师认为应设置学分要求，占比 37. 7%；19 名教师认为应开设更多课程，占比 31. 15%。询问 38 名学院辅导员相同的问题，27 名参与者认为应设置学分要求，占比 71. 05%；认为应提高奖励力度和开设更多培训或讲座的参与者均为 23 名，占比 60. 53%；18 名参与者认为应开设更多课程，占比 47. 37%。辅导员认为需要在学分上对学生在双创教育方面有更高的要求，并需要在课程和奖励力度上下功夫，和教师的选择略有区别，但对培训和奖励的需要是一致的（表 5-1 和表 5-2）。

**表 5-1 教师对于创新创业教育改进方向的认知**

| 选项 | 小计/人 | 比例/% |
| --- | --- | --- |
| A. 设置学分要求 | 23 | 37.7 |
| B. 增大奖励力度 | 37 | 60.66 |
| C. 开设更多课程 | 19 | 31.15 |
| D. 开设更多培训或讲座 | 33 | 54.1 |
| E. 其他 | 2 | 3.28 |
| 本问卷调查有效填写人次 | 61 | |

**表 5-2 辅导员对于创新创业教育改进方向的认知**

| 选项 | 小计/人 | 比例/% |
| --- | --- | --- |
| A. 学分要求 | 27 | 71.05 |
| B. 提高奖励力度 | 23 | 60.53 |
| C. 开设更多课程 | 18 | 47.37 |
| D. 开设更多培训或讲座 | 23 | 60.53 |
| E. 其他 | 1 | 2.63 |
| 本问卷调查有效填写人次 | 38 | |

综上所述，首先，创新创业教育课程是一类新的课程，很多学生对其授课内容和价值并不了解，一些在现阶段没有创业打算的同学会因课程名称断定该课程与自己不太相关，一些学生甚至不知道院系或学校开设此课程。基于此，高校应该提早对创新创业教育课程实施宣传计划，不仅要让学生知道有这样的课程，还应通过有效的方式展示课程内容、宣传课程价值，让更多学生认识到创新创业教育课程的实用性、有趣性、必要性，吸引更多的潜在授课对象。

其次，对于课程的设计，在开始时可能需要投入大量人力、物力及财力，还需凝结教师的丰富智慧和努力，但是，只要课程得到认可，吸引学生参与和互动，并将学生反馈和实践再用于教学，形成“教学—优化—教学”的良性循环，课程发展便会快速步入正轨，课程的效果也会逐步体现。

最后，学生表示需要项目书等文字材料的撰写培训、仿真实战演练（如面试、答辩、路演等）、项目展示技巧讲解、创新创业的方向指导及经验分享，显示出学生对课程实用性的期待非常高。实用性是创新创业课程的本质追求，设计课程要以实用为目标和指导，不能因过分关注课程表面因素，如形式和趣味性而忽略实用性，抛开实用性谈创新创业教育课程建设是没有意义的。任何对创新创业教育课程的优化策略和改革建议都应建立在实用的授课内容之上，课程建设的真正路径应该是，先实现实用性，在此基础上，再扩展灵活的形式、先进的技术、广泛的融合等。

### 3. 案例分析：工商管理（创业方向）双学位班

在“大众创业，万众创新”的时代背景下，国务院、教育部先后印发多个政策文件，不断加强、扶持和鼓励高校创业教育的发展。全国各高校纷纷建立创业学院，或者开设创业双学位班，创业教育得到了比较快速的发展。目前，我国高校设有创业学院的有上海交通大学、暨南大学、中山大学、华南师范大学、南开大学、中南大学等。北京地区，清华大学联合全球创新学院开设创新创业双学位项目并于2016年招生，北京大学在光华管理学院下设创新创业中心，开设“创新创业管理”双学位/辅修项目并于2013年招生，北京航空航天大学创业双学位班2015年招生，中国人民大学2016年正式成立创业学院。中国农业大学也于2017年开设了工商管理（创业方向）双学位班，旨在更加系统和全面地培养学生的创新创业能力。

#### （1）项目简介

中国农业大学整合现有创新创业教育资源，从工商管理（创业方向）双学位开始摸索基于农业的创新和创业教育。构建创业双学位班，旨在形成系统的课堂教育，整合创业课程的学习、创业项目的实践和到企业的锻炼等培养手段，在一个点上进行集中和突破，真正为具备创业素质和能力的同学提供一个全面学习和训练的平台，形成涉农类创新创业教育特色。该项目是在学校领导的高度关注下，由经济管理学院联合本科生院、就业创业办公室、校团委、教育基金会等部门，于2017年9月正式启动运行的。首届同学来自中国农业大学农学院、植物保护学院、园艺学院、资源与环境学院、动物科学技术学院、食品科学与营养工程学院、工学院、信息与电气工程学院、水利与土木工程学院9个学院，涉及2014级、2015级、2016级3个年级。

(2) 培养方案

工商管理（创业方向）双学位旨在培养学生的创新精神和创业能力，以创业为最高目标导向，全面提升学生综合素质，促进创业，兼顾就业。希望学生通过学习和培养，具备管理学、经济学与创业学的理论基础，掌握创业领域必要的专业知识，富有企业家精神和领导力，能够识别和把握商业机遇，成为自主创业能力和综合管理能力兼备的高级复合型人才。创业教育试行团队双导师制。学生组成创业团队，配备两名导师，一名为学术型导师，一名为校外企业家导师。学术导师带领团队进行日常的创业学习和训练，校外企业家导师则进行创业实践的辅导和跟踪。

工商管理（创业方向）双学位班的创业教育课程体系包括创业知识、创业技能和创业实践三大类课程，创业课程中融合了经济学和管理学知识，课程安排遵从创业发展的潜在规律，陪伴学生走过创业初期阶段的所有历程。学生获取学位，以商业计划书是否通过答辩为准。如果学生表现优秀，则以参加创业大赛获取奖励为主要标志。创业教育课程体系共包括21门课程，其中知识类课程10门，包括《产业环境与创业机会识别》《企业商业模式与战略》《创业法律与政策环境》《财务管理及财务报表分析》《危机管理》等；素质类课程5门，包括《团队建设》《领导力》《商务礼仪》等；实践类课程5门，包括《企业现场观摩与交流》《企业家讲座》《创业模拟训练》等；还有一门是知识/实践类课程，为《运营与供应链管理》，共计40学分。

(3) 培养成效

以2019年工商管理（创业方向）双学位班首届毕业生数据来看，首届毕业生为25名，相互组队或者联合其他同学组队共开发了14个创业项目，其中麦哒哒、家庭智能农场、沐小鲜——校园O2O生活服务平台等7个项目在国家级创新创业项目中立项，1个项目在北京市级创新实验中立项。麦哒哒项目以专利技术——一种高抗性淀粉含量大米面包的制备为核心，开发了15个系列60余种产品，售卖低热量、好吃不胖的面包，其业务主要以中国农业大学校内及周边高校为主，在北京市内也提供服务，取得了较好的实际效果。

(4) 小结

工商管理（创业方向）双学位班是中国农业大学在创新创业教育中的一项重要尝试，与学校其他创新创业教育课程相比，该项目优势非常明显：课程设计较为系统，能力培养循序渐进，与专业课紧密联系，配备师资强大，配套资源优质，平台较高，资金投入多，针对性较强，因此效果也比校内其他零散的选修课程更好。但该项目能够培养的学生数量有限：该项目面向各年级本科学生招生，原则上要求申请修读双学位的学生，其主修专业与双学位专业应为不同的学科门类；为保证培养质量，择优录取，每年不超过 30 人。这就决定了该项目门槛较高，普及范围较小。我们需要思考校内其他创新创业课程与工商管理（创业方向）双学位班之间的差异，前者零散、普及面广、门槛低，后者系统、普及面小、门槛高、投入大、周期长，二者优劣正好互补，那么如何达到平衡及效率最大化是值得探究的问题。未来，该模式如何推广、如何复制，或项目产生的经验如何发挥更大作用、如何更好地助力学生成长，达到创新创业教育的核心目的，这些都还有待进一步研究。

## 第三节 创新创业教育课程体系促进高质量就业存在的问题与不足

经过研究发现，无论是理论推演还是实践分析，都证明创新创业教育课程体系与就业之间存在紧密联系，创新创业教育课程体系能够有效促进就业。但目前，高校创新创业教育课程对就业的促进作用还没有最大限度地发挥出来，存在一定的问题阻碍着这种关系的协同推进，要想使创新创业教育课程更好地促进就业，应及时发现并解决这些问题。本节总结了 4 个现存的问题和不足。

### 1. 创新创业教育课程质量不高

虽然研究者对创新创业教育课程的研究已经比较成熟，但实际课程建设水平与理论期许还存在较大差距。大部分情况下，创新创业教育课程的质量并不高，体现在 3 个方面。

一是课程实用性不强。实用性是创新创业教育课程的本质属性，也是学生最关心的功能，直接决定着学生对课程的满意度。当前创新创业教育课程的实用性不强，首先，体现为课程内容的粗略，很多课程的内容过于笼统，看似涉及面广，实则浅尝辄止，对于具体细节忽视不见，导致学生在实际中遇到问题时还是束手无策。以上述问卷调研反馈举例，学生真正需要项目书等文字材料的撰写培训、仿真实战演练（如面试、答辩、路演等）、项目展示技巧讲解等，相比创新创业教育课程的目标，这些内容比较细碎，或者不包括在课程里（设计课程时忽略授课对象需求），或许课堂都有涉及但不深入，学生无法从课堂所学中找到应对实操困难的方案，导致课程实用性不强。其次，很多课程一旦形成，就容易按部就班，不能结合实践持续更新。创新创业与时代关系紧密，创新创业的方向受社会环境影响，创新创业的政策随时间而变化，创新创业的能力要求也在不断调整，如果创新创业课程一直一成不变，就很难跟得上时代脚步，所教授的内容也会渐渐脱离实际。对课程持续更新以保持实用性，要求授课教师要非常熟悉并参与到学生的创新创业实践之中，只有如此，课程才能够给予学生最需要的帮助。

二是课程内容同质化严重。前面分析过，创新创业课程要“因地制宜”“因势利导”“因材施教”，具有针对性，但要在现实中实现个性化和针对性却十分不易。首先是众口难调，面向广大学生开设具有针对性的课程，要分别针对哪些群体，如何分、怎么分都是课程设计面临的问题，如果分类过细，课程便会多而复杂，缺少实现课程任务的师资，学生也会难以选择；如果分类过宽，则必然丢失对于个性化的一些考量，导致一些课程缺乏针对性。即使找到好的分层、分类方法，在实际操作的过程中，深入挖掘高校资源和学生能力特点、调研学生不同阶段需求，这本身就是一件耗时耗力的任务，依靠单个教师和部门不可能完成，但是现实中动员高校多部门为创新创业教育课程服务又需要自上而下的统筹以及大量的协调和准备工作，很少能实现。一旦课程缺少了个性化和针对性，就会变得千篇一律，味同嚼蜡，学生无法从课程得到最相关的知识，课程的质量也会大打折扣。

三是课程系统性不强。首先是课程体系架构的系统性不足，无论是学院开课还是学校开课，创新创业教育课程还相对零散随意，不仅不同学院的课程内容存在重叠，学校和学院课程也缺乏连接，不成体系，缺乏顶层的、科学的规划与设计。其次，课程内容本身的系统性也较差，对于宏观的理论知识和具体的实践讲解缺乏有效的结合，课程内容的分布也不成体系，学生的能力无法随着课程的层层深入而循序渐进、不断提升。

### 2. 创新创业教育课程目标单一

当前，部分创新创业教育课程的目标较为单一，所考虑的授课对象也往往局限于未来创业的同学。即使课程大纲表示创业只是最高目标，也兼具培养学生的其他综合能力，但实际中，可能因为创业和求职两种需求融合施教的困难，这类课程很容易忽略其他形式就业的同学，逐渐就把课程的受众缩小到了当前阶段目标创业的同学，放弃了一部分潜在的创业同学，也放弃了大部分目标求职的同学。若创新创业教育课程体系中没有其他课程关注这部分同学需求，则这种情况带来的后果就更为严重。众所周知，大学生在大学生活中要经历很多阶段，从最开始的新奇，到迷茫，到纠结，再到坚定，需要高校通过课程、活动、交流等对其进行帮助和引导，从而逐步塑造他们的性格和理想。很多大学生在四年大学生活中对自己职业生涯的定位是在不断变化的，而后真正驱使他们做出选择的可能是恩师的一席话，一场临时的讲座或者一门课上的某些启发。很多刚开始立志创业的同学可能最后选择去企业应聘，一些刚开始无意创业的同学可能因遇到某种灵感和时机而选择创业，现实中有很多成功的例子如此。例如，聚美优品的CEO陈欧，他的大学生创业经历是在游戏领域，而且是到大四时才决定在该领域创业，凭借有限的资源做出了影响力巨大的GC游戏平台，后来将该平台出售，获得了千万元级别的收益，为后续的创业道路做了极好的铺垫。因此，创新创业教育课程不应该将自己的授课对象局限于创业的同学，而是应该针对求职的同学做相应拓展。正如本文在前面分析所示，创新创业教育课程促进就业是有一定理论依据的，但要想更好地发挥出这种促进作用，还是需要在课程设计时费一些心思，将课程内容在求职创业的共通之处做一些拓展，在原有课程基础上对求职技能做出拓展的成本是很低的，但受益面却会成倍增加。那些来参加课程的同学，如果一开始的目标是创业最后却选择求职，也能因此发现创新创业教育课程可以指导他们的求职实践，让他们在调整职业生涯规划时更有依据，在面临求职时也不至于手忙脚乱；而那些一开始只想求职或者根本不清楚自己职业规划的同学，很可能会在创新创业课程上得到能力提升和灵感启发，更有信心去创业。大学生的可能性是无限的，而创新创业教育课程的初衷应该是放大这种无限。当前创新创业教育课程很容易走入一种“直来直往”“一眼望穿”的误区，忽略了学生心理和思维成长规律，也扼杀了学生的很多可能性。在这种单一目标的指导下，课程不对求职学生做内容拓展和能力培养，放弃了其本能花费少量成本就实现的功能，对就业的促进作用受到阻碍，因此进一步降低了课程促进就业的价值。

### 3. 创新创业教育课程宣传力度不足

在大多数人的认知中，创新创业教育课程主要还是面向创业群体开设，这种观念根植于课程的管理者、设计者、讲授者和参与者心中，大多数人一般不会反对“创新创业课程促进就业”这种观点，但他们对此的认知停留在较浅的层面，即认为，创业是就业的一部分，创业成功不仅能实现就业还能拉动更多就业。这当然毋庸置疑，但往往被大众忽略的是，创新创业教育课程也能够促进求职成功。创新创业教育课程培育的能力不仅对创业有用，同时对于求职也有很大帮助，如果忽略后者，则会使创新创业课程流失掉一大部分的受益人群。造成这种认知局面的最主要原因是宣传不足，使很多人对“创新创业教育课程促进就业”理解不深，在这种情况下，管理者不会认识到课程普及的价值，因而不会将课程设置为必修课程，也并不觉得有必要采取措施扩大课程的受众面；课程设计者不会将创新创业课程体系框架与就业相关的其他课程进行打通和融合，还秉持着割裂的设计风格；课程讲授者不会将课程内容向就业的其他方面做出拓展，也不太关注求职学生的需求；课程参与者，即学生，更会将课程定性为创业者专属，因而缺少选课和参与动力。在这样的局面下，要想充分发挥创新创业教育课程对就业的促进作用几乎不可能。目前，高校对创新创业教育课程本身的宣传就很不足，这门新产生的课程与其他传统课程一样，需要静静躺在选课目录上等待学生慧眼识珠。其实，学生对创新创业课程的熟悉程度和认知水平都很低，就更不要谈对“创新创业课程促进就业”理念的科学宣传了。而最重要的是，对课程本身的宣传只面向学生就够了，对“创新创业课程促进就业”理念的宣传，要覆盖课程管理者、设计者、讲授者，前者尚且没有实现，后者的推进更是漫长。

## 第四节 针对性建议

### 1. 强化顶层设计，科学谋划课程体系建设

要想更好地发挥创新创业课程体系对就业的促进作用，应进一步强化顶层设计，科学谋划课程体系建设。创新创业教育课程是一类比较特殊的课程，既具有自己的课程内容和逻辑，又与高校其他课程密切相关。高校其他课程，如专业课程、德育课程、美育课程、求职课程等，所教授的知识都可以和创新创业课程所教授的创新创业知识一起服务于同一个目标——就业。厘清课程之间的关系是科学规划课程体系的第一步，只有清楚各门课程之间的关系，才能决定创新创业课程与其他课程是“分”是“合”。一方面，创新创业内容可以酌情嵌入高校已有的其他课程中，通过调整已有课程的大纲及内容安排，让创新创业知识顺理成章地融入其中，从而取得更加生动的授课效果；另一方面，创新创业教育课程可以独立成课，在精心的设计之下，涵盖其他课程没有的内容和知识，与其他课程明显地区别开来。也就是说，根据实际情况，“合”要合得浑然一体、不露痕迹，“分”要分得自成一体、特色鲜明。当然，创新创业能力的培养是一个循序渐进的过程，一两门独立的创新创业课程可能无法较好地达成目标，大多数高校都会开设多门相关课程。为了保证授课效果，这些课程之间需要具有系统性。高校要研究拟开的创新创业教育课程之间的重叠和冗余关系，再结合师资力量、授课资源、开课时间等因素，综合权衡各课程的必要性和科学性，判断各门创新创业课程的边界，设计出有层次、有逻辑的创新创业教育课程体系，将创新创业课程体系融合到整个学校的就业课程体系之中。此外，创新创业教育课程体系不可能游离于学生培养方案之外，高校应该在设计培养方案时统一考虑创新创业课程与其他课程的合理搭配，为创新创业教育课程体系赋予合理的学分、开课学期、授课对象等，让创新创业教育课程体系与其他专业课程体系协同发展，共同构成和完善高校的学生培养方案。

### 2. 提升课程质量，激发创新创业内生动力

“打铁还需自身硬”，要想让创新创业教育课程体系更好地促进就业，就需要先提升创新创业教育课程的质量、增强创新创业教育课程的效果。目前，创新创业教育课程质量普遍不高，存在着实用性不足、与现实脱节，系统性不足、内容松散，深入性不足、同质化严重等问题。这些问题降低了课程的吸引力，导致选课学生只是“到点打卡”、应付了事；影响了学生的参与度，在口口相传之下，若非强制，下一届学生则不愿意参与选课；最重要的是，这种质量的课程对学生的指导作用不明显，无法达到课程目标和要求。未来，需要进一步推进创新创业教育课程改革，提高创新创业教育课程质量，首先，应根据社会就业环境和学生切实需求进一步充实课程内容，这需要课程设计者和讲授者都具有丰富的理论和实践经验，能深入了解学生就业面临的形势和困难，不断更新自己的知识储备，持续保持对就业环境的敏感性，引入真正有价值的内容，与真实的就业环境接轨。其次，应悉心打磨课程内容，合理设计不同知识点的深入程度，根据学生反馈不断调整，形成“反馈—优化—反馈”的螺旋式内容优化路径。再次，应丰富课程形式，引入趣味性互动及小游戏，聘请业界讲师分享经验，增加课程灵活性等，从而牢牢抓住学生的注意力，以此取得更好的授课效果。最后，应该不断提高授课水平，这对创新创业教育的授课教师提出了更高要求，高校应该通过培训、竞赛、交流等方式促进教师授课水平的不断提高，并对此给予相应的考核和奖励，激发教师积极性，使教师能够更加有技巧、有经验地讲授创新创业课程，把课程内容的价值更好地体现出来。此外，高校还应将课程打造成精品课程、品牌课程和爆款课程，从而更好地完成课程使命，促进就业。

### 3. 加强宣传引导，多措并举扩大课程受众

创新创业教育课程不仅惠及创业人群，也能惠及求职人群，能够为学生的就业提供很大的帮助。但实际上，对高校来说，要使创新创业教育课程促进就业的效果最大化，就必须扩大课程的普及率，让更多学生参与到课程中去。但现实中，不强制必修的创新创业教育课程选课率是堪忧的，其中一个重要的原因是学生对这类课程的认识还不深入，并没有将“创新创业课程促进就业”这一理念理

解透彻。一些致力于创业的学生可能认为直接参加创新创业实践就可以了，参加课程过于耗费时间；一些有志于求职的同学可能望文生义，觉得“创新创业”与自己无关，没必要去参与这样的课程；还有一些低年级或者毕业深造的学生认为“创新创业”或“就业”离自己还很遥远，不必着急参与课程。归根结底，还是高校对创新创业教育课程的宣传不够。高校应加大对创新创业教育课程的宣传力度，一方面，要强化课程管理者、设计者和讲授者的意识，让他们牢记创新创业课程的目标和初心，定期对其发放材料，组织培训，提高该群体的能力和认知，使其在课程管理、设计和讲授时遵循规律，照顾各个学生群体的需求；同时，要督促该群体不断发掘课程亮点和价值、收集课程成功案例作为宣传材料。另一方面，要加大课程宣传、增加课程受众，在宣传时应侧重讲述创新创业课程对有志于创业、求职及深造同学的作用和价值，若课程体系内有不同课程适合以上不同群体，也应分类阐述；高校应在新生入学时，就安排专门的讲座宣传该课程，并邀请课程受益者分享经验；可以在平常组织各种相关活动，在丰富课程实践的同时宣传课程；还可以强制要求必修，使学生被动了解课程。只有让更多人参加课程，才能够让更多人了解自己未来职业生涯，让创业者和求职者，或者在其中反复纠结者，都能够从中受益，并指导他们做出正确的选择。

# 第六章

# 创新创业教育实践体系促进高质量就业

# 第一节 创新创业教育实践体系的理论探讨

实践是创新创业教育体系的重要组成部分。无论是创业还是求职，都具有较强实践性，只依靠课堂知识无法达到创新创业教育的最终目的。通过实践活动，学生可以更好地消化和吸收创新创业课程教授的知识，也可以进行创业和求职的模拟训练，能有效提高创新创业教育的效率。

## 1. 创新创业教育实践体系的特点

研究者对创新创业教育实践体系进行了深入的研究，黄兴海①认为，将创新创业教育重心从第一课堂转向第二课堂是推进高校创新创业教育成效的有效途径，并提出应该整合校内创新创业教育师资，引进其他高校及企业相关人员，构建多元化师资队伍；搭建校企合作、产学研一体化的创业产业园，建立创新创业教育实践新平台。李飞标和徐志玲提出②应该系统考虑第一课堂和第二课程的"知识互补，机制互动"，创新实践保障措施和实践奖励机制。焦烈和王尧③提出构建校内实践平台体系和校内外实践项目体系，并认为创新创业实践教学体系须以健全的创新创业教育机制为保障。张莉等④构建了基于创新创业能力培养的"五位一体"实践教学模式，即以实践教学为基础、学科竞赛为补充、实践基地为平台、项目训练为抓手、创业实践为目标。张干清等⑤构建了"主体双重、并进多线、教学做工"一体化的创新创业能力培养实践教学范式。汪发亮⑥通过教

① 黄兴海. 高校创新创业教育实践教学机制探析[J]. 黑龙江高教研究，2015(11)：122-124.

② 李飞标，徐志玲. 论创新创业教育的实践教学体系的建设[J]. 继续教育研究，2011(06)：119-121.

③ 焦烈，王尧. 我国高校创新创业教育实践教学体系的构建[J]. 辽宁教育行政学院学报，2015，32(02)：46-49.

④ 张莉，等. 基于创新创业能力培养的"五位一体"实践教学模式研究[J]. 实验技术与管理，2018，35(04)：186-188＋198.

⑤ 张干清，等. 新工科双创人才培养的实践教学范式[J]. 高教探索，2018(08)：55-60.

⑥ 汪发亮. 高职院校创新创业教育实践模式研究[J]. 湖南科技大学学报(社会科学版)，2020，23(01)：115-120.

育目标、课程内容、实践平台和激励功能 4 方面构建创新创业实践框架。

通过文献调研发现，理想的创新创业教育实践体系应具备以下几个特点：

①科学衔接创新创业教育课程体系。创新创业教育课程体系与实践体系本就相辅相成、相得益彰。创新创业教育课程重点在于“知识”，创新创业教育实践重点在于“经验”，前者是后者的基础，后者是前者的体现。如果没有事先的理论和知识积累，学生在创新创业教育实践中就会非常迷茫，创新创业教育实践的培养效果也会下降；而若在参与实践之前充分掌握相关知识和技巧，就可以用实践对照、检验所学知识，用所学知识指导实践，并在实践中学会突破和创新。创新创业教育课程应该与创新创业教育实践有效衔接，而不是相互割裂，这包含 3 个方面的含义：一是创新创业课程体系和实践体系的时间安排要合理，创新创业实践应该发生在学生上完课程不久或者快要上完课程之时，让学生可以将刚刚掌握的知识尽快运用到实践中，这样效果是最佳的。如果课程排在实践之后，或者实践发生在课程上完很久之后，则可能错失知识运用的最好时机。二是创新创业课程体系和实践体系的内容设计要相关，二者最好可以互相呼应，方能学以致用。如果课程设计和实践设计之间没有合作和交流，则容易出现上课所学内容无法用于实践的情况。三是创新创业课程体系与实践体系融合在同一体系之中，相关的资源分配和管理工作也应该统筹考虑，以保证二者和谐运转。

②有效整合多种实践资源。要想构建真正有价值的创新创业教育实践体系，需要引入大量资源并实现有效整合。学生在完成创新创业教育实践时，往往需要大量资源支持，如需要获取不同领域的专业知识，如金融、财务、电商、农业等，需要场地、设施和硬件的支持，需要行业实战和实训。这就需要学校能够整合校内不同专业的教师资源、合理利用不同部门的场地资源、设施和硬件资源等，还要挖掘其他高校的资源，引入企业资源和社会资源。当来源不同的各类资源齐备之后，学校要有能力对其做合理规划和统筹，这样才能保证创新创业教育实践的系统性、规范性和持续性。对内部资源的协调虽然烦琐，但在各部门达成共识后尚可把控，但外部资源来源复杂、变化较多，把控起来相对不易，将内外部资源统筹考虑并合理设计到实践活动中，是非常考验学校的决心和远见的。

③保持系统性。创新创业教育实践应具有系统性。创新创业教育实践活动类型多样，但这些活动之间要具有联系，从而形成创新创业教育实践体系。为了满

足不同学生的需求，创新创业教育实践活动的形式、内容、周期等都不相同，但这些活动不应该是零散和随机的，而是应该具有内在的逻辑连接。从整体框架看，这些活动应该区分层次、周期和对象人群，有规律地镶嵌在一条主线上，以实现对学生能力的递进式培养。

### 2. 创新创业教育实践体系促进高质量就业的理论依据

创新创业教育实践体系能有效促进就业，除了因为创业带动就业、创业与求职核心能力相通、创业与求职协同共生之外，还因为创新创业教育实践活动与就业过程相似、原理相通。

#### （1）过程相似

随着新产业蓬勃发展、新业态不断涌现，鼓励创业带动就业，有利于让更多有才华的年轻人闯出新天地、让创业企业抢抓新契机，有利于培育发展新动能、激发宏观经济活力。创新创业教育实践能模拟创业与求职的过程。参加创新创业大赛和创新创业项目时，学生要经历灵感产生、组队、市场调研、路演等一系列环节，要面临各种突发状况和失败，要与团队成员沟通讨论，要向外寻求专业及技术支持，要经历竞争与评价，这些过程同样会发生在真正创业之中，不同在于，真正的创业考验比这更加严峻，而且很多环节直接决定成败、不可逆。参加创新创业实践活动能够帮助学生提前熟悉流程，积累处理问题的经验，以便在真正的创业中能够提高预判、降低风险，从而提高创业成功率。而且，很多创新创业教育实践项目可以转化成学生毕业后的创业项目，相当于将创业过程向前延伸到校园，在低风险的情况下平稳度过了创业起步阶段。此外，创新创业教育实践活动中，学生既可以作为团队成员接受外界对其能力的评估，又可以作为项目负责人选人用人，相当于丰富了其求职经历与视角，也有利于提高其在求职中的表现。

#### （2）原理相通

创新创业教育实践活动与就业过程原理相通。学生在创新创业教育实践活动中，需要向外界展示自己和推荐自己，需要有效表达自己的观点，展现自己的优势和胜任力，这与就业过程方法相通。学生在创新创业教育实践活动中，需要不断发现和整合有用信息，充分利用可用资源，这与就业过程的能力相通。学生在创新创业教育实践活动中，需要面临长时间的压力和不断的失败，需要有较强的抗压能力和从失败中总结经验的态度，这与就业过程的心态相通。学生在实践活动中学会的技能和能力，可以融会贯通地使用于就业过程，使就业过程不那么陌生，从而进一步促进就业。

### 3. 创新创业教育实践体系对就业的影响

#### （1）提高创业水平

创新创业教育实践体系中的培训及相关讲座、“双创”赛事等第二课堂活动，能够为参赛学生不断丰富阅历和经验，为学生踏上创业之旅创造出彩机会；也让更多同学了解创新创业政策及相关知识。特别是近年来，为促进大学生创业，国家和各省市相继出台了诸多优惠措施，帮助创业者想法子、搭台子、扩路子，为大学生创业提供无息贷款、提供税收优惠、提供相关的创业技术培训等。例如，北京市教委每年举办“北京高校大学生优秀创业团队评选活动”，优秀团队可入驻北京高校大学生创业园，不仅可以免费使用办公场地 2 年，还可以享受政策咨询、工商注册、法律服务、投融资对接等全流程创业孵化服务。这些优惠措施为大学生的创业提供了强有力的保障，确保大学生在创业的过程中能够有技术、有资金，从而增加创业成功的概率。

#### （2）创造就业岗位

创业带动就业具有乘数效应，一个成功的创业项目往往能吸引带动大批高校毕业生就业。举例来说，中国国际“互联网＋”大学生创新创业大赛是顶尖的学生创新创业实践活动，多年来参赛项目释放了更多岗位需求，创造了全新的就业岗位。据官方数据显示，大赛举办 7 年来，有 8.5 万个企业为开展项目直接提供就业岗位 73 万个，上下游的联动间接就业 460 多万人。

#### （3）提升求职能力

高校通过创新创业教育实践体系的工作，在开展创新创业课程、设立创新创业项目培育计划、举办相关创新创业赛事的过程中，将创新创业教育融入人才培养全过程，也提升了同学们的创新精神、创业意识和创新创业能力，助力创业带动就业作为促进更加充分、更高质量就业的有力抓手。根据毕业生和用人单位的相关反馈，在校期间参加过学科竞赛、大创项目和科研训练的学生，因其实践能力和可塑性强，颇受用人单位青睐[①]。

(4) 改善求职心态

创业的道路满是荆棘，不光是头脑的风暴，更是一场意志和精神的比拼。参与创新创业课程、项目、赛事的过程中，学生受到的锻炼多、挑战多、机遇也多，成长收获也大。据调查显示，参与过双创相关活动的学生表示，在求职过程中更会脚踏实地，从实际需求出发，能够更清晰地找到职业生涯的自我定位。

## 第二节 创新创业教育实践体系促进高质量就业的现状分析

### 1. 创新创业教育实践活动的开展现状

2022 年 5 月 17 日，教育部新闻发布会上介绍了党的十八大以来我国教育发展情况。其中，我国累计开设创新创业教育课程 3 万余门、在线开放课程 1.1 万余门，聘请 17.4 万名行业优秀人才担任创新创业专兼职教师，超过 1 000 所高校的 139 万名大学生参加了“国家级大学生创新创业训练计划”。2015—2021 年累计成功举办 7 届中国国际“互联网 +”大学生创新创业大赛，共吸引五大洲 120 多个国家和地区的 603 万个团队、2 533 万名大学生参赛，大赛累计直接创造就业岗位 75 万个，间接提供就业岗位 516 万个，推动形成了新的人才培养观和新的质量观。[②]

① 张莉，等.基于创新创业能力培养的“五位一体”实践教学模式研究[J].实验技术与管理，2018，35(04)：186-188 + 198.

② 教育部召开“教育这十年”“1 + 1”系列发布会②介绍党的十八大以来我国高等教育改革发展成效[EB/OL].[2022-05-22]. http：// www. moe. gov. cn/fbh/live/2022/54453/twwd/202205/t20220517_628181.html.

### (1) 中国国际“互联网+”大学生创新创业大赛

作为顶尖的学生创新创业大赛，中国国际“互联网+”大学生创新创业大赛自2015年举办以来，得到了党中央、国务院的高度关怀与指导，举办至今已有7个年头。7年来，大赛规模与质量逐年攀升，已成为覆盖全国所有高校，面向全体大学生、影响最大的高校“双创”盛会。

2015年，为深入贯彻落实《关于深化高等学校创新创业教育改革的实施意见》（国办发〔2015〕36号）精神，全面深化高校创新创业教育改革、提升大学生创新创业能力、加快培养创新创业人才，纵深推进大众创业、万众创新，教育部联合中央统战部、中央网络安全和信息化委员会办公室、国家发展改革委、工业和信息化部、人力资源和社会保障部、农业农村部、中国科学院、中国工程院、国家知识产权局、国家乡村振兴局、共青团中央等部门，设立中国国际“互联网+”大学生创新创业大赛，旨在以赛促教，探索人才培养新途径；以赛促学，培养创新创业生力军；以赛促创，搭建产教融合新平台。

大赛将立德树人理念融入双创教育中，实现人才培养目标的定位转向为育人为本、全面发展，实现育人与发展的统一。在《关于进一步支持大学生创新创业的指导意见》（国办发〔2021〕35号）中特别提到，要办好中国国际“互联网+”大学生创新创业大赛，搭建全球性创新创业竞赛平台，深化创新创业教育国际交流合作。

从2017年第三届“互联网+”大赛开始，设立青年红色逐梦之旅赛道，鼓励大学生走出实验室，走向乡村、革命老区关注革命老区发展，积极展现青年一代的家国情怀、责任担当和创业温度。经过多年的实践探索，累计有450余万名大学生走进延安、井冈山等革命老区，参与“青年红色筑梦之旅”活动，接受思想洗礼、加强实践锻炼，将激昂的青春梦融入伟大的中国梦。同样是在2017年，第三届“互联网+”大赛设立“国际赛道”，至今已累计吸引包括哈佛大学、麻省理工学院、牛津大学、剑桥大学等著名高校组队参赛，不断搭建起全球创新创业教育宽广的交流平台。2021年，第六届“互联网+”大赛进一步回归教育本质，坚守育人育才“本色”，新设“本科生创意组”，并设置单独的晋级通道，以确保在校大学生深度参赛，让更多创新创业的“未来之星”脱颖而出；新增产业赛道，以推动赛事成果转化与产学研深度融合，助力高校的智力、技术和项目资源与经济社会发展需求紧密对接，有力深化高校与科技界、产业界、投资界合作，激发全社会创新创业创造动能。

自 2015 年首届大赛举办以来，累计 603 万个团队、2 533 万名大学生参赛，许多基于互联网的新产品、新服务、新业态、新模式，在大赛集中亮相，项目成长持续带动新经济发展，推动传统行业转型升级，有 8.5 万个企业为开展项目直接提供就业岗位 73 万个，上下游的联动间接就业 460 多万人，大赛已成为助力众多青年实现创新创业成才梦想的摇篮①。7 年来，大赛以创新引领创业、创业带动就业，推动高校人才培养范式发生深刻变革。以大赛为抓手，我国创新创业教育改革不断深化，深入促进了创新创业教育的发展，带动了高等教育理念更新、人才培养机制创新、教学管理制度革新，造就了越来越多勇于挑战、擅于创新、具备强烈创业精神的新一代青年。教育部高等教育司司长吴岩表示，回顾中国国际“互联网 +”大学生创新创业大赛 7 年来取得的成就，大赛对促进中国创新创业功不可没。目前“互联网 +”大赛已成为展示新时代高等教育教学改革成果的重要窗口，成为世界大学生实现创新创业梦想的全球盛会；中国的创新创业教育培养了大学生敢闯会创的可贵素质，为当代大学生绽放自我、展现风采、服务国家提供了新平台②。

### （2）各高校创新创业教育实践活动开展情况

习近平总书记曾强调，全社会都要重视和支持青年创新创业，让广大青年在创新创业中焕发出更加夺目的青春光彩。为适应时代潮流，各高校都采取多种措施鼓励学生积极参与创新创业活动，比如：北京理工大学与北京航空航天大学合作举办高质量的创新创业大赛——北航-北理工全球创新创业大赛，北京理工大学“世纪杯”竞赛和北京理工大学科技创新创业宣传周成为学校“双创”活动两大品牌，专设“84718”奖学金奖励创新创业的学生；北京邮电大学将创新实践纳入保研加分，为创新实践成绩优异的学生开通“绿色保研通道”；厦门大学将创新创业融入人才培养体系，实行校内专业教师与校外优秀企业管理者“双导

① 未来已来，未来我来——写在第七届中国国际“互联网 +”大学生创新创业大赛闭幕之际[EB/OL]. http://www.moe.gov.cn/jyb_xwfb/s5147/202110/t20211018_573147.html.

② 为青年筑就创新创业成才梦——“互联网 +”大学生创新创业大赛综述[EB/OL]. http://www.moe.gov.cn/jyb_xwfb/s5147/202110/t20211012_571757.html.

师”培养模式等。

(3) 中国农业大学创新创业教育实践活动现状

在学生“双创”大赛成绩中获得佳绩，既是学校“双创”教育取得的阶段性成果，也是学校科创育人工作坚持不懈、长期积累的硕果，更是学校创新创业人才培养质量的综合体现。以中国农业大学为例，学校高度重视大赛的筹备工作，把大赛作为深化创新创业教育改革的重要抓手，着力培养德才兼备的创新创业人才。近年来，学校大学生创新创业项目孵化数量不断提升、质量不断增强，创新创业氛围愈发浓厚。校级“兴农杯”创新创业大赛影响力不断扩大，校级“种·未来”创客空间项目孵化作用逐步显现。结合“互联网+”创新创业大赛等全国顶尖双创竞赛工作要求，学校领导亲自部署研究，配套竞赛专项激励和保障机制，形成就业创业办公室、校团委、研究生院、本科生院等校内部门通力协作的工作机制，发动学院积极参与，广泛挖掘科创育人项目，认真开展培训备赛。经过连续多年的筹备参与，校内师生双创积极性不断提高。在 2021 年第七届“互联网+”大赛中，学校推荐的 8 个参赛项目在全国 228 万余个报名参赛项目中脱颖而出，取得了 2 金 1 银 5 铜的优异成绩，实现学校“互联网+”大赛金奖和奖牌数量创历史新高。

## 2. 学生关于创新创业教育实践活动的认知

为了了解学校创新创业教育工作的开展情况，2020 年 12 月，中国农业大学本科生院和就业创业办公室联合开展了一项问卷调查。问卷面向全校本科生发放，共回收 753 份。填写问卷的学生来自 17 个学院，除了国际学院，其他各学院基本都被均匀覆盖到，其中，大二、大三、大四学生数量约各占 1/3。问卷询问了学生关于学校开展的创新创业实践活动的看法及收获，并收集了实践中存在的问题，从学生认知角度研究创新创业实践对就业的作用，并得出相关结论。

当问及“你对何种形式的创新创业教育更感兴趣（多选）”时，受访者的选择如图 6-1 所示：486 人选择了“科研课题训练”，436 人选择了“创业项目实践”，352 人选择了“社会调研”，排名前三的形式均为创新创业教育的实践形式，而且从总体上看，选择创新创业教育实践活动的人数远远多于选择创新创业教育课程的人数，说明学生更加偏爱和需要创新创业教育的实践活动。

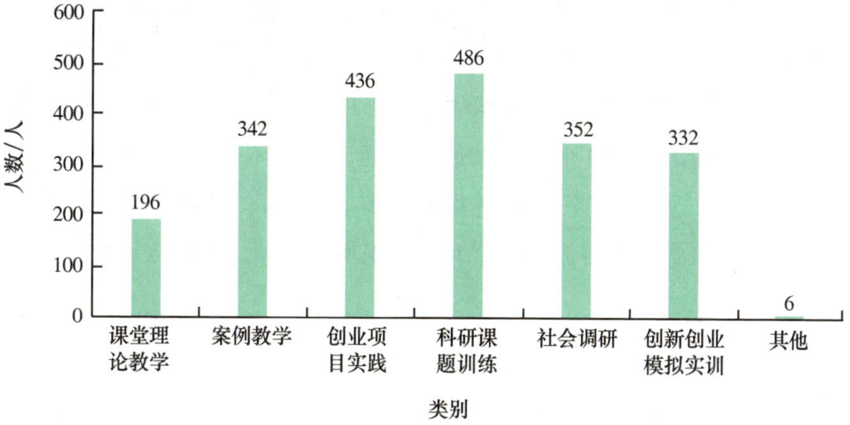


图 6-1　受访者对创新创业教育感兴趣的形式（多选）

当问及“你参加过哪类学校组织开展的创新创业教育活动（多选）”时，753名被调研者中，522名表示参加过中国农业大学本科生科研训练计划（URP），占比69.32%，307名表示参加过学科竞赛，占比40.77%，133名表示参加过北京市大学生科学研究与创业行动计划项目（北投），占比17.66%，81名表示参加过国家级大学生创新创业训练计划项目（国创），占比10.76%。参加过中国农业大学本科生科研训练计划的学生占比最多，接近七成。据中国农业大学2021年本科生毕业调查数据显示，URP的参与比例也高达81.9%，两组数据均显示参加本校URP的学生比参加北京市大学生科学研究与创业行动计划项目和国家级大学生创新创业训练计划项目的学生数量多好几倍。这体现了学校开展创新创业教育实践活动的价值和意义，很多学生可能没有机会参与市级和国家级的相应活动，但可以在普及面更广、门槛更低的学校创新创业活动中得到锻炼。一方面，学校不能忽视对此类实践活动的投入，因为学生参与学校层面的实践活动的成本更小，即使抱着试试的心态而来，也能有所收获，甚至一些人可能因此找到自己的潜力和兴趣，从而更进一步参加市级和国家级的活动，因此，让学生先接触到这些活动是很重要的。另一方面，从数据上看，学校的创新创业教育实践活动还有进步空间，普及率可以进一步提高。虽然从获得学分的角度，学生不一定非要参加URP，可以通过发表论文、专利、竞赛获奖等形式拿到创新创业学分，但从学生对实践活动更高的兴趣和实践活动可能发挥的作用来讲，应该让更多学生参与进来。

问卷设置题目让被调研者评价在上述活动中的收获，要求被调研者在“专业认同感增强”“知农爱农意识增强”“专业知识增长”“视野更开阔”“科研创新能力提升”“自主学习能力提升”“组织领导能力提升”“表达能力提升”“写作能力提升”“团队意识增强”10个方面按照四级量表“基本没有”“有一点”“有很多”“非常多”进行评价，各项的平均分如图6-2所示，“视野更开阔”得分最高，其次是“自主学习能力提升”，“专业知识增长”和“团队意识增强”，“专业认同感增强”。

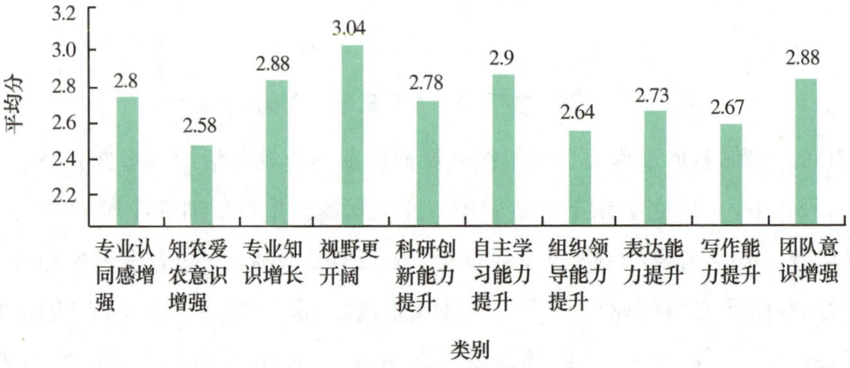


图6-2　在活动中的收获（量表平均分）

当被问及参加创新创业活动的原因时（多选），有577人选择“个人不断成长与发展”，这是占比（76.63%）最高的原因；474人选择“学校的硬性要求”，占比62.95%，为排名第二的原因；460人选择“挑战自己的能力，实现自我价值”，占比61.09%，为排名第三的原因。而“拥有强烈的创新创业兴趣”并不是排名较高的原因。从图6-3可以看到，大多数受访者都有自我提升和发展的强烈需求，需要这样的实践活动来锻炼自己，而学校的强制要求也在其中起到了不可忽视的作用，有很多参与者本身对创新创业的兴趣并不大，但是在自我成长和进步的压力以及学校的强制下还是参加了这样的活动。这说明向学生展示创新创业实践活动的价值以及在开始阶段硬性要求学生参与是推动此类实践活动普及并逐渐发挥作用的有效措施。

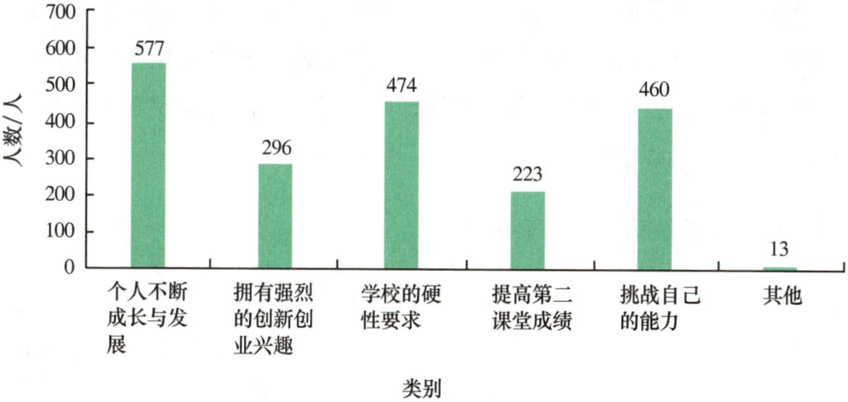


图 6-3　参加创新创业活动的原因

当问及“指导教师对你的指导帮助是否足够”时，33.73%受访者认为“非常多”，33.33%认为“比较多”，22.97%认为“一般”，6.24%认为“比较少”，3.72%认为“非常少”。可见，有 67.06%的受访者认为来自指导教师的帮助是足够的，超过半数。

当问及“影响你参加创新创业教育活动的不利因素有哪些（多选）”时，受访者的选择如图 6-4 所示，603 人认为“经验不足”是其参加创新创业教育活动的不利因素，占比 80.08%，454 人选择“专业能力不足、技术缺陷”，占比 60.29%，427 人选择“缺乏时间”，占比 56.71%。以上是占比排名前三的阻碍因素。

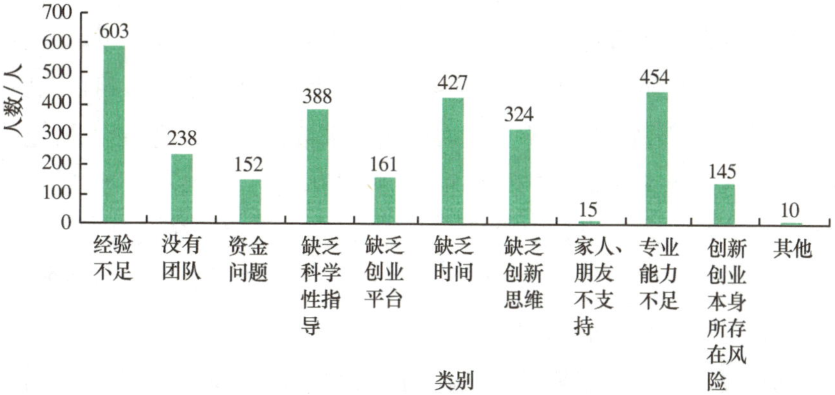


图 6-4　受访者认为参加创新创业教育活动的不利因素（多选）

问卷最后设计了开放式的题目，让学生自由反馈对于创新创业教育实践活动的问题和建议，受访者反馈较多的问题有：实践活动与其他课程的时间冲突、缺少专业知识积累、希望增加立项数、增强老师的指导、提高指导老师水平、学分认定问题、先前资料共享等。

### 3. 创新创业教育实践活动存在的问题

问卷调研反映出中国农业大学对创新创业教育实践活动的重视，学校为这些实践活动投入了很大的人力、物力和财力，也收到了一定的效果，大部分同学都能从中有所收获并对此表示基本满意，但问卷数据同样也反映出了现存的一些问题，通过分析这些问题，能给未来的工作带来一些启发。

第一，相比创新创业教育课程，创新创业教育实践活动更受欢迎，因为实践活动形式更加丰富，训练内容更加实用，因此更具吸引力。当发现这一规律时，学校应该加大对创新创业实践活动的投入和支持力度，一方面，至少要使实践活动的占比不低于创新创业教育课程，从而为想参与其中的学生提供足够的机会，提高学生的兴趣和参与度；另一方面，实践活动的形式和类型要更加多样，以满足学生不同层次的需求，给予学生足够的选择空间。当然，学生的这种认知和倾向也在一定程度上说明，当前创新创业课程还缺乏足够的吸引力，可能是课程与实践之间的衔接出现问题，未来应考虑更好地与实践活动融合。

第二，目前创新创业教育实践活动的覆盖率已经非常不错，但仍有进步空间。据中国农业大学 2021 年本科生毕业调查数据显示，认为国创对个人发展促进作用大的本科生占比高达 85.5%。从问卷结果看，参与市级和国家级项目的人数偏少，这与学生能力和项目要求的条件均有关系；参与校级项目的人数虽然接近 70%，达到了合理的普及率，但实际上这个数据还可以进一步提高。受访者在开放式题目中也多次提到了立项机会过少的问题，比如一个受访者就表示“很多项目花不了多少钱，但是缺乏立项机会，学生申请读研项目等级很重要，希望学校多给国创北创机会”。其实，进一步增加立项机会，扩大创新创业教育实践活动的覆盖率具有多方面的好处，第一，可以满足一些同学对于更高项目等级的追求和挑战，给予他们更多的培训和更强的驱动力。第二，很多学生在参与实践活动之前，可能并不了解创新创业实践活动的内容，对自己在创新创业中的潜力和兴趣也不清楚，所以，让更多学生接触创新创业实践活动是实现创新创业教育实践活动目标的第一步。扩大覆盖率的前提是学校能够科学设计创新创业实践活动的类型、层次和周期等，让每个以不同需求参与其中的学生都能有不同程度的收获。学校首先应该加大校级项目的立项机会，丰富校级项目的层次和类型，让有强烈意向的同学都能够顺利拿到项目，得到锻炼，让暂时没有兴趣、不自信、在纠结的同学也可以从较小的活动开始接触，逐渐挖掘其潜力。在校级实践活动的培养下，学生积累足够的经验，拥有了足够的知识和自信，再继续挑战市级和国家级的活动，当然也要努力在市级和国家级活动上为学生投入更多资源，争取更多名额。

第三，目前学生在创新创业实践活动中的主要收获是“视野更开阔”“自主学习能力提升”“专业知识增长”和“团队意识增强”，而“组织领导能力”“表达能力”“写作能力”等方面的收获反而排名较为靠后。这说明这些活动对学生的影响还只停留在初始的层面，学生在这些活动中接触到了之前不曾接触的内容，通过自学和团队合作完成项目，过程中学习到了新的专业知识。这更像是大多数实践项目都会自然而然带来的收获。对于创新创业教育实践活动来说，应更侧重于对学生创新创业精神和能力的培养。从问卷结果看，当前活动的个性化、对具体知识的传授、对核心能力的培养还有欠缺，这些方面的能力养成其实是一个较为系统和长期的过程，见效较慢。学校不仅仅要开展创新创业教育实践活动，更需要精心考虑和设计实践活动中的环节和内容，让学生在活动过程中不知不觉地进入一个能力培养系统，科学、进阶地锻炼学生相关方面的能力，至少也要让他们学会这种能力的训练方法。

第四，从问卷数据看，学生参加创新创业活动的最主要原因并不是“拥有强烈的创新创业兴趣”，而是因为个人成长的压力和学校的硬性要求。这个结果揭示了两个方面的问题，一方面，这说明不是所有学生都对于创新创业实践活动抱有浓厚兴趣，这种“没兴趣”可能源自学生对创新创业实践活动的理解不足，比如，认为自己不创业就不需要参与这种活动，没有意识到这些活动中培养的能力对于日后学业和就业都有好处；也可能源自学生对于自己的认识不足，在纠结和迷茫中没有看到自身在创新创业中的潜力，单纯地认为自己与此无关。在这种情况下，个人成长的压力和学校的硬性要求其实是推动学生接触创新创业实践活动的一种重要途径，当学生在参与过程中开始了解活动和自己时，就可能产生更多的兴趣。另一方面，这说明当前创新创业教育实践活动中的一些工作还没有做到位，①创新创业教育实践活动宣传不足，学生无法在参与前详细了解这些实践活动的规则、过程、内容、所能培养的能力及未来的用途等，影响了学生的参与度，在开放式题目中，也有学生反映了这个问题；②创新创业教育实践活动缺乏过程设计和趣味性，学校只关注让学生参与实践活动，缺忽视了学生在活动过程中是否能够接受系统的训练，学到实用的内容，从而达到最初的目标。这类实践活动的目标并不只是让学生参与，学生参与活动后，培养活动才正式开始。如果实践活动的过程枯燥无味，趋于表面，则确实无法引起学生兴趣。

第五，创新创业教育实践活动中教师指导还可进一步加强。当问及“指导教师对你的指导帮助是否足够”时，有超过半数的受访者认为来自指导教师的帮助是很多的，但当问及“影响你参加创新创业教育活动的不利因素有哪些（多选）”时，“经验不足”和“专业能力不足、技术缺陷”又成为排名较为靠前的因素。在最后的开放式题目中，较多学生表示需要老师的支持与指导，综合来看，目前学生在创新创业教育实践活动中得到的指导还是有限的，需要进一步加强。学校应该为学生提供专业的教师指导，指导教师应当既有丰富的经验和专业的知识，又具备超强的责任心和爱心，能对参与实践活动的学生付出足够的时间。

第六，学生的时间保障有待继续加强。当问及“影响你参加创新创业教育活动的不利因素有哪些（多选）”时，排名第三的因素是“缺乏时间”；在开放式题目中，很多同学提到了创新创业实践教育活动耗费时间的问题，有学生反映，创新创业教育实践活动作为一种必选项目，希望学校能给学生留出时间；还有学生反映，在课业压力之下参与实践的学生花大量时间“泡”在实验室，但有时候并没有与付出相等的收获。学校应该科学考证并设计这些实践活动，为同学们参与活动做好保障和协调，让同学们在合理的时间付出中得到加倍的收获。

## 第三节 中国农业大学创新创业教育实践案例

“学以致用，知行合一”，在大众创业万众创新的时代背景下，身为当代大学生应当具备创新创业的勇气和魄力，用自己的所学所研服务社会，造福人民。2020年以来，受疫情等因素影响，高校毕业生就业创业形势严峻复杂。一些青年人对创业的满腔热情没有因疫情而消退。其中，有这么一批农大学子，勇于创新，敢于创业，努力践行创新发展理念，他们瞄准国家战略需要，在国家鼓励政策以及各地高校大学生创业孵化体系的支持下，在各自擅长的领域中萌发、成长，不断寻找新的机遇，用实际行动引领校园创业新风尚。

**【案例一】 中国农业大学2019届博士毕业生丁同学**

丁同学，女，汉族，中共党员，中国农业大学理学院农药学2019届博士毕业生，现任益地农业有限公司董事长、江西省瑞金市政协委员。

2019年，丁同学在学校指导下取得了第五届中国国际“互联网+”大学生创新创业大赛的全国银奖。毕业后，她担任益地国际农业（北京）有限公司董事长，开始创业之旅。秉承中国农业大学“解民生之多艰，育天下之英才”的校训，她带领公司团队深入江西革命老区，运用所学专业技能，结合农业发展实际需求，不断深入开展植物营养和植物保护及绿色种植技术探索研究，转化推广应用多项科研成果，受到了广大用户的认可和好评。2020年，为扩大生产规模，她积极联络相关资金，累计社会投资8 000万元，在江西省瑞金市建成江西益地生物科技有限公司，落地“益地‘产+研+服’生态农业产业基地”，引入“高效低耗能发酵型动物源氨基酸生物肥料生产技术”，并作为合作单位参与瑞金市无废城市试点项目，为促进革命老区农业增效、农民增收、农村增绿积极贡献力量，助力红色故都乡村振兴。丁同学个人也先后荣获中国农化行业木兰奖，江西省“千人计划”专家人才、“苏区之光”科技人才等称号；她带领公司荣获国家高新技术企业、江西省绿色技术创新企业、赣州市生物刺激剂技术创新中心、中国农业技术推广协会农业绿色种植与土壤改良分会副会长单位。

2022 年，她作为毕业生代表在北京高校毕业生就业创业先进典型百场系列宣讲活动启动仪式上发言。她表示，自己深知只有在田间地头，才能高效解决农民的问题，帮助他们脱贫致富。作为一名党员，自己的选择是到祖国最需要的地方去，到瑞金革命老区去，把新的模式与技术复制到更多区域，服务更多农民。作为一名农大人，将继续秉承中国农大“解民生之多艰，育天下之英才”的校训，扎根红色大地，传承红色基因。她也勉励更多学弟学妹加入到服务基层的行列中，不忘“三农”初心，为乡村振兴贡献一分力量。

**【案例二】　中国农业大学 2021 届博士毕业生王同学**

王同学，男，汉族，中共党员，中国农业大学草业科学与技术学院草学专业 2018 级博士研究生。

大学本科期间，王同学选择了草业科学。随着学习的深入，王同学越来越觉得这个专业有价值、有意义。2015 年中央一号文件提出深入推进农业结构调整，支持青贮饲草料种植等内容，让他感到十分振奋。本科毕业后，他报考了中国农业大学，攻读硕士、博士学位，在导师的指导下，开展构树、饲料桑、辣木等新型饲草料青贮发酵理论研究，并参与优质饲草料产品、高效青贮发酵剂开发利用技术攻关。

在攻读博士学位期间，他以第一作者发表科技论文 6 篇，其中 SCI 论文 2 篇；主导 2 项专利（第二发明人）设计与申请；获三好学生、博士一等及二等学业奖学金、创新创业奖学金等荣誉奖励；参与《构树青贮技术规程》

《构树青贮质量分级》等10项标准编制工作；主持中国农业大学“种·未来”师生共创优秀创业项目孵育计划、中国农业大学研究生自主创新研究基金等项目；参与“十三五”重点研发计划项目——优质饲草供给及草畜种养循环关键技术研发、现代农业产业技术体系建设项目——燕麦荞麦-饲草及副产物综合利用、农业技术试验示范与服务支持项目、构树饲用指南标准制定等项目。

2020年5月，王同学与同课题组硕士生徐同学在导师及业内专家的支持下牵头组建“中青益草”学生创新创业团队，推动所在课题组科技成果转化落地。项目核心成员由中国农业大学饲草加工团队硕、博士组成，博士学历占比75%，团队成员60%以上具有海外研究交流经验。他们在北京高校大学生创业园（理工园）、中国农业大学就业创业办公室、草业科学与技术学院创新创业中心以及中农大国家大学科技园的指导与孵化下，以青贮微生物发酵剂研发销售为切入点进入饲草产业，同时提供青贮全产业链菜单式标准化生产技术服务。他多次带领团队前往贵州省黔南布依族苗族自治州、西藏自治区昌都市等地指导构树绿色种养循环技术，“益青”系列菌剂创制投产后首个生产季便在十余个省市自治区推广应用。2020年北京地区高校大学生优秀创业团队评选一等奖、第一届全国博士后创新创业大赛全国总决赛优胜奖、第六届中国国际“互联网+”大学生创新创业大赛北京赛区二等奖等荣誉，不仅让他对饲草产业青贮加工的事业更有信心，也让他真正走到了以创新创业促进科研成果转化的路上①。

毕业后，王同学选择成为一名博士后，继续他的研究工作。提到未来，他充满期待，“目前，我国虽然拥有规模庞大、结构多元的饲草料供给体系，但4亿多头草食动物对饲料粮的过度依赖仍然困扰着畜牧业的长足发展。我坚信在深度挖掘与高效利用饲草料资源等领域仍然有许多亟待解决的问题，这个领域天地广阔、大有可为。我们希望能为我国草食畜牧业高质量发展做

① 瞭望新闻周刊. 小团队起舞大时代[EB/OL].[2022-05-22]. https://h.xinhuaxmt.com/vh512/share/10783967?channel=weixin.

出一点自己的贡献。”王同学说，“正如我们的口号那样——中国青年，为中国草。希望有更多优秀的青年力量同我们一道，接过草业创新发展的接力棒、肩负起科技兴农的使命担当，在服务乡村振兴的道路上脚踏实地、笃行致远。我希望在这条路上继续走下去，与更多青年朋友一道为农业农村发展贡献自己的力量”。

**【案例三】　中国农业大学2020级博士生于同学**

于同学，男，汉族，中共党员，中国农业大学农学院作物化控研究中心2020级博士研究生，研究方向为棉花化学控制技术、原理与应用。曾任中国农业大学农学院研究生会办公室主任、作物化控研究中心第二团支部书记。

“静心”农业科研，贡献惠农成果。身为一名农科学子，于同学自入学以来始终将“解民生之多艰”作为自己的理想信念，并深刻地认识到要实现农业现代化必须用科技手段给农业插上腾飞的翅膀。硕博期间他参与完成“棉花全程机械化轻简栽培关键化控技术体系”的创建，解决了我国棉花生产全程机械化“最后一公里”瓶颈难题，大幅度减少了棉花生产中的人力投入，提高了植棉效益，改善了棉花品质。目前，于同学已参与发表中英文学术论文6篇，作为主要起草人（名列第3）制定棉花生产省级技术标准1项。在校期间，先后获得国家励志奖学金、中国农业大学“五四青年标兵”、学校一等学业奖学金、创新创业一等奖学金、三好学生、优秀实践个人等20余项荣誉，在农业科研领域他一直奋力前行。

“躬身”实践服务，助力乡村振兴。于同学不仅重视学业科研，更多次投身实践，硕士入学以来，他坚持采取边科研、边调研、边推广、边服务等多种方式，辗转全国15个县、市，推广农业技术。常常迷彩服配胶鞋，走在田间地头第一线，把田野当课堂，把论文写在祖国的大土地上。目前，他已走遍全国三大棉区，尤其是入学以来坚持投身西北新疆，“五一去、十一忙、年底回”已经成为他的常态，每年在新疆服务近6个月，足迹遍布南北疆十余地，在阿克苏、库尔勒、轮台、石河子、沙湾、沙雅等地棉田都留下他的身影，从初识棉花到成为田间地头的“土专家”，他用行动践行着自己“强棉兴农，强棉报国”的理想。为了使更多棉农受益，他还采取以点带面的方式扩大服务范围，4年间协助举办了二十余场棉花轻简化栽培技术培训会和现场观摩会，邀请了大批棉农现场观摩，实地指导，把最新的棉花种植技术传递到棉农手中。优秀的助农事迹及科技服务成果也被湖南卫视《天天向上》节目、中国气象网、《中国气象报》和中国农业大学官网等平台相继报道。

“投身”创新创业，勇于开拓进取。在学习与实践之外，于同学也力求将自己的科研成果进行产业化，以服务更多棉农，推动我国棉花产业高质量发展。在导师及其他老师的支持下，他组建了“中农化控”创新创业团队，开始了他们艰难而珍贵的创新创业之路。从2021年开始，他带领团队参加了全国及北京市多个创新创业大赛，取得了优异成绩。回忆7个多月的备赛过程，他度过了数十个挑灯夜战的不眠夜，修改路演PPT和计划书80多版，在此期间甚至两次想要放弃，终于功夫不负有心人，在学校和学院的支持、老师的鼓励以及队友的帮助下，历经各种困难，他作为负责人带领“化繁为简——中国新型植棉方式引领者”团队斩获第七届中国国际“互联网＋”大学生创新创业大赛全国总决赛金奖（所在小组第1）、第七届中国国际“互联网＋”大学生创新创业大赛北京赛区总决赛金奖（所在小组第1）、北京地区高校大学生优秀创业团队一等奖等荣誉称号。

“学农、知农、爱农、为农”，他为助农梦想挥洒辛勤汗水，他把无悔青春奉献乡村振兴，他将个人成长融入国家发展，他将人生论文写在祖国大地上，踔厉奋斗，笃行不怠！

**【案例四】　中国农业大学2020级博士生赵同学**

赵同学，女，汉族，中共党员，中国农业大学动物医学院博士研究生。作为“中农优苗——创新型动物疫苗引领者”项目负责人，获得2021年第七届中国国际“互联网+”创新创业大赛国赛金奖。

“中农优苗”创业团队聚焦国家产业需求，针对养禽生产中危害最严重的鸡新城疫（ND）和传染性支气管炎（IB）两种传染病开展研究和新型疫苗创制等工作。团队历时6年，研发得到“新支”二联三价弱毒活疫苗，可有效预防ND和IB。该产品对目前流行的新城疫病毒和多个基因型的传染性支气管炎病毒（QX型、Mass型、TW-I型）均具有良好的免疫保护效果（保护率在90%以上），且产品安全性高（可用于1日龄雏鸡免疫），生产成本低（毒株繁殖性能好，产量高），具有较好的产业化应用前景。

回顾近一年来的备赛过程，她表示，“感谢中国国际“互联网+”大学生创新创业大赛给了我们一个盛大的舞台，从参加比赛到现在，见到了非常多的投资人导师和青年创业者。备赛的过程中，我们学会了创业原来需要‘寻人、寻钱、寻方向’，我也更为清晰地明白了什么是商业模式、盈利模式等专业术语，更为全面地了解了国家科技成果转化方面的各种政策和便利条件，深深感受到了国家在科技创新和大众创业上的决心，更感受到了社会各界对中国农业发展的殷切期待。特别感谢学校的培养、指导老师的悉心教导，未来会继续努力，坚持科技兴农、科技强农，勇立潮头。”

## 小结

上述4个案例的主人公都很优秀，但却不雷同，他们各具特色：来自不同专业、聚焦不同领域、书写着不同的人生，也奔向了不同的远方。但他们身上却又散发着相同的光芒和气质，具有一些共同的特点。

### （1）创新创业教育使他们具有强烈的知农爱农意识

身为中国农业大学的学子，丁同学、王同学、于同学、赵同学具有强烈的知农爱农意识，他们有情怀、有理想，以强农兴农为己任，心系乡村发展。他们努力学习本专业知识，频繁奔波在田间地头，将所学知识运用到实践中，将论文写在祖国大地上，成为乡村振兴路上的急先锋。4位主人公都践行着“解民生之多艰”的校训，将个人理想融入时代主题。正是这样强烈的知农爱农意识，促使他们不畏艰难，一往无前，逐梦前行。

(2) 创新创业教育使他们有丰富的实践活动经验

从案例中我们很容易发现，4位主人公都具有丰富的实践活动经验，在丰富的创新创业实践活动中，他们开阔了视野、增长了见识、积攒了经验、锻炼了能力，为其创新创业的成功铸就了坚实的基础。正如赵同学所言，“中国国际‘互联网+’大学生创新创业大赛给了我们一个盛大的舞台，从参加比赛到现在，见到了非常多的投资人导师和青年创业者。备赛的过程中，我们学会了创业原来需要‘寻人、寻钱、寻方向’，我也更为清晰地明白了什么是商业模式、盈利模式等专业术语，更为全面地了解了国家科技成果转化方面的各种政策和便利条件……”在一次一次或大或小的实践活动中，他们不断地磨砺意志，变得成长和成熟，变得更有力量。

(3) 创新创业教育让他们具有不懈努力和追求的品质

优秀是一种习惯，4位主人公都取得了非常耀眼的成绩，而且在每一次成功之后，都没有止步不前，而是在此基础上继续挑战、追求更好、更上一层楼。丁同学在大赛得奖后开启创业之旅，转化推广应用多项科研成果，进一步扩大生产规模；王同学的科研之路还在继续，论文、专利、标准、各类大赛的成果都成为他继续追梦的基石；于同学走过的田间地头记录着他的汗水，科研实践两不误，互相促进；赵同学的创新创业成果正在尝试实现产业化应用。他们不怕苦，能吃苦，在最好的年华选择奋斗，做奋进者、开拓者、奉献者。创新创业人才必须具有这样的钻研精神和拼搏精神，才能克服一个又一个困难，才能实现一个又一个突破。

# 第四节　创新创业教育实践促进高质量就业的学生访谈

为了更深入地探究创新创业教育实践对就业的作用，我们访谈了4位具有丰富创新创业教育实践经验的学生，这4位学生均来自中国农业大学，每个人都参加过多种创新创业教育实践活动，如中国国际“互联网+”大学生创新创业大赛、全国博士后创新创业大赛、全国大学生生命科学竞赛、杭州市农创客大赛、中国农业大学“兴农杯”创新创业大赛等国家级、市级和校级活动，并多次在这些活动中获奖。受访者详细谈论了参加创新创业教育实践活动的收获，并举例说明了这些实践活动对就业的帮助。4位受访者都高度肯定了创新创业教育实践活动对于就业的促进作用，他们认为，这些活动增加了他们用于就业的知识储备，培养了就业所需的能力，为他们搭建了就业平台，还为他们打造了亮眼的简历，促进他们高质量就业。

### 1. 创新创业教育增加就业知识储备

创新创业教育实践活动的顺利完成离不开参与者丰富的专业知识，参与者在这个过程中用知识解决各种各样的问题，但解决问题所需的知识却不只局限于他们各自的专业领域。很多时候，参与者需要参阅大量资料、请教相关专家来掌握这些过去未曾接触过的知识，通过边学边做，积累大量新的知识。一位受访者表示，“由于我是一名工科生，对于商业的东西知之甚少……，在参加这些创新创业类的实践活动中，我对前沿科技的发展以及商业的知识有了深刻的认识。”学生能够在创新创业教育实践中学到新的知识，如管理学、财务、金融、会计、人力资源、法律、供应链、电商等领域的知识，这些知识无论是对于创业还是求职，都有巨大的好处，对于进行创业的学生，这些知识能够帮助其运转起整个项目，推动创业成功；对于进行求职的学生，这些知识能让他们更加了解企业，了解各个部门的职责，从而有更开阔的思路和更加深刻的见解，增加其应聘成功的概率。

### 2. 创新创业教育培养就业所需能力

创新创业教育实践活动能够很好地锻炼参与者的各项能力，这包括团队协作能力、处理问题的能力、演讲与表达能力、文书写作能力、抗压能力等。创新创业教育实践对于团队协作能力的锻炼在之前的问卷中也有所体现，这些实践项目往往由多个小组成员共同完成，小组成员的性格、专业、特长等都不相同，看待问题的角度和处理事情的方法也不同，在项目进行中，小组成员需要不断磨合，学会有效沟通、合理分工、不断推进项目发展。正如一位受访者所言“独木难成林，一个好的项目，需要众人拾柴，团队协作中我的组织能力得到了锻炼，合理的分工以及项目管理，会让工作事半功倍，并且互相激励，帮助学习也会增加信心。”这种能力既是创业团队必须拥有的，也是招聘单位非常看重的。创新创业教育实践项目能够模拟真实的创业过程，学生在完成任务的过程中，要面对不断出现的问题和困难，在应对中逐渐学会处理问题的能力。一位受访者表示，“实际问题使得初期进展缓慢、困难重重。加之产品投产不及时错过初期生产季、运营管理与专业技术人员结构失调等内因，前几个月的路走得格外不顺。我们团队成员及时汇总问题咨询学校、园区创业导师，协调代工渠道、扩宽宣传途径、改进客户教育方案，组织团队骨干参加一系列管理技术学习、招募饲草领域资深经理人开拓市场资源。同时按照客户特征与规模差异，及时调整推广策略，开展买赠折扣、意向订单试用、附赠技术培训等活动，市场反馈渐渐好转，公司初创的下半年逐步实现盈利。”处理问题的能力是创业和求职中必备的基本能力之一，这种能力只有经过实践才能得到更好的锻炼。此外，创新创业实践项目中需要学生进行大量的演讲和文书材料展示，学生在这个过程中要不断锻炼自己的口才、斟酌项目书中的写作逻辑和措辞、高效使用各类办公软件等，这些能力也是就业所必须的能力。创新创业教育实践还考验学生的抗压能力，学生要在繁重的课业任务中推进实践项目，要应对不断出现的问题，要承受失败和挫折，有效锻炼了抗压能力，上文提到过，无论是创业还是求职，具有这样的能力都很关键，拥有良好的抗压能力能够让学生身心健康，最终迈向成功。

### 3. 创新创业教育搭建就业平台

创新创业教育实践活动为大学生创业搭建了一个好的平台，从时间上看，创新创业教育实践活动可以让学生提前接触创新创业过程，给予学生一个缓冲期积攒经验，提升能力，为其延长了创业准备时间；从风险上看，创新创业实践活动让学生在投入更小的情况下验证项目的可行性，并由指导教师和专家评委帮助其判断和优化，降低了创业失败的风险；从资源上看，创新创业实践活动为好的实践项目提供了资源和人脉，有利于其吸引投资及成果转化。受访者表示，“通过创新创业实践活动，尤其是亲身走到产业中来、了解到产业上下游的痛点、关注点，使我们更能找到科学探索的发力点，更能找到提升产业技术水平的突破点”“参赛过程也为我们认识行业提供了平台，晓得了竞争激烈，明确了在激烈的竞争中想要领先需要付出的努力”。

### 4. 创新创业教育打造亮眼简历

创新创业教育实践活动具有的价值已经被越来越多人所认可，无论是创业路上的投资人，还是求职路上的面试官，都很看重学生在创新创业教育活动中的经历。如果学生具有丰富的创新创业实践经验，甚至还得到了非常不错的成绩，那将在竞争中占据极大的优势。积极参与创新创业教育实践活动代表着活力、竞争力、经验、动手能力、团队协作能力、写作能力、解决问题的能力等，能够让学生的简历变得丰富多彩，能够让投资方和用人方青睐有加，增强了学生在就业市场上的竞争力。

## 第五节　创新创业教育实践体系促进高质量就业存在的问题与不足

### 1. 创新创业教育实践活动参与率有待提高

创新创业教育实践活动能够有效促进就业，这些实践活动的普及率越高，则对就业就越为有利。但研究发现，目前，创新创业教育实践活动的参与率并不是很高，一方面体现在具有吸引力的项目立项机会少，大部分学生没有机会参加这样的项目；另一方面体现在学生对于必修的创新创业实践活动参与度不高，这可能是实践活动质量不高、管理欠缺、学生课业压力等因素造成的，学生虽然不得不参加这些项目，但在其中并没有真正学到应有的知识。如何增加高质量项目的立项机会，增加替代项目的数量，平衡“爆款项目抢不到”和“必修项目不想做”之间的矛盾，增强必修项目的质量，是需要思考的问题。

### 2. 创新创业教育实践活动质量有待增强

创新创业教育实践活动提高就业水平的前提是创新创业教育实践具有较高的质量，能够达到预期的培养目标。而实际情况是，当前创新创业教育实践活动的质量有待提高，一是创新创业教育实践活动理论性过强，项目培育孵化单位与市场需求衔接不够紧密；二是创新创业教育实践活动对具体知识的传授、对核心能力的培养还有欠缺，无法满足学生需求；三是创新创业教育实践活动中“创新”与“创业”之间的衔接不足。这些问题降低了实践活动的吸引力和有效性，急需得到解决。

### 3. 创新创业教育实践活动时间保障不足

很多学生反映从事创新创业教育实践活动的时间得不到保障。创新创业教育实践活动往往周期都比较长，对学生的成果要求也比较高，需要学生投入大量时间。但学生课业也比较繁重，专业学习与参加创新创业实践活动之间经常存在时间冲突，使很多学生不得不多次请假参加培训和答辩。这种情况一方面会使一些看重专业课程学习的学生放弃实践；另一方面会增大参与实践项目的学生的课业和心理压力，不利于创新创业教育实践活动的长期可持续发展。

## 第六节　针对性建议

### 1. 与创新创业教育课程有效融合

创新创业教育课程与创新创业教育实践本就密不可分、相辅相成，但在现实中因为各种各样的问题，二者未实现有效衔接。教授课程和辅导实践的教师可能并不知道彼此的内容和进度，参加创新创业教育实践的学生或者感觉专业知识缺乏、行业背景模糊、项目书撰写及其他技巧生疏，所需的知识全部没有学过；或者感觉实践项目理论性过强，给予实践的时间和空间还不足。为有效避免上述问题发生，高校应该将创新创业教育课程与创新创业教育实践进行有效融合，打通二者之间的壁垒，在时间安排、内容设计、相互融合方面找到平衡，让创新创业教育课程教授创新创业教育实践所需的理论知识和技能，让创新创业教育实践能应用创新创业教育课程所包含的内容，二者强强联合，使学生边学边做，提高实践效率和水平，从而更好地促进就业。

### 2. 提高创新创业教育实践的质量

要想实现对就业的促进作用，还需不断提升创新创业教育实践的质量。通过分析和调研发现，创新创业教育实践活动还存在许多问题，高校首先要加强对创新创业教育实践活动的设计和论证，增强内容的实用性，使实践活动能够在循序渐进中培养学生的各项能力；其次要强化过程管理，在实践活动的重要节点引入监督机制，规范实践活动中各方的行为，使实践活动不流于形式。尤其是要进一步增强校级实践活动的质量，很多学生可能没有机会参与市级和国家级的相应活动，但可以在普及面更广、门槛更低的学校创新创业活动中得到锻炼，从而提升就业能力。此外，创新创业教育实践要紧密联系行业，为学生搭建广阔平台、争取优质资源，从而促进成果转化和项目孵化，推动创业、拉动就业。高校应充分挖掘自己的优势资源，如校友会，加强与企业合作，依托产业链上下游资源孵育创新创业项目或为成熟项目提供产业资源，做到平台内技术供需自给。

### 3. 开展更多创新创业教育实践活动

目前，创新创业教育实践活动的种类和数量都有待增加，高校应该根据学生需求开展更多有价值的创新创业教育活动。首先，高校应该丰富创新创业教育实践活动的种类和形式，除了创业项目竞赛，高校还应设计一些新的实践活动培养学生的创新创业能力，如沙盘游戏等，以此吸引学生的注意力，全方位开发学生的各项潜能，形成层次丰富的创新创业教育实践体系，为不同需求和基础的学生提供不同的实践活动。其次，高校应该增加爆款项目的参与机会，至少增加可替代项目，使有意向的学生都能以不同形式接受项目的锻炼。

### 4. 为创新创业教育实践活动提供时间保障

学生的专业学习与参加创新创业实践活动之间经常存在时间冲突，影响学生对创新创业教育实践活动的参与意愿和参与体验。高校应该高度重视并着力解决这一问题。不要让创新创业教育实践活动游离于高校培养体系之外，应在培养方案上体现出这种重视，无论是从学分设置、空间分配还是课时要求等方面入手都可以，目的是能够为学生提供足够的至少是一部分时间和空间从事创新创业教育实践活动，而不是一味地挤压学生的生活时间。

# 第七章

# 创新创业教育服务体系
# 促进高质量就业

党的十七大提出“提高自主创新能力，建设创新型国家”和“促进以创业带动就业”的发展战略。大学生作为最具创新、创业潜力的群体之一，是建设创新型国家的人才基石。2010 年 5 月，教育部在《关于大力推进高等院校创新创业教育和大学生自主创业工作的意见》[①] 中，明确指出在高等学校开展创新创业教育，积极鼓励高校学生自主创业，是教育系统深入实践科学发展观，服务于创新型国家建设的重大战略举措，同时也是深化高等教育改革，培养学生创新能力和实践能力的重要途径，对落实以创业带动就业，促进高校毕业生充分就业起到积极的促进作用。《意见》不仅强调高等院校需要大力推进创新创业教育工作，加强创业基地建设，打造全方位创业支撑平台，更强调需要进一步落实和完善大学生自主创业扶持政策，加强创业指导和服务工作。2015 年 5 月，国务院办公厅印发了《关于深化高等院校创新创业教育改革的实施意见》[②]，指出高等院校要持续开展创新创业教育，培养学生的创新意识，强化学生的实践能力，更明确要求各高校要建立健全学生创业指导服务专门机构，对自主创业学生实行持续帮扶、全程指导、一站式服务。借助国家政策和资源的倾斜，高等院校学生就业指导中心、学生创新创业孵化基地如雨后春笋般纷纷涌现，高等院校的创新创业教育服务有了长足发展。在李克强总理“大众创业、万众创新”思想的进一步号召下，高校创新创业工作总体取得了显著的成绩。为积极响应国家创新创业发展要求，持续推进创新创业工作，众多高等院校整合校内和社会资源，提供创新创业政策咨询服务，积极开展创新创业培训指导活动，强化学生实践能力，并为大学生自主创业提供必要的资金扶持和技术指导。为社会培养和运送高级人才之路任重道远，不管对于解决困扰经济发展的就业问题，还是维护社会稳定长远发展而言，高等院校创新创业教育服务都是至关重要、不可或缺的。

然而，目前我国大学生创业现状仍不容乐观，参加创新创业实践人数较少、创业成功率较低，创业的层次领域不高等问题依然突出。造成上述问题的因素有很多，但高校提供的创新创业服务尚未完善是重要原因之一。相关报告表明，大

① 教育部. 教育部关于大力推进高等学校创新创业教育和大学生自主创业工作的意见[EB/OL],http://www.jyb.cn/zyk/jyzcfg/201005/t20100514_54704.html [2020-05-20].

② 国务院. 国务院办公厅关于深化高等学校创新创业教育改革的实施意见[EB/OL],http://www.moe.gov.cn/jyb_xxgk/moe_1777/moe_1778/201505/t20150514_188069.html[2020-05-20].

学生对于高校提供的创新创业服务满意度依然不高，创新创业教育服务内容的精准度、服务方式的多样化等仍有待进一步提升。2021 年 4 月 24 日，中国人民大学发布《中国大学生创业报告 2021》[①]，通过大样本的数据调查发现，相较于往年数据，中国大学生的创业意愿持续攀升，2020 年在校大学生表现出创业意愿的比重为历年新高。大学生的创业意愿除受到个体家庭因素的影响外，政府和社会对创业的支持、高校的创业理论教育和实践活动均对在校大学生的创业意愿、创业动机及创业企业绩效有显著的积极影响。大学生对包括创业培训指导、创业信息咨询等高等院校创业者创业服务支持评价也呈现出上升趋势。然而，仍有相当一部分高等院校创业者反映创业信息获取渠道单一、创业技能培训安排不当，这也在一定程度上表明一些高等院校创业服务支持供给不足。高等院校创新创业服务体系建设作为一项复杂的工作，涉及政策咨询服务建设、创业培训指导服务建设、信息基础服务建设等诸多要素，需要高等院校自上而下进行顶层设计，积极筹划，深入研讨现阶段创新创业服务工作存在的问题和不足，辅以机构内各职能部门工作范围内的通力合作，才能确保创新创业服务工作的顺利开展。

## 第一节　创新创业教育服务体系的理论探讨

理论是指导实践工作的基础，对创新创业教育服务体系开展理论研究是高等院校开展创新创业实践活动的基础，也是对创新创业服务工作开展顶层设计的必要前提。首先，需要厘清创新创业教育服务体系的概念。我国学者目前对大学生创新创业的研究大多集中于创业层面，而对创新型创业的挖掘不够深入，没有厘清创新创业与一般的传统型创业之间的区别，因此需要明晰创新创业教育服务体系的概念。其次，归纳创新创业教育服务体系的特点在创新创业教育服务体系特点的理论研究中引入生态系统概念，拓宽了高校创新创业教育服务体系的研究视

① 中国传媒大学创新创业教育中心. 中国大学生创业报告 2021[EB/OL]. https://www.163.com/dy/article/H3OU5IFS05118RLD.html[2020-05-20].

野，在梳理已有研究成果的基础上对国内高校创新创业教育服务体系的特点进行归纳总结，以进一步深化高校创新创业教育服务体系的理论研究，为高校更高质量地开展创新创业教育、服务大学生创新创业提供一定程度上的理论支撑。最后，阐述创新创业教育服务体系的内容结构，为构建以培养具备创新创业精神、创新创业素质和创新创业能力的高校“创新型人才”为目标的全程融通的高校创新创业教育服务体系提供理论参考。

### 1. 创新创业教育服务体系的定义

通过对国内相关文献进行梳理与考察，笔者发现，我国大部分学者主要是从以下几种角度对大学生创新创业服务体系进行研究。第一种是主体论，学者们将高校创新创业服务的责任主体划分为政府、高校、企业等进行研究。学者姚浩伟①等从高校、地方政府、教师、学生 4 个责任主体出发，将四者结合探索建立切实可行的大学生创新创业服务体系，通过政校合作建设创客空间，专业教师指导大学生创业实践等措施结合提出构建高校、政府、教师和学生“四位一体”的创新创业服务体系。学者张维延②提出创新创业教育服务体系应以综合能力锻造为核心，构建起高校主导、多主体共同参与的格局，以实现激发创业兴趣、树立创业意识、培养创业精神、提高创业能力、培养创业人才的协同性、创造性的教育目标。第二种是系统论，学者们将创新创业服务体系视为一个由各种子系统构成的大的系统。学者刘振海③在创新创业生态服务概念基础上提出了高校创新创业生态服务链需要从资源配置、平台拓展、完善投融资体系和变革创新创业服务组织运行模式 4 个方面着手构建。学者朱丽④认为，创业教育支持体系，是一项系统工程，是由创业环境系统、创业服务系统、创业教育系统和创业平台系统等组成的有机整体，为大学生提供良好的舆论导向、完善的创业服务和全面的创业

① 姚浩伟，等. 高校、地方、教师和学生“四位一体”大学生创新创业服务体系研究和实践[J]. 南方论刊，2018(02)：91-92.

② 张维延. 创业教育服务体系建构探索——以苏州大学为例[J]. 亚太教育，2015(35)：81-82.

③ 刘振海，等. 高校创新创业生态服务链的建构研究[J]. 江苏高教，2018(08)：88-91.

④ 朱丽. 新常态背景下大学生创业教育支持体系构建研究[J]. 高教探索，2016(06)：117-120.

教育，实现为大学生创业提供保障与支撑的目的。学者赵俊凤[①]等认为创新创业支持服务体系应当是一种开放的、全社会参与的支持服务体系，是一个系统工程，在构建创新创业“开放式”支持服务体系方面，需要充分发挥政府、高校、企业、科研院所和国际合作等各方面的作用和优势，形成一套“校校、校企、校地、校所以及国际合作”相结合、良性互动的运行机制。第三种是要素论，即将创新创业服务体系的具体内容细化为诸多要素进行研究。学者沈漪文[②]等将生态系统引入创新创业服务领域，并对创新创业服务生态系统概念进行了辨析，认为创新创业生态系统由市场、政策、融资、人力资本、文化及其他方面的支持6个要素构成，6个要素之间互动平衡，不同因素会对创新创业生态系统造成不同的影响效果。学者马永霞[③]等以我国50所在本科阶段开设创新创业教育课程的高校为研究对象，运用定性比较分析研究方法，从创新创业理论教学、创新创业师资配置、创新创业实践活动、创新创业服务平台、创新创业激励政策、创新创业文化氛围6个因素入手，分析其对高校创新创业教育质量的影响度，通过组合与协调运用6种因素形成合力，构建高校创新创业教育服务体系。第四种是层面论，学者们认为创新创业服务体系可以从理论、物质和实践等层面进行划分。学者黄兆信[④]从理论、物质、实践3个层面对大学生创新创业支持体系进行研究，并提出要加紧大学生创业理论方面的研究与探索，加大大学生创业物质层面的投入与支撑，加强大学生创业实践层次的构建与完善。

通过搜集和整理文献发现，国内学者们对大学生创新创业服务体系的研究角度主要包括以上5种：即“主体论”“系统论”“要素论”“阶段论”“层面论”。几种理论既有共同之处，也有各自的侧重点。本章节聚焦于高校对于大学生创新创业服务的提供，即在高校、政府、社会、家庭等多个责任主体中着重突出高校对于大学生创新创业活动发挥的作用，以高校提供的各项创新创业服务内容为主、校外提供的服务为辅，深入研究高校创新创业服务体系的构建。在借鉴学者

---

① 赵俊凤，张涛，朱鹏程．创新创业教育支持服务体系自成长模式的研究[J]．教育现代化，2018，5(06)：28-29+39．

② 沈漪文，卢智健．创业生态系统概念辨析[J]．商业经济，2013(16)：93-94．

③ 马永霞，孟尚尚．高质量发展背景下创新创业教育质量提升路径研究——基于50所高校的模糊集定性比较分析[J]．高教探索，2022(02)：13-21．

④ 黄兆信，谈丹．大学生创业的高校支持体系研究[J]．高等工程教育研究，2016(05)：49-52．

们对大学生创新创业服务体系的研究基础上，参考创新型人才培养理论，本章将高校创新创业服务体系认为是高等院校在充分整合校内和校外的各类资源的前提下，通过开展各项服务活动，为培养具备创新创业精神、创新创业素质和创新创业能力的高校“创新型人才”提供支持的开放性系统工程。

### 2. 创新创业教育服务体系的特点

创新创业教育服务体系是面向高校创业主体所开展的创新创业实践活动提供的各项支持和服务，承担着联通创业主体即学生群体与各种创业相关主体及包括政府政策信息、社会资金支持等有形无形的资源信息在内的桥梁，多主体参与是其最突出的特征。同时创新创业教育服务有别于其他服务的关键就在于其是以培养大学生的创新创业精神、创新创业素质和创新创业能力为目标而提供的支持和服务，这种面向不同层次主体提供的复合型服务也是创新创业教育服务体系的重要特征之一。此外作为高校创新创业教育系统的重要组成部分，创新创业教育服务体系还具备创新创业教育系统的一些共性特征。

查阅国内外学者对创新创业教育系统研究的文献资料发现，学者们在研究中不约而同引入了生态系统的概念。生态系统这一概念是 1930 年由学者罗伊·克拉依提出，指在一定的空间和时间范围内，在各种生物之间以及生物群落与其无机环境之间，通过能量流动和物质循环而相互作用的一个统一整体。生态系统概念提出之初是用来分析自然环境中不同物质和生物要素以及它们之间的相互关系，后来被引入到了社会学研究用来描述社会群落结构①。20 世纪 30 年代，沃勒等把生态系统的理论引入到教育领域，提出“生态教育”，20 世纪中期美国哥伦比亚大学师范学院院长 Gremin L. A. 提出了“教育生态学”这一概念②，他认为教育的内部各种因素有机地联系着，是一个有机的、复杂而又统一的生态系统，这种联系动态地表现出一致与矛盾、动态与平衡的关系。20 世纪 70 年代后，创业教育生态系统理论的研究逐渐兴起，主要是运用生态学的理论、方法来

---

① 余魅，王冠，彭小丹. 构建“普惠性”大学生创新创业教育体系的探索与实践[J]. 中国大学教学，2018(04)：48-50.

② 徐小洲，王旭燕. GALCHS 视野下的创业教育生态发展观[J]. 华东师范大学学报(教育科学版)，2016，34(02)：16-21 + 111. DOI：10.16382/j.cnki.1000-5560.2016.02.002.

研究创业教育与社会环境之间的关系。纵观学者们对于创新创业生态系统的研究，结合创新创业教育服务体系的内涵，可以发现创新创业教育服务体系具有多主体性、多层次性、开放性、协同性的特点。

(1) 多主体参与

创新创业教育服务在资源支持和服务过程中，需要整合政府、企业、社会组织多方的资金资源、平台支持、政策信息等多方资源，并将其以一对一或一对多的形式提供给学校内师生，因此强调多主体参与。这几方作为创新创业教育的主体，彼此关系紧密，在不同方面通过自己的努力和影响力为高校创新创业教育服务体系汇聚能量。

(2) 多层次性

创新创业教育服务体系是一个复杂的多层次体系，所服务的对象涵盖不同层面，其中学生主体作为创新创业教育服务体系的主要对象，受学科专业、培养层次以及个人兴趣等方面影响，其需求具有多样化和个性化的特征。因此根据学生主体的不同需求，可以设置不同层级的服务；微观层面上提供满足师生创新创业需求的基础信息服务、政策咨询服务等；中观层面注重和校外主体的联系，整合实体非实体资源，注重技能培训指导；宏观层面上，努力将单一型人才培养为复合型人才，不仅关注他们的创业意识，也要让他们学会创造性地去解决问题。

(3) 开放性

创新创业教育服务体系在宏观层面需要调节政府、学校和企业之间的关系，整合多方资源，微观层面需要联通校内各个部门，联结教师、学生、校外专家，使多方通力合作，相互配合，共同为培养创新创业精神、创新创业素质和创新创业能力的创新创业实践活动提供支撑和服务，以实现校内与校外企业的互利共赢。一方面借助创新创业教育服务体系，校内创新技术动态可以第一时间为企业所知，提供企业解决问题的方法；另一方面校外政府、企业的知识、信息、资金资源又为学校创新创业的发展提供保障。创新创业教育服务体系的开放性决定了创新创业服务涉及的内容关乎社会、企业、市场等，不能仅仅局限于创业技能的培训指导服务，所需整合对接的资源需要不断同步更新，营造校内创新、互动、共享的创业氛围。此外，提供服务的方式也应灵活多变、多管齐下，既采用一对一的咨询服务，也要尝试多种方式，激发学生的创新创业热情，帮助学生解决创业的后顾之忧。在校内管理层面，也要有营造足够自由的创业氛围，为师生提供创新创业教育学习的充分支持，如资金、政策、资源、时间等。

（4）协同性

创新创业内外协同发展的具体措施有推进高校与高校、高校与政府、社会间的协同，建立多样合作新机制；通过校校协同、校企协同，推动学生群体的校际交流合作、校外专家的培训指导，推动各地高校利用资源建设大学创新创业信息服务平台及信息共享平台等。

### 3. 创新创业教育服务体系的内容

高校创新创业服务体系是一项服务于培养具备创新创业精神、创新创业素质和创新创业能力的高校“创新型人才”的目标的开放性系统工程，是由高校内部多个有机联动的子系统组合而成的大的系统，每个子系统各自拥有特定的要素，每个要素的功能都致力于为大学生创新创业提供服务和支持，以保障创新创业实践活动的顺利开展。

根据创新型人才培养理论，创新型人才是具备创新意识、创造性思维、创新能力的面向未来的复合型人才。因此，高校创新创业教育服务体系需要将培养大学生的创新意识、创造性思维及创新能力视为根本目标，在培训指导服务中引导大学生在接受社会主义教育的同时自觉增强创新精神与创新意识，深入树立正确的三观。通过开展专项训练营、特色专项班和沙盘模拟等活动，培养大学生创造性思维模式，将发散思维作为创新创业教育服务的思想方向引领，转变原有的教育培训理念、教育培训方法与教育培训模式，建立起与创新创业教育服务相适应的且具有普适性的全新教育服务模式，而这种对大学生进行创造性思维培养的创新创业培训指导服务是创新创业教育服务体系的重要服务内容之一。

根据创业生态系统理论，一个蓬勃发展的创业生态系统包括 6 个核心要素，即创业公司表现、人才库、投资、平台、市场、政策，该系统也被称为 Eco6①。

① 中国传媒大学创新创业教育中心. 2021 中国大学生创业报告[EB/OL]，https://www.163.com/dy/article/H3OU5IFS05118RLD.html[2020-05-20].

一个强大的创新创业生态是由众多技术驱动的创业公司组成的，这些公司覆盖企业成长的各个阶段，保持增长并能成功退出。人才库囊括众多具备专业技术和经验的人才，其成功经验可激励后继创业者，同时成功的创业公司能为在校学生创造新的就业机会。平台可以提供指导、支持和专业服务，使公司能够避免常见错误并快速扩张。市场即在国内及全球范围，帮助初创公司进入潜在市场。投融资可以为初创公司提供丰富的融资机制以及重组的资金，也可以为创业者提供友好的条款并获得正确的投资回报。政策、法规的扶植激励以及税收的减免等，可以为企业的设立、运营、退出和关闭提供便利。Eco6 评测旨在评估创业生态系统的当前状态，并为未来设定一条清晰和便捷的道路，激活、调整、创建和管理所有必需的核心要素。高校是大学生创业的生态培育者，Eco6 的核心要素可以帮助我们分析和评估高校视角下的校园创业生态，其更精细的维度指标可以揭示高校创业生态现状，挖掘大学生创业深层需求，从而更加明确高校创新创业教育服务内容。

高校创业生态具有坚实的人才基础。高校作为创业人才的摇篮，在培养创新型人才方面具有得天独厚的优势。高等院校需要发挥自身的人才优势，建立包含创业培训课程、创业加速营、孵化器等各个阶段的服务支持平台。打造成熟的创业服务支持平台，将本校成功创业者的成功经验通过创新创业课程、培训、讲座等活动形式传递给大学生创业者，并向其提供创业经验、创业技能培训等相关的培训指导类咨询服务。同时，高等院校多样化的学科背景使其孕育的初创公司的行业属性不一而足，但在商业阶段的成熟度和创业公司的成长性方面的表现还处于比较初级的阶段，而为了进一步帮助种子阶段的初创公司度过所谓的“死亡谷”，进入竞争激烈的外部市场，高校需要更深入地了解创业学生的需求，有针对性地提供更多模拟实操机会，以提高学生的创新创业实践能力，并提供给学生关于公司注册、法务咨询以及知识产权代理等公司注册、运营等方面的基础信息服务。随着国家创新创业政策的不断出台，各个高校所在的地区政府对高校内的创新创业活动也有相应的配套支持措施，高校作为介于政府和学生创业者之间的传递途径和沟通桥梁，有责任分析解读创新创业支持政策，整理细化面向不同垂直领域的政策细则，为学生提供创新创业过程中的政策咨询服务。对大学生创新创业政策支持的调查研究显示①，目前部分高校参与创新创业实践的学生已实现大一到大四全年级覆盖。部分创立较早的学生企业已经进入到快速发展期，对于创新创业支持服务的需求从创业准备阶段创新创业技能培训，以及收费减免、税费减免、注册程序等政策咨询服务和基础信息服务逐渐发展到企业融资投资、企业运营管理、团队招募与建设、产品品牌打造、市场销售提升甚至是企业法律风险规避等投融资服务等方面深层次的需求。结合 Eco6 理论，一个有活力的创业生态系统重要的要素之一是投融资，说明高校需要对初创公司的投融资提供更多的支持和服务，帮助大学生创业者更好地评估自己的创业项目是否符合投资方评价标准。表 7-1 列出了高校创新创业常见融资方式的优势和弊端。通过与专业社会机构合作，开设高度专业化的融资指导，协助真正好的创业项目正确有效地融资②。

**表 7-1　高校创新创业融资方式的优势和弊端**

| 不同的融资方式 | 优势 | 弊端 |
|---|---|---|
| 来自朋友和家人 | 朋友和家人更有可能投资你，因为他们比其他投资者更了解你。他们不是专业投资者，对回报的期望以及给你的压力不会很大 | 如果你的创业项目成功了，你的朋友和家人就能赚钱。但如果失败了，就有可能破坏你生活中重要的人际关系。创业是符合二八法则的，大部分最终会失败，向亲友融资需谨慎 |
| 天使投资人 | 天使投资人通常自己就是企业家，所以可以在经营上提供切实的指导和帮助。天使投资者通常没有风头那样明确的退出时间和回报预期 | 首先，天使投资人并不是那么好找；其次，由于天使投资通常是个人资本，他们不太可能成为你一轮正式的融资中的主要投资者，所以你需要引入其他投资者进行补充 |
| 风险投资机构 | 如果你的公司有潜力发展壮大，你也想快速发展，那么风险投资可能是你最好的选择。现在有很多风投基金，越投越早期，吸引到专业的风投资本对早期项目而言是非常有利的背书 | 从风投那里筹集资金意味着，背负着投资人的压力和期望去打一场“全垒打”。有些风投机构会设立对赌条款，且需要你花费大量时间去认真对待（筹集一轮融资通常需要 3～6 个月甚至更久的时间） |

① 韦现顺．高校大学生创业政策供给研究[D]．广西大学，2019．

② 中国传媒大学创新创业教育中心．中国大学生创业报告 2021[EB/OL]，https：// www. 163. com/dy/article/H3OU5IFS05118RLD. html[2020-05-20]．

续表 7-1

| 不同的融资方式 | 优势 | 弊端 |
| --- | --- | --- |
| 银行贷款 | 目前银行对于小微企业的经营贷款往往有利息优惠,且一直在简化贷款申请的流程 | 需要抵押物,逾期的话会产生征信污点的风险。而信用贷款更像是应急周转,往往不能满足创业的资金需求 |
| 政府补贴和大赛奖金 | 在中国政府对创新创业的大力支持下,各地政府都对大学生创业者进行财务补助,且举办各类设立奖金的创业大赛。并且申请政府的补贴款,不需要出让你的股权 | 政府补贴及大赛奖金通常不会很高(除了对某些大型科研项目外),且大多需要已经开展创业并取得一些进展之后才能申请,更接近于补助,很难覆盖创业所需的全部支出 |

## 第二节　创新创业教育服务体系促进高质量就业现状分析

创新创业教育服务系统各高校可能千差万别，本部分内容主要根据中国农业大学具体现状进行分析，以供参考。2018 年 7 月，中国农业大学成立就业创业办公室，将创新创业工作统一归口管理，落实“机构、场地、人员、经费”四到位，以实现创新创业教育、实践、服务和保障 4 个体系同时升级的目标，为“双创”工作的国际化提供了强有力的机制保障。2015 年学校成立创新创业工作领导小组，2018 年对领导小组成员进行了调整和补充。在领导小组统筹下，学校建立了本科生院、研究生院、团委、校友办公室、教育基金会等相关部门联动、学院实施的工作体系，协同将学校创新创业工作规划落细落实；学校出台《创新创业教育改革实施方案》，提出创新创业教育改革发展总蓝图，制定了各类专项政策，为创新创业人才培养提供激励支持，形成较为完善的制度保障体系；系统搭建大学生创新创业教育服务体系，对自主创业学生实行持续帮扶、全程指导、一站式服务。

### 1. 舆论引导，传递具有特色的信息服务理念

学校以各种校园文化活动为载体，大力宣传创业就业毕业生优秀事迹，邀请创新创业优秀校友和创业典型人物做专题报告。学校每年评选“就业创业榜样

50强”等优秀典型，广泛宣传扎根西部边疆地区和基层就业创业的优秀毕业生典型事迹，引导学生服务国家发展战略。学校学生最高奖“五四标兵”评选名额，重点向创新创业典型倾斜。邀请创新创业杰出校友回校与在校生分享心得，做学生创新创业引路人。

此外，积极引导大学生创新创业与服务基层相融合，通过入学教育、职业规划指导、扶贫调研等，帮助大学生认识国情，熟悉基层，增强社会责任感，树立责任担当。通过民主生活会、主题班会等，组织广大学生开展理想与择业的讨论，引导广大毕业生就学校的办学目的、学生的理想与责任等议题进行思考和探讨。出版书籍，拍摄微电影，展示学子投身创新创业实践的青春风采，引导更多学子在创新创业实践中实现人生价值。

通过校园创新创业舆论引导，营造敢为人先敢冒风险、勇于担当宽容失败的校园人文环境，激发学生的创业劲头。让学校创业教育活起来、让学生创意放出来、让学生创业动起来。

### 2. 双创培训，探索“双师双线双指导”服务模式

学校通过组建强强联合的“教师 + 导师”优秀团队，搭建互补互融的“线上 + 线下”服务网络，完善高效运行的“全面 + 重点”培训机制，融双创导师资源、技术资源、政策支持等于一体，为学生创新创业提供创新创业指导培训的一站式服务。

#### （1）“教师 + 导师”，提高双创指导水平

集中教学团队和创业导师团队（教师 + 导师）智慧，进行交互式协同指导，实现双创教育、专业技术与双创实践指导服务的有机结合。双创师资队伍数量足水平高。学校建立“百名优秀双创导师人才库”，采用内选外聘、专兼结合的方式，组建由企业家、职业经理人、天使投资人导师和中青年教师、学工干部共同参与，具有一定国际视野的“管 + 育 + 服”一体式创业师资团队。每年学校组织创业导师参加创业教育骨干教师高级研修班、KAB创业教育讲师培训班等培训，不断提升教师教学和指导服务能力。

#### （2）“线上 + 线下”，搭建全程服务网络

既建好创新创业信息网络和新媒体资源，又加强面对面指导和实践体验活动

（“线上＋线下”），突破时空限制，随时随地帮助学生解决创新创业难题，做好全方位指导。学校在大学生创业园引入多家第三方专业服务机构，通过“线下＋线上”相结合，宣讲创业优惠政策，开展工商登记、担保贷款和贴息、财税辅导、法律与知识产权、人力资源管理、专利代理、政府资金申请等主题的创业培训。常态化开办双创讲座，持续性营造双创氛围。通过创业导师沙龙、实地走访参观、专题训练营等形式，为创业团队提供有针对性的培训。近年来，学校先后举办“互联网 ＋”大学生创新创业大赛训练营等各类创业指导培训活动300余场，覆盖学生近万余人次。

（3）“全面＋重点”，打造培训指导一站式服务通道

学校面向有创业意向的大学生群体建立多元化培训体系，同时为有创业潜力的学生提供个性化的工作室咨询模式，打造“全面＋重点”的培训指导一站式服务通道，实现双创服务常态化和学生创业便捷化，让学生“想创业、敢创业、创成业”。举办“就业创业指导服务月”活动，面向有创新创业意愿的学生组织就业指导、创新创业工作坊和求职大赛、创业大赛等。

学校注重创业精准服务，设立一对一咨询室，提供精准的咨询服务。以名师工作室模式，重点培育有孵化潜力的创新创意类项目。创新工作室借鉴研究生“导师制”模式，每年选拔具有双创潜能的学生进入，全程参与项目调研、论证、设计与实施，快速延伸专业知识，促进“专业＋创业”有机融合，培养学生创新能力和催生项目。依托合作企业，对有创业意向和创业潜质的学生提供系统的创业辅导；对已开展创业实践的学生选择专业导师进行深度指导，有针对性地提供开业指导、财会税务、风险评估、项目诊断等服务，每年记录典型案例50余个。

### 3. 资源整合，构筑政企校融合的投融资服务机制

学校积极整合事业发展资金和社会资金支持创新创业工作，为有潜力成为中国未来商业领袖的创业校友提供股权投资、项目孵化的投融资渠道。此外，学校设立“大学生创业基金”专项，先后设立8只基金支持学生开展创新创业活动。

### 4. 促进科技成果转化，服务经济社会发展

学校依托产学研合作平台，建设成果孵化体系，充分发挥创业校友联谊会、

基金会功能，联合社会投资机构，国内外孵化器，建立创新成果孵化体系，创新提出“主动培育 + 平台 + 服务 + 资本”的创业服务模式，为学生的创新创业成果提供低成本、便利化、全要素、开放式的综合服务，解决场地、资金、研发、市场、运营管理、人力资源等各方面问题，指导学生从“创意—创新—产品—产业”创业孵化。

# 第三节 名师指导工作室案例分析

## 1. 案例基本情况

“种·未来”指导工作室致力于打造高校就业指导工作室品牌特色。立足学校特色和学生特点，工作室深入贯彻习近平总书记重要回信精神，教育引导学生树立“志在四方、深入基层、造福人民”的职业价值观，鼓励学生到基层、西部、祖国最需要的地方建功立业。

工作室作为学校就业创业指导工作开展的主要载体，发挥着就业育人的重要作用。工作室整合校内外师资力量，以学校就业创业工作队伍为核心成员，联系校内外行业企业、教育资源和创业导师共同发力，切实提升学生就业创业能力（表 7-2）。

工作室负责人及团队成员近年来参与 20 余项各级各类就业创业相关研究工作，主要包括：主持建设“首批北京地区高校示范性创业中心”项目（北京市教委）、主持建设“北京高校大学生创业园高校分园”项目（北京市教委）、主持获评“全国创新创业典型经验高校”项目（教育部）、主持申报建设“中美青年创客交流中心”项目（教育部）、主持教学改革研究课题《基于一流创赛的创新创业人才培养研究》（学校）等。开设《大学生职业生涯规划》《大学生求职技能》《研究生职业生涯规划与创业指导》等课程，针对高校毕业生就业创业思政教育工作，积累了一手的教育教学经验；作为全国创新创业典型经验高校，探索建成了“教育、实践、服务和保障”四位一体的创新创业工作体系。

表 7-2 “种 · 未来”就业指导工作室部分导师情况

| 类别 | 导师 | 擅长领域 |
|---|---|---|
| 外聘导师 | 导师 1 | 创业指导 |
| | 导师 2 | 创新创业教育 |
| | 导师 3 | 就业指导、生涯规划 |
| | 导师 4 | 就业指导、生涯规划 |
| 部分校内导师 | 导师 5 | 高等教育管理、大学生就业指导与创新创业教育 |
| | 导师 6 | 就业指导<br>生涯教育、创新创业教育 |
| | 导师 7 | 就业信息管理<br>生涯教育 |
| | 导师 8 | 就业帮扶指导<br>生涯教育 |
| | 导师 9 | 就业帮扶指导<br>生涯教育 |
| | 导师 10 | 就业指导<br>生涯教育 |

## 2. 工作室运行情况

### （1）功能定位

“种 · 未来”指导工作室突出就业育人实效，围绕学生生涯发展，开展个体咨询、团体辅导、课题研究及讲座培训等活动，将创新创业教育融入其中，通过理论研究和实践积累，打造有学校特色的创新创业教育新载体。

### （2）组织管理

建立由学校主管领导担任工作室主任，就业创业办公室负责人担任执行主任的工作室领导小组，并配备专职人员进行培训、组织和协调等相关工作（图 7-1）。

根据咨询师专业领域及学生实际需求，设立了职业生涯规划、个人探索、职业探索、求职技能、择业咨询、求职心理、求职礼仪、创业咨询等专业咨询师团队。同时，成立学生朋辈咨询团队，负责生涯咨询的相关工作，安排咨询预约，提醒接待来访学生与咨询师，咨询情况的记录、咨询资料的整理、咨询数据的分析以及工作室日常工作。

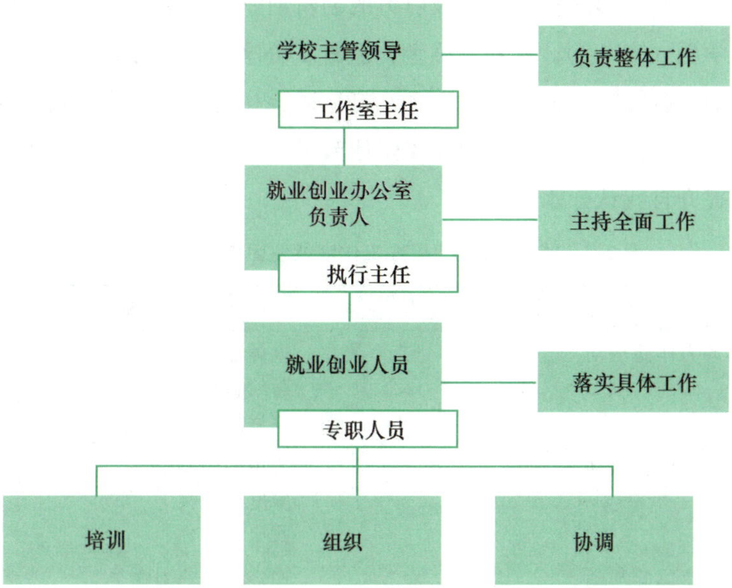


图 7-1 "种·未来"指导工作室组织体系

## 3. 工作室服务内容

工作室以创新创业教育为驱动，坚持"高、强、重、精、优"五字方针，即高站位、强教育、重实践、精指导、优保障。将就业教育和创新创业教育融入指导全过程，以创促就，以创提质，增强学生生涯规划管理意识，提升学生就业创业核心竞争力，帮助学生找准职业定位，更好地服务学生成才成长。

### （1）服务体系

工作室建立"三会一训一课"体系，"三会"即周例会，月度总结会，学期工作会；"一训"即团体培训；"一课"即理论提升课。通过"三会一训一课"体系，更好地促进工作室内部成员指导技能的提升，根据大学生的成长规律、各阶段的特点及面临的问题做好个性化指导，从职业认知、职业决策、职场适应、大学适应、求职技巧、求职心理、自我探索等方面提升生涯个体咨询服务质量，达到个性化与共性化指导的有机结合。

（2）活动内容

工作室设计开展形式多样、有吸引力的创新创业教育活动，有针对性地服务于不同群体学生（表 7-3）。工作室强调体验式、分享式、学习型的培育理念，开展贴近需求的团队辅导，创新活动方式，打造适合高校学生的团体辅导模式，从团体动力体验、生涯探索体验和职业探索体验三方面寓教于乐，让学生通过“沉浸式互动”提升自我认知水平。

表 7-3　“种·未来”指导工作室就业团体辅导项目

| 活动类别 | 具体活动 |
|---|---|
| 团体动力体验活动 | 人体雕塑活动<br>写给自己的一首诗<br>领导者视野练习 |
| 生涯探索体验活动 | 心中的图画<br>家庭职业树<br>我眼中的你 |
| 职业探索体验活动 | 职场经验对对碰<br>梦想检测<br>目标愿景 |

工作室积极探索契合学生生活学习实际的创新创业教育工作模式。工作室立足媒体融合环境积极探索，不断优化线上服务。开通线上“一对一”咨询服务，切实为学生提供便利。搭建指导直播平台，提供指导直播、指导课程资源、职业能力测评等内容，更好地为学生创新创业教育提供支持和帮助。

## 4. 工作室服务特色

（1）强化情怀教育

就业是最大的民生，是高校育人工作的重要环节，是衡量人才培养质量的重要标准。国家对高校毕业生就业工作高度重视，做好高校毕业生就业工作，关乎经济发展、民生改善和社会稳定。工作室突出就业育人职能，注重价值引领，促进学生成长成才。学校创新创业教育以服务国家战略为导向，引导毕业生赴国家重点地区、重点行业、重点单位就业创业，将情怀教育融入学生就业创业教育中。

（2）以创带就，打造特色体系提升实力

“增意识，强能力，全面提升学生内在优势。”新冠肺炎疫情暴发以来，毕业生就业形势更加严峻，以创业带动就业，有利于发挥创业的就业倍增效应，对缓解就业压力具有重要的现实意义。以创业带动就业工作是保证高校毕业生高质量、高水平就业的关键一步。依托学校指导工作室，开创创业指导服务和咨询服务，完善就业创业指导服务体系，帮助学生在创业指导咨询中提升创新精神、创业意识和创新创业能力，全面提升内在优势（图 7-2）。

“磨内核，促发展，全面优化团队外在实力。”工作室建立了学校就业创业工作团队、社会各类企业及各类创业咨询服务机构联动的工作机制，推动创业咨询服务工作的开展。以工作室为平台建立起创新创业教育服务体系，经体系内创业专家队伍指导，学生团队不断深化项目内核、提升团队竞争力，讲好创业故事、做好未来规划等，全面优化了团队的外在实力，更好地促进了学生创业项目发展和落地，学生进入社会意愿更加强烈，逐步形成了“以平台助成长、以成长带落地、以落地促就业”的“以创促就”的工作特色。

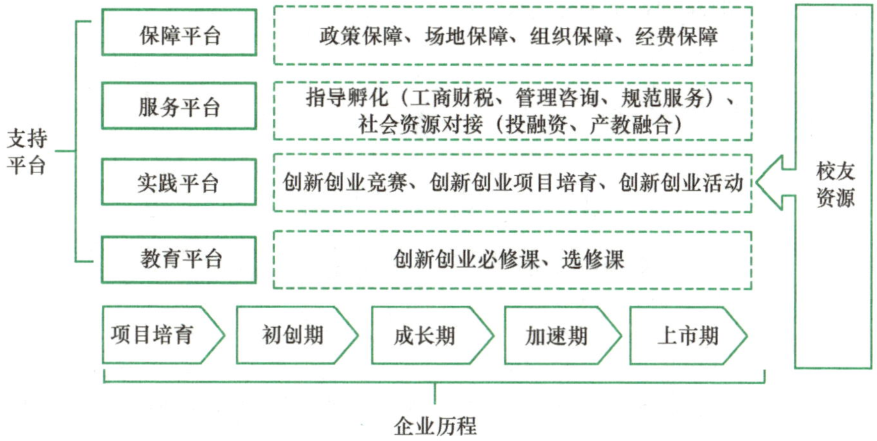


图 7-2 学校创新创业教育服务体系

## 5. 工作室服务成效

工作室成立以来，累计提供“一对一”咨询服务 3 000 余人次，90. 3%的学生对咨询效果“很满意”。

工作室在就业创业工作方面发挥着强有力的作用，全校整体就业氛围良好，学生在入学之时就在心中播下种子。学校每年毕业生毕业去向落实率均在95%左右，本科毕业生深造率均在60%左右。毕业生职业选择更加理性、就业区域分布更加广泛、毕业生就业质量逐年稳步提升。

从工作室中走出了一批“志在四方、深入基层、造福人民”的优秀毕业生代表，他们扎根一线，勇于创新，赴国家重点行业、重点单位就业创业。学校优秀毕业生李某某，一直以来从事脱贫攻坚工作，协助探索的五方联动建设脱贫奔康产业园模式，被《人民日报》以《产业脱贫有章法》为题向全国推广。2021年4月，被四川省委、省政府授予“四川省脱贫攻坚先进个人”称号。2021年5月，在全国高校毕业生就业促进周活动中被中共中央政治局委员、国务院副总理孙春兰亲切接见。优秀毕业生王某某，自主创业成立北京食肽科技有限公司，任公司法人代表及执行董事。在校期间以负责人身份获30余项包括第五届全国生命科学创新创业大赛一等奖、第七届中国国际“互联网+”大学生创新创业大赛铜奖、2021年全国大学生“挑战杯”课外学术作品大赛三等奖在内的国家级、省部级学科竞赛与创新创业大赛奖项。

## 第四节　创新创业教育服务体系促进高质量就业存在的问题与不足

随着国家实施创新驱动发展战略和高教创新创业教育改革进程的不断加快，高校创新创业工作得到长足发展，创新创业人才不断涌现，创新创业教育质量不断提升。目前，我国各高校创新创业教育服务体系初具规模，相关研究报告显示高校在创新创业服务支持硬件配套上有很大改善，但是校园创新创业服务的广度和深度依然有很大的提升空间。

### 1. 高校创新创业服务针对性不足

2021年中国大学生创业报告对高校创业公司表现维度的测评结果显示国内各大高校孵化的创业公司具有行业多样化的特征，这些创业公司不仅来自不同的行业，拥有不同的商业模式，而且发展迅速，充分体现高校所在的创业生态系统蓬勃发展。但报告指出，高校孵化的创业公司大多都停留在创业早期，即创业“襁褓期”或“种子期”，很少有能够快速获得融资，成长发展至创业中后期阶段的企业。中国传媒大学创新创业情况也验证了这一情况，校内的初创企业大多在种子轮阶段或创意阶段为主，成长性普遍不高。原因在于大学生创业活动的阶段不同，对创新创业的服务内容需求不同。处于启动阶段时，大学生更多关注启动创业资料的申请、启动资金和硬件的申请。随着大学生创业活动的深入开展，部分创业时间较长、发展较好的创业大学生在创业实际过程中面对的实际困难已经与刚刚成立时大不一样，对创新创业服务政策的需求也不尽相同，关注度从初创期的税费政策、创业教育培训转变为了企业管理、人员招聘、市场开发等，而针对处于创业初期向中后期过渡的创新创业服务政策却未能始终如一地提供全流程支持，对创业主体的创业需求挖掘不够深入。

### 2. 高校创新创业心理服务不足

高校是创新创业人才的摇篮，为创业市场不断输送优秀的创业人才。脱颖而出的创新创业人才对中心城市发挥集聚效应起到至关重要的作用，也是国家科技创新驱动发展的重要人才基础。高科技事业云集的硅谷的崛起就与硅谷的斯坦福大学、加州大学伯克利分校等知名高校培育的创新创业人才密不可分。高校本身拥有非常强大的人才基础，在教育部创新创业教育改革政策的激励下，培养了大量创业公司所必备的技术人才、IT人才、市场人才、管理人才和语言类人才。成功的创业人才经验不仅激励更多后继者走向创业之路，而且也为后继者创业提供了一定程度上可复制的成功模板。目前，各高校普遍通过设立校外导师、邀请创业成功的优秀人才开展讲座培训的形式为大学生提供创新创业教育服务，但值得注意的是，创业是一个充满挑战的商业活动，失败概率很高，而对创业失败的大学生群体进行相关挫折心理辅导的服务仍然欠缺，相关的创业心理培训服务仍需拓展和加强。

### 3. 高校创新创业金融服务滞后

当前大学生创业过程中，创业资金的投入是决定创业公司从种子期进入快速发展期的关键步骤，也是影响高校孵化的创业公司成长壮大的重要因素。大学生普遍缺乏社会经验与资源，无法有效获取资金筹集渠道信息及相关资源。2021年中国大学生创业报告对高校风投接触度评分较高，可见高校大多积极地在对接外部的风险投资机构。同时，外部机构的创投活跃度较高，愿意进入高校寻找早期创业项目，说明创业大环境整体较为友好，创业投资的基调仍然向好。但高校的投融资支持度评分较低，说明高校在融资支持和帮助上仍有很大提升空间。我国当前高校创新创业服务机构金融政策和金融业务方面的人才较为欠缺，无法为创新创业活动提供有效的资金筹集渠道。同时高校创新创业服务机构多属于学校内部机构，没有独立法人资格，不具备融资资质，不能为高校的创新创业活动提供足够的金融扶持。另外，当前的科技金融工具单一、品种体系不健全等问题，也严重影响了高校创新创业服务链的形成与优化①。

### 4. 高校创新创业服务可持续性不强

根据企业生命周期划分标准，创业公司共需要经历包括企业创立时的种子期、积极抢占市场的生存期、拓展市场的发展期以及稳中求进的成熟期 4 个阶段。对于高校创业的项目而言，当前外部市场的友好度较高，外部市场并不会因为创业者的大学生身份而做出负面评价，大学生创业者只要集中于创业项目本身，就有很大机会进入市场。其次，创业项目的选择上，需要找到具有市场潜力的方向及赛道，以实现快速扩张的创业目标。事实上，许多大学生创业项目最早都是从校园内部市场起家，例如，“饿了么”，最早就是从校园开始争夺“地盘”。但当前高校创新创业服务多集中于创业前期的引导式服务，对于已经顺利度过初创期的创业公司的市场拓展的服务支持后继乏力。

① 刘振海，等. 高校创新创业生态服务链的建构研究[J]. 江苏高教，2018(08)：88-91.

# 第五节　高校创新创业教育服务体系发展策略

### 1. 以需求为导向优化创新创业服务

高校创新创业服务工作粒度需要进一步细化，应侧重于创业支持的质量和深度。对于优秀的创业项目和人员应给予深度扶持，多渠道、多层次、全面地收集大学生创业群体的真实服务需求，重视需求方参与，以需求为导向。对需求进行有效分析分类，差异化区分需求，有针对性地制定服务方案和举措。同时明确负责大学生创业服务需求反馈收集的管理机构，打造具有实际内容载体的大学生创业服务交流平台，利用多样化的自媒体工具，包括微博、微信等，使大学生可以方便快捷地获取创业领域最新信息资源，并提供有效的创业服务咨询途径。

### 2. 完善创新创业心理服务

随着国家创业政策的鼓励，越来越多的大学生投身于创业大潮中来。但创业作为一种商业行为，难以避免会存在失败的风险。据调查，大学生群体的创业成功率远远低于一般社会企业的创业成功率。高校现有创新创业教育服务倾向于关注创业技能培训，而对于大学生创业群体的心理服务关注度较少，特别是在创业成功率整体较低的情况下，大学生群体本身的工作经验、社会资源与企业经营管理经验有所欠缺，创业失败大学生群体的心理疏导服务需求较高。因此高校创新创业服务应提高认识，提供专门心理疏导服务，充分发挥高校创业人才的优势，通过创业人才的创业经历激励下一代创业者，同时也邀请他们分享失败的创业经验，帮助学生客观看待创业，全面了解创业的苦与乐，更好地认识创业活动本身也是对创业者精神和意志力的磨炼和提升。

### 3. 深度定向扶持，提供持续性创新创业服务

高校创新创业教育服务的定位，就是为大学生创业的顺利开展保驾护航，发

挥引导作用，并提供必要的帮助和支持。目前，我国政府、市场、学校提供了一个对创业友好度较高的外部环境，初创阶段的创业公司也有相对友好的融资环境；但是创业后续发展的纵深和持续性不足，后继乏力。究其原因，在大环境的支持和鼓励下，涌现出大量对创业感兴趣的学生，但是这些学生之中有很多对自身能力及外部环境的认知并不成熟，导致缺乏持续发展的能力。而高校创新创业工作发展至今，已然过了粗放式发展的阶段，需要高校在扩大平台影响力的基础上，深度、定向扶持在校创业项目，帮助种子阶段的创业公司度过所谓的“死亡谷”，并在融资、市场、政策方面给予更深入、连续的支持。

### 4. 稳中求新，拓展创新创业教育服务形式

高校创新创业教育服务开展至今，已经具备一定的工作基础，在夯实学生创新创业技能基础上取得一定成绩，未来高校创新创业服务还需要设立更多下沉的、实操的培训课程，提供更多尝试和实践的机会。发挥高校创业人才优势，聘请校外导师，开展更多实操课程。通过创业实践筛选出具有执行力、有毅力的创业人才，帮助其确立创业方向。给学生提供实践创业创意的机会，包括开设更多的 workshop，去真实地模拟市场营销、模拟产品研发，并帮助学生在校园内进行创业的实验。同时，将国际化的视野引入高校创新创业教育服务体系，为学生提供开阔视野的机会，如浙江大学的硅谷创业实验室项目，每年选拔一些优秀的同学去参加硅谷为期两个月的暑期创业实践，目的是提升国际视野和创新创业能力，同时鼓励学生将优秀的创新技术输出到海外。

# 第八章

# 创新创业保障体系促进高质量就业

## 第一节 创新创业保障体系的理论探讨

创新创业自古有之，但在新常态下大学生的创新创业显得格外重要，因为大学生平稳、有序就业是影响家庭和睦、社会稳定的重要因素，大学生创新创业对国民经济和创新型国家的建设也具有推动作用。政府、社会、学校、企业和家庭在支持大学生创新创业、促进大学生就业方面都应各尽其职，同心协力地从政策、师资、经费等多个方面提供保障，使得大学生不仅敢于创新创业，也有能力和机会进行创新创业。

从“元治理”理论来看，要让大学生创新创业的各主体参与并形成有序的治理结构，政府要履行制度设计者、协调监督者和服务提供者的角色①，因为政府是集体智慧的来源与媒介，是公共利益最具权威的代表，是公权力的执行人和协调人。例如，英国政府在推动大学生创新创业过程中充分利用和调动各级力量，形成“政府-学校-社会”三位一体的大学生创业支持体系；美国政府引导社会机构联合支撑大学生创新创业活动，形成“政府引导、社会主导、高校辅导”的格局；日本则形成了“政府主导、社会和高校辅导”的格局来支持大学生就业创业。

社会融合理论认为：在一个人人共享的社会里，每个有权利与责任的个人都可以发挥积极的作用。这样的社会不仅需要消除壁垒或风险，还需要产生融合环境的投资和行动②。根据社会融合理论来看，大学生的创新创业是大学生提升自我、主动融合到社会中和社会形成良好的创新创业环境两方面的相互交融、相互促进的过程。但是，当前创业理论的片面性、创业技能的粗放性和创业人格的模糊性阻碍大学生开展有特色的创新创业活动。因此，对大学生的创新创业既需要提供创业教育和创业心理的内部支持，也需要提供创业氛围、创业环境和创业物

① 陈君．“元治理”视阈下政府扶持大学生创业的角色重塑[J]．经济研究参考，2016(65)：104-107.

② 卓高生，曾纪瑞．创业大学生社会融合现状及社会支持体系的构建[J]．广州大学学报(社会科学版)，2013，12(2)：29-34，39.

质的外部支持。

德国哈肯教授提出的协同理论包含了 3 个重要原理，即协同效应原理、协同支配原理和自组织原理[①]。从协同理论来看，大学生的创业是一个系统工程，该系统的各个子系统——政府、社会、高校、家庭、大学生——都应该发挥作用，提供多层面的保障来支持大学生的创新创业活动[②]。政府要从政策、措施上化解大学生创业面临的风险、遇到的困难，为大学生创业解除后顾之忧；社会要营造支持和包容创业的氛围，为大学生提供案例分析、经验分享，使得大学生创业有更高的成功率；高校要加强创新创业教育体系建设，要利用校内外资源对大学生进行创业技能培训；家长要转变观念，对大学生的创新创业要包容、鼓励和支持；大学生需要培养创新意识，提高创业能力，为创新创业做好充足准备。也有作者提出地方高校的创新创业教育应该形成以大学生创业团队为核心，以高校-企业-政府-行业协会为依托的政策保障机制[③]，没有将社会和家庭纳入体系中。

当前，我国各级政府、各类高校、主要国有大中型企业以及部分社会团体和民营企业为包括大学生在内的各种群体的创新创业提供了多种支持保障措施，使得创新创业在青年人，特别是大学生群体中成为潮流。

### 1. 大学生创新创业的组织保障

创新创业组织机构是指围绕创新创业教育及其相关活动组建的管理机构及其部门的总称。高校的创新创业组织机构包括学校就业、团委、学工等职能部门以及在这些部门的领导下成立的院系创新创业中心和有关学生创业社团组织。这些组织的总体目标定位是以创新创业人才培养为核心，以提供相应创新创业服务为支撑，是大学生创新创业的管理者、组织者和服务提供者，在很大程度上决定创新创业的成败。自高校开展大学生创新创业活动以来，高校创新创业组织机构发挥了不少作用，但在组织的多样化发展和机构的治理能力建设方面仍需要加强，

① 赫尔曼·哈肯. 协同学[M]. 凌复华译. 上海译文出版社，1995：7-15.

② 陈琤，张阳明. 协同理论视域下大学生创业多层面保障机制研究[J]. 山西能源学院学报，2017，30(1)：135-136.

③ 徐建，李莉. 地方高校创新创业教育协同创新政策保障机制研究[J]. 当代教育实践与教学研究(电子刊)，2017(1)：607.

要从拓展资源来源渠道、扩大学科渗透、促进规范发展、增强与政府企业协调能力等方面推进创新创业教育组织的建设。

### 2. 大学生创新创业的制度保障

与社会人员相比，大学生具有创新思维强、科技含量高的优势，但面临的困难也很多，如缺乏经验、资金不足，需要各级政府、各类机构组织优化创新创业环境。首先要降低大学生创新创业的门槛，使其能免费或者以较低成本进驻众创空间、孵化器、产业园等各类创新创业载体。国务院在 2021 年发布的《关于进一步支持大学生创新创业的指导意见》中规定政府投资开发的孵化器等创业载体应安排 30%左右的场地免费提供给高校毕业生，将开放情况纳入国家级科技企业孵化器考核评价，有条件的地方可对高校毕业生到孵化器创业给予租金补贴①。其次要完善科技创新资源开放共享平台，各类高校和科研院所的实验室、科研仪器、科研设施等都应该面向大学生开放共享，提供低价、优质的专业服务，支持其创新创业。鼓励和支持企业面向大学生发布需求清单，引导大学生精准创新创业。再次要落实大学生创业帮扶政策，减少大学生创业的后顾之忧，例如自己创业的大学生可按规定缴纳“五险一金”，建立创业风险救助机制帮助创业失败的大学生。

### 3. 大学生创新创业的场地平台保障

在大众创业、万众创新政策的带动下，涌现出形式多样的创新创业服务平台。大学生与社会人员的不同点决定了他们需要更有针对性的平台，高校是对大学生进行创新创业教育的主体，也是大学生在创新创业中获得帮助的首选。高校要充分发挥大学科技园、大学生创业园、大学生创客空间等校内创新创业实践平台作用，应免费向在校大学生开放，开展专业化孵化服务。同时要积极拓展外部资源，采用多种形式扩大大学生双创基地。例如，结合学校学科专业特色优势，联合行业企业建设校外“双创”实践教学基地；主动融入所在城市规划和产业布

---

① 国务院办公厅. 关于进一步支持大学生创新创业的指导意见(国办发〔2021〕35 号)[EB/OL]. http://www.gov.cn/zhengce/content/2021-10/12/content_5642037.htm,2021-10-12/2022-04-22.

局，打造“城校共生”的创新创业生态；利用中央企业、科研院所的技术、人才、场地、资本等优势，建设集研发、孵化、投资等于一体的创业创新培育中心、互联网“双创”平台和孵化器。

### 4. 大学生创新创业的资金保障

资金对于创业犹如水分对于生命，缺少资金支持的创业是难以启动和维系的。对尚未工作或者刚进入社会的大学生来讲，能够找到足够的启动资金是其创新创业的必要条件。金融机构应落实政府的普惠金融政策，对大学生创业项目提供金融支持，解决大学生创业融资难题。《关于进一步支持大学生创新创业指导意见》要求金融机构将高校毕业生个人最高贷款额度提高至 20 万元，符合条件的项目提升到 300 万元，优秀创业者的贷款可免除担保，降低贷款利率，简化贷款申报审核流程[①]，这些措施可为大学生创新创业提供需要的启动资金。天使投资等社会资本也应积极参与大学生项目的投资与投智，助力大学生创新创业项目健康成长。此外，政府还可在税费方面扶持大学生创业创新，减轻创业者的资金负担。国务院的文件明确规定高校毕业生、小微企业、个体工商户、中小高新技术企业、企业孵化器、大学科技园等各类个人和机构享有免税、减税、抵税等优惠政策，各地方税务部门应该认真落实文件精神，强化精准支持。

### 5. 大学生创新创业的法律保障

创新创业不是照搬和模仿，而是对现有的技术、产品、商品进行改革与升级、创造与创新。在这一过程中，大学生需要具备基本的法律意识，既要做到保护自己的利益，又要防止侵害别人的权益。我国既有法律制度已经对创新创业进行了必要的保护，破除行业垄断，释放大众创业、万众创新的活力，但还需要研究面向“双创”工作的立法保护，特别是大学生等处于弱势群体的创新创业人员如何在不违反法律制度的前提下，最大限度地保护知识产权等自身利益，而不至于担心各种利害关系的冲突，不敢大胆创新。

① 国务院办公厅. 关于进一步支持大学生创新创业的指导意见(国办发〔2021〕35 号)[EB/OL]. http://www.gov.cn/zhengce/content/2021-10/12/content_5642037.htm,2021-10-12/2022-04-22.

## 第二节 大学生创新创业保障体系的现状分析

在国家的号召和鼓励下，大学生的创新创业得到了各级政府、育人单位、用人单位的大力支持，形成了政府主导、高校主建、企业主动的“政-产-学-研-用”相结合的创新创业保障体系模式。全国各省及部分城市都建有大学生创新创业中心（或创新创业园等），很多高校也都设立大学生创新创业中心（或校企合作创新创业教育基地等）来支持大学生的创新创业。为在更大范围、更高层次、更深程度上推进大众创业、万众创新，持续打造发展新引擎，国务院先后发布了 3 批、共 213 个大众创业万众创新示范基地，形成可复制可推广的创新创业模式和典型经验。这些示范基地从建设主体可以分为政府、高校、企业和科研院所 4 类（表 8-1），其中与大学生创新创业相关的主要是前 3 类。

**表 8-1 国务院公布的大众创业万众创新示范基地统计** 个

| 批次 | 政府 | 高校 | 企业 | 科研院所 | 小计 |
|---|---|---|---|---|---|
| 第一批① | 17 | 4 | 7 | 0 | 28 |
| 第二批② | 45 | 15 | 21 | 11 | 92 |
| 第三批③ | 74 | 8 | 6 | 4 | 92 |
| 小计 | 136 | 27 | 35 | 15 | 212 |

### 1. 政府提供的保障体系

政府对大学生创新创业保障发挥着主导作用，全国各省、自治区、直辖市以及部分地级市都设有创新创业中心或类似机构，为大学生创新创业提供了场地场所保障。

① 国务院办公厅. 关于建设大众创业万众创新示范基地的实施意见(国办发〔2016〕35 号)[EB/OL]. http://www.gov.cn/zhengce/content/2016-05/12/content_5072633.htm. 2016-05-12/2022-04-22.

② 国务院办公厅. 关于建设第二批大众创业万众创新示范基地的实施意见(国办发〔2017〕54 号)[EB/OL]. http://www.gov.cn/zhengce/content/2017-06/21/content_5204264.htm. 2017-06-21/2022-04-22.

③ 国务院办公厅. 关于建设第三批大众创业万众创新示范基地的实施意见(国办发〔2020〕51 号)[EB/OL]. http://www.gov.cn/zhengce/content/2017-06/21/content_5204264.htm. 2020-12-24/2022-04-22.

(1) 免费优惠政策吸引大学生入园创业

目前，由政府主办的各类创业园、创业中心对大学生都免除场租，有的还免除水电、物业等费用，对大学生的初期创业起到了很大的扶持作用。例如，江苏省大学生创业园对创业的大学生实行一年租金全免、两年减半的政策，北京“一街三园”（包括“中关村大学生创业一条街”、良乡高教园、中关村软件园、北京高校大学生创业园）对大学生实行免场租、免水电、免物业费的“三免”政策，而四川省大学生创新创业中心的支持力度更大，实行免基础水电、免办公工位、免公用设备、免基础网络、免物业保洁和免前台行政的“六免”政策。除了免费政策之外，园区、中心还提供与大学生创新创业关系密切的周边服务，包括政策咨询、工商注册、法律服务、宣传展示、银行服务、专业培训、导师辅导、人才招聘、管家服务、第三方定制、同行交流等。

(2) 牵线搭桥提升创新创业的孵化率

为不断提高孵化率，各园区、中心还积极为大学生的创新创业牵线搭桥，促进大学生创新创业的成果尽早开花结果。北京高校大学生创业就业指导中心与北京市青年企业家协会、北京创业公社投资发展有限公司签署战略合作协议，重点从企业家支持、龙头企业集聚产业引领等方面为入园创业团队发展赋能助力。截至 2021 年 10 月，北京“一街三园”累计孵化大学生创新创业团队 583 支，带动就业 8 400 余人，完成社会融资近 6 亿元，年均营业额超过 3 亿元①。

(3) 创业补贴与税费减免解后顾之忧

国家和各级政府还利用税费等经济手段对大学生的创新创业进行扶持，使得创新创业的大学生在创业初期能够专心创业，而不必为自身的生存过于担忧。2022 年，国家发展改革委等八部门发布的《关于深入实施创业带动就业示范行动力促高校毕业生创业就业的通知（发改高技〔2022〕187 号）》给出了扶持高校毕业生创业就业普惠政策的指导性清单，内容主要包括个体经营的税费在 3 年内可以最高减扣 1.2 万元/年、小微企业贷款上限提高到 300 万元、小微企业的

① 中国新闻网.北京大学生创业园累计孵化大学生创业团队 583 支[EB/OL]. https://www.chinanews.com.cn/cj/2021/10-23/9593348.shtml,2021-10-23/2022-04-22.

税费按照不同梯度减税、给予首次创办小微企业或从事个体经营满 1 年以上的离校 2 年内高校毕业生一次性创业补贴等①。

在这一文件的指导下，各级地方政府根据当地发展需要和经济情况制订了各种优惠措施，吸引创新创业人才去地方发展，并给予适当的经济补贴。四川省在 2022 年对大学生创新创业除了一次性创业补贴 1 万元外，还根据人才类别给予不同补贴。例如，科技创新苗子补贴 5 万～10 万元、农村致富带头人补贴 1 万元、创业孵化基地补贴 90 万～180 万元、中小微企业厂房最高减免租金 200 万元②。天津市则更多从社保、贷款等方面对创新创业进行扶持，包括首次创业补贴（3 年社保补贴 + 1 年岗位补贴）、创业担保贷款及贴息（最高额度 50 万元，3 年）、灵活就业社保补贴（2 年社保补贴，最低缴费标准的 2/3）③。

大中型城市对大学生人才有强大的聚合力，地县级小城市对人才的吸引力较弱，这对中小城市的发展极为不利。为此，部分地县级小城市制定特色的优惠政策，竭尽全力地开展人才争夺战。湖北省丹江口市是十堰市的一个县，为吸引大学生到该市创业就业，2022 年该市发布了 9 条措施扶助大学生就业创业，其中 7 条直接和经费有关，力度不输大中城市，包括购房租房补贴、生活补贴、创业补贴（5 万～50 万元/项目）、贷款担保（50 万～500 万元，3 年免息）、企业税费（免 3 年）、场租与水电费补贴、培训补贴、实习补贴、社保补贴（最高为实际缴费的 2/3，2 年）等④。

### 2. 高校提供的保障体系

高校对创新创业的保障体系主要包括大学生创业园、大学科技园、创业实践

---

① 国家发展改革委，教育部，工业和信息化部，等. 关于深入实施创业带动就业示范行动 力促高校毕业生创业就业的通知（发改高技〔2022〕187 号）[EB/OL]. http://www.gov.cn/zhengce/zhengceku/2022-02/11/content_5673073.htm. 2022-02-08/2022-04-22.

② 澎湃新闻. 四川省扶持高校毕业生创业就业政策清单[EB/OL]. https://www.thepaper.cn/newsDetail_forward_17739022. 2022-04-21//2022-04-22.

③ 天津市人力资源和社会保障局. 关于做好天津市 2022 届高校毕业生就业创业工作的通知[EB/OL]. http://hrss.tj.gov.cn/zhengwugongkai/zhengcezhinan/zxwjnew/202203/t20220308_5823796.html. 2022-03-10/2022-04-22.

④ 丹江口市人民政府. 丹江口九条措施支持大学生在丹就业创业[EB/OL]. http://www.djk.gov.cn/xxgk/zc/zcjd/202204/t20220418_3490960.shtml. 2022-04-18/2022-04-22.

基地以及依托这些园区基地建立的科研实验平台和实施的创新创业项目等。

高校大学生创新创业基地的主要模式是依托大学科技园建立的、以学校特色为主的各类基地和中心。例如，重庆大学学生科技创业实习基地就是依托重庆大学国家大学科技园建立，并由大学科技园办公室进行具体运营和管理[①]。基地利用大学科技园的平台资源、科技园科慧研究生创业园和学校的企业资源，培育了一批与重庆大学科研优势领域相结合的自主创业明星企业，包括重庆市无极动画科技有限公司、重庆伏特猫科技有限公司、重易电气股份有限公司、重庆寰瑞科技有限公司、重庆云威科技有限公司等在信息产业、生物医药、网络传媒、广告艺术、视觉设计等多个领域有一定知名度的企业。

另一种模式则是将自身优势和区域优势相结合，形成互赢互利的“高校＋地区”共建模式。清华大学是国内顶尖的理工科院校，科技创新能力强，并且地处中关村中心地带，创新氛围浓厚。该校高度重视大学生的创新创业，与中关村科技园、海淀区进行合作创办了多个大学生创新创业基地。2017 年 4 月 28 日，清华大学学生创业启航基地在北京市海淀区中关村智造大街启动[②]。该基地目标是建设一个清华学生的半仿真创业训练基地，其在清华大学创新创业教育生态圈中的重要意义是：“既是要让校园更能静下来，也是要把创业的公司化运行推到围墙外的市场中去，经历风雨历练成长。”基地由启迪之星和清华 iCenter、x-lab、创＋、艺科创新基地等清华“三创”教育平台提供运营管理和服务，首批入驻团队包括众清科技、青橙创客等 4 家团队。

### 3. 企业提供的保障体系

企业介入大学生创新创业，能从资金、实践角度提供充足的保障。企业服务大学生创新创业的主要内容包括为大学生提供办公场所、创新创业培训和创业就业机会。

① 重庆大学国家大学科技园．重庆大学大学生创业基地[EB/OL]．http://kjy.cqu.edu.cn/jggk/dxscyjdbjjs.htm．2012-11-28/2022-04-22．

② 清华大学．清华大学启动学生创业启航基地[EB/OL]．https://www.tsinghua.edu.cn/info/1750/71472.htm．

第一，提供创新创业场所。为弥补政府和高校创业场所的不足，企业向创新创业的大学生提供了一批高质量的创业场所，为初创期的大学生解了燃眉之急。成立于2015年的优客工场是为企业提供办公空间的知名运营商，在大学生创新创业生态圈有很大的影响力①。2015年10月，营业的优客工场房山大学城以构建国际水平的众创空间为根本，志在打造为创新创业企业服务的加速器、科技成果转化及孵化平台，打造出房山区颇具特色的联合办公空间②。成立于2006年的猪八戒网一直将大学生视为重要服务对象，长期支持和参与大学生创新创业与就业。2018年7月，猪八戒网蒙西总部园区正式开园，为包头市的大学生创新创业提供了便利条件，吸引了许多本土年轻草根创业者。笃行致诚文化传媒有限公司就是在猪八戒蒙西总部园区的全方位帮助下才活了下来③。

第二，开展创新创业培训。针对大学生缺少创新创业的实践，企业利用长期积累的、更贴合市场发展的培训方法对大学生开展创新创业的教育培训，使得大学生在创新创业的道路上能尽快成长与成功。优客工场与北京工商大学建立长期合作关系，免费孵化创业项目10余个，目前成功面世的北京祈年科技（北京）有限公司和启梦者（北京）广告有限公司2家公司迅速成长，年营业额超300万元。优客工场对大学生创新创业的服务还表现在从提供空间共享衍生到知识共享，开设优客讲堂，筛选平台最优秀的头部创业者向高校输出来自创业一线的实战经验及行业资讯，为更多高校学子创业就业赋能。据报道，优客讲堂已与首都经济贸易大学、中国人民大学、北京邮电大学、南开大学、宁夏大学等在内的10余家高校达成合作意向，共建创业教育课程体系④。2020年初，针对疫情对大学生就业的影响，猪八戒网于同年2月13日启动“百所高校万名学子在线实习”助力计划，推出“免见面，大学生在线实习实训平台”，该平台在疫情期间

① 优客工场. 关于优客工场[EB/OL]. https://www.ucommune.com/about.

② 搜狐网. 房山大学城·优客工场5年稳健运营助力区域发展[EB/OL]. https://www.sohu.com/a/390538487_362001. 2020-04-23/2022-04-22.

③ 中国经济新闻网. 大学生创业扎根包头 猪八戒网成最强辅助[EB/OL]. https://www.cet.com.cn/xwsd/2806478.shtml.

④ 搜狐网. 优客工场推出教育品牌“优客讲堂”，帮助大学生获得创业前教育[EB/OL]. https://www.sohu.com/a/214897527_485557. 2018-01-05/2022-04-22.

能够满足100所高校，10 000～20 000名大学生的在线实习[①]。2020年12月，天津市教委与猪八戒网战略合作框架协议，由猪八戒网为天津市高校毕业生提供网上开店平台，创建天津市教委与猪八戒网合作专区，培养学生互联网生存技能，给予天津市大学生店铺流量扶持，支持优秀学生团队创新创业项目[②]。

第三，提供创业就业机会。创新创业的最终目的之一是实现就业，让大学生学有所成，成为参与社会建设的一分子。由于互联网技术的普及和网络经济的兴起，刚毕业的大学生更青睐进行自主创业，以实现人生价值。以“让天下没有难做的生意”为使命的阿里巴巴集团是帮助个人和小企业成长的典型代表。2016年，阿里巴巴集团旗下各业务平台支持超过1 000万人创业，提供超过3 000万间接就业机会，包括为数百万大学生和年轻人提供创业机会。阿里巴巴商学院发起的“全球跨境电商教育联盟”聚集了中国和全球知名大学和培训机构，培养了大量参与跨境电商和数字经济发展的人才。截至2018年7月，联盟覆盖10个国家，培训了近7 000名学生、近2 000家中小企业[③]。

## 第三节　大学生创新创业保障体系的典型案例

### 1. 典型高校的做法

中国农业大学党委和校行政班子的领导下，学校就业创业办公室、本科生院、研究生院、学校团委等职能部门完善管理制度、落实服务措施、挖掘校内外资源，从课程体系、“双创”项目、竞赛实训、指导服务、实践平台、导师队伍

① 两江新区官网. 猪八戒网推系列抗疫行动　助力大学生在线实习中小企业灵活用工[EB/OL]. http://www.liangjiang.gov.cn/content/2020-03/05/content_626020.htm. 2020-03-05/2022-04-22. 2020-04-23/2022-04-22.

② 央广网. 天津市教委与猪八戒网签署战略合作框架协议　全面启动天津市大学生云就业创业活动[EB/OL]. http://www.cnr.cn/tj/jrtj/20201211/t20201211_525360305.shtml. 2020-12-11/2022-04-22.

③ 钱江晚报. 全球跨境电商教育联盟成立，阿里巴巴“进大学”培养电商人才[EB/OL]. https://baijiahao.baidu.com/s?id=1607044814027159244&wfr=spider&for=pc. 2018-07-26/2022-04-22.

等方面为大学生创新创业提供各种保障措施。

(1) 场地设施保障

学校在办公场所紧张的情况下，在各校区均设立了各种创新创业场所，为大学生的创新创业提供场地保障。

①“种·未来”创客空间。“种·未来”创客空间是学校专门设立的用于大学生创新创业教育、实践、培训、项目孵化培育等的场地，主要面向处在创意期和初创期的学生创业团队，为其提供两年免费办公场地及创新创业相关指导服务。创客空间总面积约 1 500 平方米，2020 年年底完工，2021 年 2 月正式投入使用。创客空间设有开放办公区、封闭办公室、会议室、讨论室、水吧、休闲阅读区、文印室等多个功能区，配套基础设施完备，环境良好。

②大学生创业园。学校的大学生创业园主要面向处在成长期和加速期的学生创业团队和有工商注册需求的项目提供创业场所，提供装修风格不同的办公及研发场地，提供复印机、扫描仪、传真机等办公设备公共服务平台，配备多媒体音像、投影设备会议室、报告厅、咖啡厅等，采用智能物业管理信息系统，结合微信平台，为大学生及校友创新创业提供优质保障。

③各学院创业创客空间。在学校的组织和推动下，各学院根据自身条件为学生创新创业提供了各种形式的创业场所。有的学院单独建立场地用于学生创新创业，有的学院联合实验室开放场地支持学生创新创业，有的学院提供共享办公室作为创新创业场所。为使科技创新资源与创新创业教育充分渗透、互相融合，全面提升学生自身素质与创业能力，面向全体学生开放使用校内所有实验室。从这些实验室先后涌现出“中疫科技——中国免疫植保引领者”“膜法堆肥——中国有机固废好氧发酵综合解决方案开拓者和领航者”“科沃智控——中国智慧设施农业领导者”“植韵”等具有学校专业特色的学生创业团队。

④园区取得的成效。各学校类创业园对学生的创新创业起到了很大的扶持效应，也取得了不少成效。2020 年，园区共设立国创和大创项目 20 项、“种·未来”创业项目 33 项，参与学生达 400 余人次。其中 9 支学生创业团队荣获“北京市大学生优秀创业团队”称号，学校荣获“优秀组织奖”。园区孵化创业团队 23 个，完成社会融资 2 615 万元（表 8-2）。

表 8-2 中国农业大学创业园 2020 年度成效统计

| 项目 | 数量 | 项目 | 数量 |
|---|---|---|---|
| 孵化创业者人数/人 | 76 | 孵化创业团队数/支 | 23 |
| 获得专利数/个 | 30 | 完成工商注册数/个 | 1 |
| | | 团队社会融资额/万元 | 2 615 |
| | | 注册商标合计数/个 | 12 |

(2) 服务咨询保障

除了提供硬件条件之外，学校还为创新创业服务提供周到的咨询服务。创客空间和创业园建立了专业的创业服务机制，为大学生创业提供较完善的政策咨询、资金扶持、导师指导、法律咨询、人力资源等创业孵化服务。引入北京东审鼎立国际会计师事务所有限责任公司、北京顺然天成咨询有限公司、北京市博人律师事务所、北京双高志信人力资源有限公司、中国工商银行等多家第三方专业服务机构，为大学生创业提供全方位、全过程的服务，包括注册登记、法律事务、财税、人力资源、投融资、专利代理咨询、政府资金申请等。学校与中关村创业会客厅、奇迹创投等多家单位建立了合作关系，为学生创业团队提供多维度的服务。

(3) 师资保障

在学校创客空间和创业园通过内选外聘、专兼结合的方式，组建由科学家、企业家、职业经理人、天使投资人和中青年教师、学工干部共同参与的、“管+育+服”一体的优质创新创业师资团队，建立“百名优秀双创导师人才库”。导师根据不同学生的个性化需求，选择专业导师进行深度指导，助力学生发展。创业导师专业、行业、来源广泛，包括农业技术、企业管理、财务金融等各方面的专家，确保创新创业的大学生既能获得专业辅导，又能获得实践指导（表 8-3）。

表 8-3 学校创业导师统计　　人

| 导师来源 | 校内 | | | 校外 | |
|---|---|---|---|---|---|
| 导师人数 | 72 | | | 48 | |
| 导师类型 | 农业技术专家 | 企业管理专家 | 财务金融专家 | 市场营销专家 | 创业就业专家 | 其他专家 |
| 导师人数 | 67 | 26 | 4 | 5 | 7 | 7 |

#### （4）经费保障

学校从多方筹措资金，对大学生创新创业提供的经费保障，主要体现在实体平台投入、教育教学课程投入、学生创新创业项目投入、创业创新教育培训活动投入等。学校投入经费打造覆盖各专业的创新创业实践综合平台，使得每一位有创新创业想法的大学生都可以进入任何的平台开展创新实践活动。投资专项经费新建的“种·未来”创客空间和大学生创业园成为大学生创新创业的孵化场所。课程建设安排由院士、长江学者、国家级教学名师等担任主讲教师，极大地提升了学生创新创业发展潜力。学校每年投入大量资金资助本科生创新创业训练项目，截至 2017 年，参与学生达 17 999 人次，项目覆盖率超过 60%。

学校还积极寻求外部资源，整合事业发展资金和社会资金支持创新创业工作。学校与企业联合设立大学生创业基金、禾中青年创业基金、大丰收创新创业基金、蒙牛创业基金、大华农基金等基金支持学生开展创新创业活动。学校的河北涿州教科实践基地由北京市配套投资，建立了包括本校学生在内的、面向京津冀区域广大创新创业人员的教育平台。

### 2. 其他高校的做法

在对国家发展改革委办公厅发布的《大众创业万众创新示范基地双创工作经验汇编》分析研究后发现，高校在促进大学生创新创业的保障方面着力提供优质的师资力量、系统的教育培训和优良的创业场所[①]。

上海交通大学自 1999 年就开始推进创新创业教育，积极探索构建研究型大学创业教育模式——“四师制”与“创业学院”。“四师制”是指由上海交通大学的“创业教师”和企业界、资本界的“创业讲师”“创业导师”及“创投导师”形成的双创师资队伍。上海交通大学充分发挥校内优秀师资、海外资深学者、产业界领袖和创新创业实践者的优势，共同组建一支学术与实务相结合、创新与创业相结合、本土与国际相结合的 200 多人的双创师资团队，促进了校内外、海内外、专兼职、学界和产业界在创业教育与实践的结合，推进了协同创新培养创业

① 国家发展改革委办公厅.大众创业万众创新示范基地双创工作经验汇编[EB/OL]. http://www.gov.cn/xinwen/2016-11/10/content_5130844.htm. 2016-10-08/2022-04-22.

人才。“无形学院，有形运作”的创业学院是上海交通大学在推动大学生创新创业就业教育而采取的崭新模式。创业学院在学校有机构代码，有齐全的院班子，落实责任主体、明确考核目标，但创业学院招收的学员不涉及学籍和院系调整，和其他学院是深度合作的“双赢”关系。在创业学院等相关院系的培养和指导下，形成了饿了么、触宝科技、应届生求职网、Teambition、在路上、59store 等为代表的上海交通大学青年创业校友企业。零号湾全球创新创业集聚区和上海创业研究中心则是上海交通大学与当地政府合作创建的创新创业基地，为上海交通大学以及其他高校的大学生创业提供了优良的创业场所。

南京大学提出“三三制”人才培养模式和“五四三”双创体系为大学生创新创业提供了制度保障。“三三制”人才培养模式中的第一个“三”是指把本科教育分成 3 个阶段，即通识教育阶段、专业化培养阶段、多元化培养阶段，第二个“三”指的是多元化培养阶段中按照学生需求分为专业化人才、复合人才、创新就业人才 3 个方向进行培养。“三三制”的人才培养模式不仅保证有创新创业想法的学生学到必要的科学知识，也确保他们在大学期间得到创新创业技能和方法的培训，使得他们能快速进入创新创业状态。“五四三”双创体系中的“五”是指课程、讲堂、训练、竞赛、成果孵化的“五位一体”创新创业教育体系，“四”是指创新、创意、创造、创业“四创融合”的成果转化孵化平台，“三”是指校校协同、校地协同、校企协同的“三个协同”体制机制。与其他高校一样，南京大学也发掘校内外资源支持大学生的创新创业，重点建设产学融合“校园众创实训平台”、校地共建“科技成果转化平台”、校企协同“文化创意产业平台”、国际合作“创新创业支持平台”和大学生创业园，为创新创业的大学生提供场所保障。

## 第四节　大学生创新创业保障体系促进高质量就业存在的问题与不足

新常态下的大学生创新创业必须要大力提倡和鼓励，但是与社会人员的创业相比，大学生创新创业在保障体系上面临不少问题，主要体现在以下几点：

### 1. 大学生创新创业场地师资不够丰富

大学生创新创业最主要的场地是各高校建设的创业园、科技园，部分是政府和社会提供的创业场所。这些创业场地普遍存在的问题有：①“双创”基地资源匮乏，“双创”教育和实践脱节，重理论，轻实践。②缺少特色培训，重共性，轻个性。③缺少有双创经验的导师，对提升创业项目质量的帮助有限。④和市场的黏合程度较弱，不利于创业成果的转化。

### 2. 大学生创新创业资金来源不足、贷款制约多

大学生从事创新创业在场地租金能得到很大的优惠甚至全额减免，这解决了大学生创业者一大难题。除此之外，有些支出是不可避免的，例如人员劳务费近年来大涨，这成为初创企业的一大笔开支；从事产品开发、工程设计等研究开发性质的创业则需要花费资金购买实验耗材和租用设备，这不是几万元就能解决的。尽管相关政策将高校毕业生个人最高贷款额度提高至 20 万元[①]，但这种贷款需要担保，而大学生的初创企业由于资信水平偏低、缺少可抵押的资产，向银行贷款的难度很大，增加了创业者的资金压力。而风投资金倾向于高新技术、能源环保等潜力大、市场前景好的项目，对于大学生的创新创业项目几乎不感兴趣[②]。即使通过各种渠道得到资金的补助开创了企业，但创业再发展时期需要较大规模资金的时候，依然存在资金困难的问题。

### 3. 针对大学生创新创业的法制保障亟待完善

在立法层面上，针对大学生的创新创业法律还有漏洞。国家和地方政府制定的促进大学生的创新创业政策并不是法律，约束性有限，而且有些法律之间、政策之间还存在不匹配的问题。例如，国家发改委等八部门发布的《关于深入实施创业带动就业示范行动　力促高校毕业生创业就业的通知》规定“实施弹性学

① 国务院办公厅．关于进一步支持大学生创新创业的指导意见(国办发〔2021〕35 号)[EB/OL]．http：//www.gov.cn/zhengce/content/2021-10/12/content_5642037.htm，2021-10-12/2022-04-22.

② 徐杰．大学生创新创业服务保障体系的不足与完善[J]．百科知识，2020(27)：42-43.

制，放宽学生修业年限，允许调整学业进程、保留学籍休学创新创业”[①]，但无论是《教育法》还是《高等教育法》，都没有允许大学生在保留学籍的情况下创新创业；又如，部分地方政府规定大学生注册公司可以“零首付”，但《公司法》规定的首付资本不低于注册资本的20%；再如，为了鼓励大学生创业，一些地方对大学生开办的公司产生的诸如超范围经营、夸大宣传等轻微违法行为不处罚的做法有违市场经济的公平竞争和诚信经营法则，是否值得提倡有待考量[②]。

在法律普及和教育方面，大学生的法律意识还需要加强。一方面是大学生对风险评估不足、维权意识较差，如租赁场地是否适合从事商业活动、不同类别公司的合伙人承担责任的差异、免交或少缴的税费和社保日后是否需要补交、用于投资的知识产权是否被低估或侵犯。另一方面是高校和社会对大学生在创业法律方面的教育不足，如当前高校对大学生的创新创业教育偏重于创意产品、发明创造、营销模式等，但在《中华人民共和国公司法》《中华人民共和国专利法》《中华人民共和国商标法》《中华人民共和国反不正当竞争法》等方面的教育不够。

## 第五节　完善大学生创新创业保障体系的建议

要全面落实党中央、国务院对创新创业工作的指示，各高校必须对大学生创新创业的重要性有充分的认识，探究其内部和外部的缺陷，寻求支持保障体系的合理途径，从组织保障、场地保障、师资保障、资金保障和法律保障等方面继续加强。

### 1. 保持高度的政治站位，建立高效的组织保障体系

大学生就业系统中的各相关部门，尤其是高校和就业部门要以高校毕业生就业创业促进计划为统领，健全部门衔接、自然共享、通力合作的工作机制，将更

① 国家发展改革委，教育部，工业和信息化部，等.关于深入实施创业带动就业示范行动　力促高校毕业生创业就业的通知（发改高技〔2022〕187 号）[EB/OL]. http://www.gov.cn/zhengce/zhengceku/2022-02/11/content_5673073.htm. 2022-02-08/2022-04-22.

② 林雪治，黄巧荣. 关于大学生自主创业问题的法律思考[J]. 思想理论教育，2012(7)：69-72.

多的优质公共就业创业服务资源向校内延伸，把做好就业创业工作作为一项重大政治任务和一项重大民心工程，不折不扣、扎扎实实地抓紧抓好。高校需要成立以书记或校长为组长，就业、学工、团委、教务、研究生、后勤等有关部门为成员的组织保障体系，实行扁平化管理，让学校资源最大化利用。

### 2. 构建多元化的创业场地平台保障体系

大学生创业园是高校学生创新创业最主要的场所，创业园的建设要坚持全真环境与仿真环境相结合的混合模式①，使得大学生创业初期既能得到学校、导师的照顾而不至于走太多弯路，又通过亲身体验社会创业人员必须经历的流程而迅速熟悉社会真实环境。大学生创业园的建设还要坚持政府扶持、高校主建、社会参与的三方共建模式，在全社会的合力之下形成支撑大学生创新创业的场所。

### 3. 加强创新创业师资队伍保障体系建设

提升学生创业团队和初创企业的培训管理水平，通过各类训练营、沙盘模拟、讲座、特色专项班等培训方式，做好精细管理、精心指导、精准反馈，这一切的前提是有足够数量并且称职的创新创业的师资。高校首先要培养一支人数充足、结构合理、素质优秀、教学能力强的创新创业专兼职教师。为了稳定创新创业教师队伍，学校需要出台专门的考核机制和职称评定方法，不要因为教学工作量和科研成果的不足而使这类教师的待遇和职称受到影响。

### 4. 形成灵活多样的资金保障体系

政府要鼓励银行、天使基金等金融机构提供针对大学生创新创业的形式多样的投融资项目，积极整合行业、人力、技术、市场等资源，搭建天使投资、风险投资、私募股权投资等资本对接平台。高校和企业要利用国家科技成果转化引导基金等政府投资基金，引导社会资本设立大学生创新创业扶持基金和天使投资基金等。高校还要拓展社会资源来支持大学生创新创业，例如打造校友创投网络，引导知名校友、企业家和投资人等向大学生创业园学生初创企业投资；与银行、

---

① 周达疆．谈大学生创业园建设[J]．经济研究导刊，2011(27)：304-305．

担保机构和保险公司等金融机构开展合作，为学生科技型企业提供知识产权质押融资等多元金融产品保障。

### 5. 完善大学生创新创业法律保障

国家和地方要以法律的形式、而不仅是行政法规的形式对涉及大学生创新创业可能遇到的重大法律问题进行立法保障，将保障落实到法律层面。高校要建立大学生创新创业法律教育体系，开设创新创业法律风险防范、知识产权保护、公司企业法等课程，要设立创业法律咨询制度随时为大学生解答疑难困惑，还要和社会力量一起搭建法律援助平台和法律实践平台，为创新创业中遇到挫折和失败的大学生提供法律援助。

# 第九章

# 创新创业教育促进高质量就业的数据分析

近些年我国高校持续推进创新创业教育，在培养学生创新创业意识、创新创业精神和创新创业能力方面发挥了重要作用，同时也促进了大学生的就业质量。本章以翔实的数据分析近年来在推进创新创业教育背景下大学生的就业情况，包括就业的整体形势、就业结构、行业分布、区域分布等。同时以中国农业大学、华南理工大学、西安交通大学、华中科技大学等各行业、各区域的高校为代表，分析各高校在就业方面取得的成果。

## 第一节 全国高校总体就业情况分析

近些年中国高校招生规模增长迅速，每年毕业的大学生也较大增长。2016—2020 年期间，大学生毕业人数从 765 万人增加到 874 万人，而城镇新增就业人数基本保持在 1 300 万～1 400 万人，2020 年下降到 1 186 万人（图 9-1）。假设有 20%的毕业生进行深造，则每年城镇新增就业岗位中的 40%（500 万～600 万人）要留给大学生，才能满足大学生的就业需求，这显示大学生的就业存在较大压力。

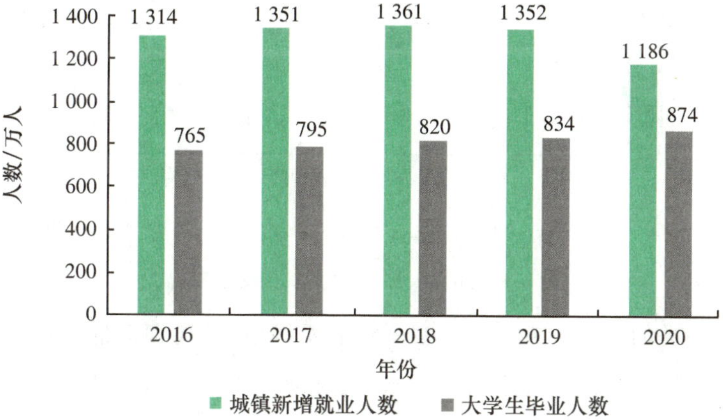


图 9-1 2016—2020 年城镇新增就业人数和大学生毕业人数①

① 综合多个来源：[1] 中国经济网. 国家统计局：2020 年城镇新增就业 1 186 万人，比上年少增 166 万人[EB/OL]. http://www.ce.cn/xwzx/gnsz/gdxw/202102/28/t20210228_36344387.shtml，2021-02-28//2022-05-20.[2] 教育部. 介绍 2020 届高校毕业生就业工作进展及成效[EB/OL]. http://www.moe.gov.cn/fbh/live/2020/52511/，2020-09-28/2022-05-20.[3] 教育部. 高校毕业生就业工作基本情况[EB/OL]. http://www.moe.gov.cn/jyb_xwfb/xw_zt/moe_357/jjyzt_2022/2022_zt02/fbh/fbh_sfcl/202112/t20211228_590741.html，2021-12-28/2022-05-20.

### 1. 大学生就业率与就业去向

大学生的就业率是国家、社会和家长最为关注的数据之一，因为它反映了学生就业的总体情况，是政府制定相关政策的重要依据，也是即将参加高考的学生选择学校和专业时关注的数据。根据麦可思研究院①对大学生的抽样调查统计，2016—2020 年大学生的总体就业率为 92%②，其中“双一流”大学（含有“双一流”学科的大学）的就业率比非“双一流”大学要高 2%～3%（图 9-2）。无论是“双一流”大学，还是非“双一流”大学，学生的就业率都在缓慢下降，5 年来降低了 4%；在 2020 年时，非“双一流”大学的就业率已经跌破 90%，显示出就业形势日趋紧张。

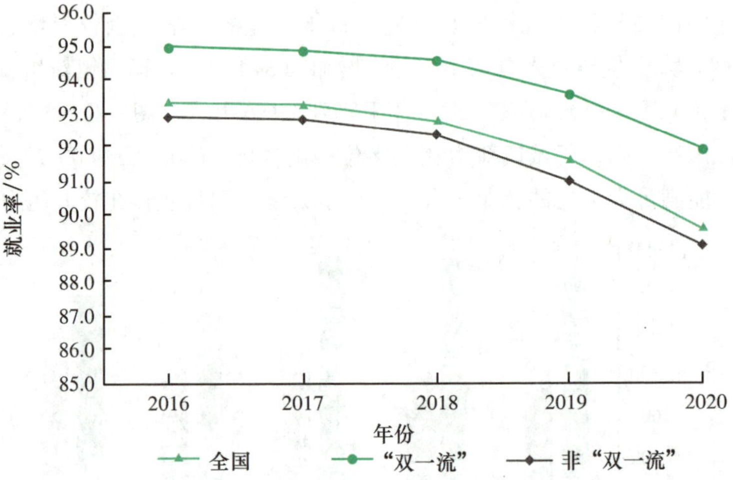


图 9-2 2016—2020 年大学生就业率③

各学科门类的大学生就业率存在一定的差异性，最高和最低的差距约为 8%。以 2020 年为例，工学的就业率为 91. 1%，比法学的 83. 6%高 7. 5%(表 9-1)。对比 2016 年以来的就业率可以发现，工学和管理学的就业率一直稳居排行榜的前两

① 本节的所有数据除标注外，其余的都来自麦可思研究院的中国大学生就业蓝皮书，主要包括：[1] 麦可思研究院. 2017 年中国本科生就业报告 [M]. 北京：社会科学文献出版社，2017. [2] 麦可思研究院. 2019 年中国本科生就业报告 [M]. 北京：社会科学文献出版社，2019. [3] 麦可思研究院. 2021 年中国本科生就业报告 [M]. 北京：社会科学文献出版社，2021.

② 就业率中将已经获取读研究生资格的毕业生统计为就业学生。

③ 数据来自麦可思研究院的中国大学生就业蓝皮书。

位，经济学有 2 年排名第三，教育学和医学各有 1 年排名第三，而法学、艺术学和历史学是就业率最低的 3 个学科门类。由此可见，和实践生产联系紧密的工学以及和政府、公司需求较多的管理、经济的毕业生工作相对好找。

**表 9-1　2016—2020 年各学科门类大学生就业率排行榜**　%[①]

| 学科门类 | 2020 年 | 2018 年 | 2017 年 | 2016 年 |
|---|---|---|---|---|
| 工学 | 91.1 | 93.1 | 93.5 | 93.5 |
| 教育学 | 90.4 | 90.8 | 91.0 | 91.2 |
| 管理学 | 90.4 | 92.7 | 93.2 | 93.6 |
| 农学 | 89.7 | 90.4 | 90.9 | 91.0 |
| 医学 | 89.5 | 90.7 | 91.3 | 90.8 |
| 理学 | 88.8 | 89.9 | 90.5 | 90.9 |
| 经济学 | 87.6 | 90.6 | 91.5 | 91.7 |
| 文学 | 87.6 | 89.5 | 90.2 | 90.1 |
| 历史学 | 86.0 | 86.1 | 86.3 | 86.1 |
| 艺术学 | 85.6 | 87.3 | 88.1 | 88.8 |
| 法学 | 83.6 | 85.1 | 85.3 | 84.9 |

2020 年就业率最高的专业是工程管理，达到 97.3%，紧随其后的是物流管理、信息管理与信息系统、电气工程及其自动化，就业率分别为 94.6%、94.4%和 94.0%，排行前 10 专业还有药学、网络工程、护理学、软件工程、电子商务和通信工程，就业率都超过了 93%（表 9-2）。与全国水平比，这些专业的就业率都大大超过当年平均就业率，显示这些专业是就业市场热门专业，它们大部分和电子、软件、管理相关。

**表 9-2　2016—2020 年大学生就业率 TOP10 专业**　%[②]

| 学科门类 | 2020 年 | 2018 年 | 2017 年 | 2016 年 |
|---|---|---|---|---|
| 工程管理 | 97.3 | 95.8 | 95.1 | 95.9 |
| 物流管理 | 94.6 | 94.9 | 95.4 | 95.3 |
| 信息管理与信息系统 | 94.4 | 95.2 | 95.4 | 95.4 |

① 数据来自麦可思研究院的中国大学生就业蓝皮书。
② 数据来自麦可思研究院的中国大学生就业蓝皮书。

续表 9-2 %

| 学科门类 | 2020 年 | 2018 年 | 2017 年 | 2016 年 |
|---|---|---|---|---|
| 电气工程及其自动化 | 94.0 | 95.3 | 95.6 | 95.5 |
| 药学 | 93.9 | /* | /* | /* |
| 网络工程 | 93.8 | 93.3 | 93.5 | 93.3 |
| 护理学 | 93.7 | 95.0 | 95.1 | 95.4 |
| 软件工程 | 93.3 | 96.8 | 96.7 | 96.5 |
| 电子商务 | 93.2 | 94.3 | 94.7 | 94.6 |
| 通信工程 | 93.1 | 94.5 | 94.1 | 93.8 |

*：/表示缺少数据。

对全国各个区域的统计数据表明，我国经济最发达的长三角和珠三角区域大学生的就业率明显高于其他区域，比全国平均水平高2%～3%。长三角5个省市的大学生就业率在2016—2018年稳居第一，珠三角紧随其后，2020年珠三角大学生的就业率以0.6%的微弱优势反超长三角（表9-3）。中原三省的河南、湖北、湖南在2016—2018年之间的就业率排名第三，也超过了全国平均水平，2020年的就业率为88.9%，非常接近89%的全国水平，排名第四。东北三省的就业率排名是最低的（除了西部的新疆和西藏），这和东北总体的社会经济发展水平有一定关系。

**表 9-3 2016—2020 年各区域大学生就业率统计** %①

| 高校所在区域 | 2016 年 | 2017 年 | 2018 年 | 2020 年 |
|---|---|---|---|---|
| 泛珠三角 | 93.5 | 93.4 | 93.1 | 92.7 |
| 泛长三角 | 94.3 | 94.4 | 93.6 | 92.1 |
| 陕甘宁青 | 90.3 | 90.1 | 89.2 | 89.6 |
| 中原三省 | 92.0 | 92.1 | 91.6 | 88.9 |
| 西南四省 | 91.4 | 91.2 | 90.9 | 88.8 |
| 环渤海湾 | 90.8 | 90.3 | 89.7 | 88.0 |
| 东北三省 | 89.2 | 88.5 | 88.0 | 87.6 |

① 麦可思研究院将全国（不包括港、澳、台）分为七大区域，即泛珠三角区域包括广东、广西、福建、海南，泛长三角区域包括上海、江苏、浙江、江西、安徽，陕甘宁青区域包括陕西、甘肃、宁夏、青海，中原三省区域包括河南、湖北、湖南，西南四省区域包括四川、重庆、贵州、云南，环渤海湾区域包括北京、天津、河北、山东、内蒙古、山西，东北三省区域包括黑龙江、吉林、辽宁，西部二省区域包括新疆、西藏。

根据去向将已就业的大学生分为：受雇工作、读研深造、自主创业和参军入伍 4 种类型。2016—2020 年，全国、“双一流”大学和非“双一流”大学已就业的毕业生中受雇工作的比例分别为 79.4%、62.0%和 82.6%，而读研的占比分别为 18.4%、36.2%和 14.6%（图 9-3）。由此可见，非“双一流”大学比“双一流”大学毕业生直接参加工作的比例要高 20%，而“双一流”大学继续读研深造的毕业生是非“双一流”大学的 2.5 倍，这显示非“双一流”大学的毕业生更注重直接工作，而“双一流”大学的学生在继续深造方面有很大的优势。对于自主创业和参军入伍两种类型，全国的总体占比分别是 1.7%和 0.3%，“双一流”大学和非“双一流”没有显著不同。

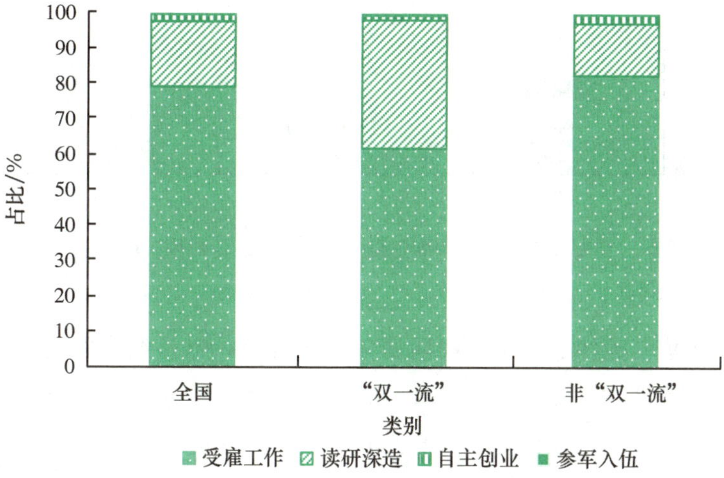


图 9-3　2016—2020 年已就业大学生的去向统计[①]

## 2. 大学生就业结构

大学生对就业的选择包括就业地、城市类型、行业、单位类型的选择。经济发达的地区和发展前景大的行业对大学生有更大的吸引力，当然工作压力、生活压力也会反映在大学生对工作的选择上。长三角地区是大学生就业最多的地区，全国 1/4 的大学生都在长三角的 4 个省份工作，泛珠三角和环渤海湾各吸纳了

① 数据来自麦可思研究院的中国大学生就业蓝皮书。

1/5 的大学毕业生，这 3 个区域共吸纳了全国 2/3 的大学毕业生，并且近几年来没有发生变化，成为解决大学生就业的主力区域（图 9-4）。西南四省和中原三省的经济发展势头较好，但是工作岗位容量与沿海地区相比还是有较大差距，每年大概有 10%的大学毕业生会选择在这两个区域工作。东北三省和陕甘宁青四省工作岗位较少，每年只能吸纳约 4%的大学毕业生。

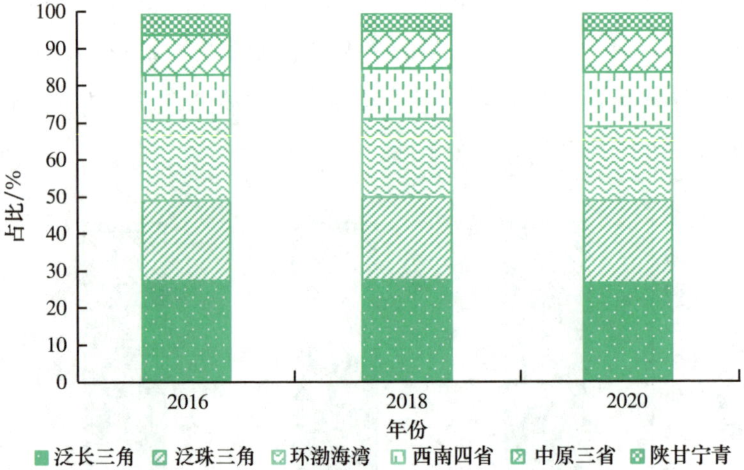


图 9-4　2016 年、2018 年、2020 年大学生就业区域统计[①]

北京、上海、天津、重庆是我国的 4 个直辖市，也是经济发达的超大城市，历来是大学生就业首选地。2016 年、2018 年、2020 年 4 个直辖市的 GDP 之和为 8.9 万亿元、10.2 万亿元和 11.4 万亿元[②]，分别占全国的 12%、11% 和 11%，但这 3 年中 4 个直辖市吸纳了全国大学毕业生的 21%、17% 和 14%（图 9-5），远远超过了他们 GDP 在全国的比重，充分显示直辖市有很多的工作机会，对大学生有着很大的吸引力。不可否认的是，在直辖市就业的大学生比例在逐年下降，已经从 2016 年的 21%下降到 2020 年的 14%，在 15 个副省级城市工作的毕业生比例恒定在 30%，但经济水平稍差的其他城市吸纳的大学毕业生从 50% 上升到 56%（图 9-5）。产生这种现象可能的原因有以下几种：第一是直辖市的工作岗位容量有限，不能再容纳更多的新人；第二是直辖市，尤其是北京和上海

① 数据来自麦可思研究院的中国大学生就业蓝皮书。
② 中国统计局．中国统计年鉴[EB/OL]. http://www.stats.gov.cn/tjsj/ndsj/,2022-05-20.

的生活成本较大，对刚毕业的大学生来讲收入和支出并不成正比；第三是中小城市发展的活力越来越好，生活舒适度更高，对刚毕业的大学生更友好。

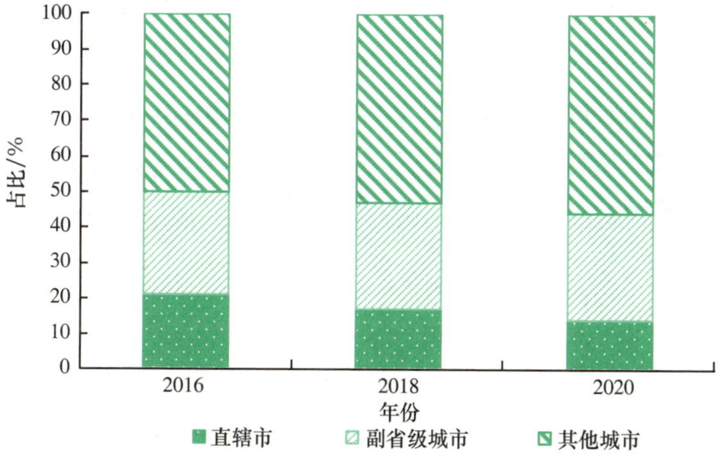


图 9-5 2016 年、2018 年、2020 年大学生就业城市类型统计①

大学生就业的行业结构除了和大学生的喜好有关，也和该行业的容量有关。2016—2020 年全社会就业人数前五名的行业包括制造业（3 000 万～4 000 万人）、建筑业（2 000 万～3 000 万人）、公共管理/社会保障/社会组织（1 500 万～2 000 万人）、教育业（1 500 万～2 000 万人）和卫生和社会工作（800 万～1 100 万人）②，这 5 个行业提供了全社会 2/3 的就业岗位，同时也为大学毕业生提供了大量的就业岗位。

2016—2020 年在这 5 个行业工作的大学生占全部工作的大学生的比例从 2016 年的 38.8%稳步增长到 43.8%。与社会就业人员行业占比不同的是，从事教育业的大学生比例是各行业最高的，5 年的比例分别是 13.7%、14.7%、14.9%、15.9%和 17.0%，比社会行业占比高出 4%～5%；大学生在信息传输、软件和信息技术服务业中的占比也比全社会中该行业人员的占比要高出 6%，金融业中的比例也高出 2%～6%（但近年来有下降趋势）（表 9-4）。相反，建筑业

① 麦可思研究院的定义：4 个直辖市指北京、上海、天津、重庆；15 个副省级城市包括哈尔滨、长春、沈阳、大连、济南、青岛、南京、杭州、宁波、厦门、广州、深圳、武汉、成都、西安；其他城市指除以上 19 个城市之外的所有城市。

② 中国统计局．中国统计年鉴[EB/OL]．http://www.stats.gov.cn/tjsj/ndsj/，2022-05-20.

和制造业虽然也是大学生就业中的第二大和第七大行业（5 年平均比例分别是 8.8%和 5.7%），但比全社会建筑业和制造业人员的占比要分别低 3%～7%和 16%～22%。通过对比，可以发现大学生更倾向于投身到文化、知识含量较高，但对经验要求不太高的行业。

**表 9-4　2016—2020 年吸纳大学毕业生最多的 10 个行业**　%[①]

| 行业 | 大学生群体占比* | | | | | 大学生群体与全社会占比差值** | | | | |
|---|---|---|---|---|---|---|---|---|---|---|
| | 2016 年 | 2017 年 | 2018 年 | 2019 年 | 2020 年 | 2016 年 | 2017 年 | 2018 年 | 2019 年 | 2020 年 |
| 教育业 | 13.7 | 14.7 | 14.9 | 15.9 | 17.0 | 4.0 | 4.9 | 4.8 | 4.8 | 5.5 |
| 建筑业 | 8.6 | 8.4 | 9.1 | 8.9 | 9.0 | -6.6 | -6.6 | -6.6 | -4.3 | -3.6 |
| 信息传输、软件和信息技术服务业 | 8.4 | 8.5 | 8.8 | 8.9 | 9.0 | 6.4 | 6.3 | 6.3 | 6.2 | 6.1 |
| 金融业 | 10.0 | 9.0 | 8.1 | 7.8 | 7.5 | 6.3 | 5.1 | 4.0 | 3.0 | 2.5 |
| 政府及公共管理 | 5.6 | 5.9 | 6.0 | 6.0 | 6.2 | -3.8 | -3.9 | -4.5 | -5.6 | -5.4 |
| 医疗和社会护理服务业 | 5.1 | 6.3 | 6.2 | 6.0 | 5.9 | 0.3 | 1.2 | 0.9 | 0.1 | -0.3 |
| 电子电器设备制造（含计算机、通信、家电） | 5.8 | 5.9 | 5.6 | 5.7 | 5.7 | -21.6 | -20.4 | -18.6 | -16.6 | -16.6 |
| 各类专业设计与咨询服务业 | 5.3 | 5.4 | 5.5 | 5.8 | 5.1 | 2.6 | 2.4 | 2.4 | 2.0 | 1.3 |
| 文化、体育和娱乐业 | 3.8 | 3.9 | 4.2 | 4.6 | 4.2 | 3.0 | 3.0 | 3.4 | 3.7 | 3.3 |
| 零售业 | 4.1 | 4.1 | 4.0 | 3.4 | 3.5 | -0.8 | -0.7 | -0.8 | -1.4 | -1.1 |

* 占比＝某行业就业人员数量/所有行业就业人员数量。

** 大学生群体与全社会占比差值＝大学生群体行业人数占比－全社会行业人数占比。

对大学生就业单位性质和单位规模的划分进行统计，可以发现民营企业/个体户是大学生就业的最主要去处，吸纳了 53%的毕业生，国有企业与政府/事业单位各吸纳 20%的毕业生，剩下不到 10%的毕业生进入中外合资/外商独资企业以及非政府组织工作（表 9-5）。由于民营企业和个体企业的规模都不大，因此在 300 人以下规模单位工作的毕业生也占到了 50%，3 000 人以上的包括了国有企

① 数据除麦可思研究院的就业蓝皮书，还包括中国统计局的中国统计年鉴（http://www.stats.gov.cn/tjsj/ndsj/）。

业、高校和科研院所，这部分毕业生的比例在25%左右。

**表9-5 2016—2020年大学生就业单位的性质和规模统计①** %

| 大类 | 小类 | 2016年 | 2017年 | 2018年 | 2019年 | 2020年 |
|---|---|---|---|---|---|---|
| 单位性质 | 民营企业/个体 | 53.0 | 53.0 | 54.0 | 53.0 | 52.0 |
| | 国有企业 | 22.0 | 19.0 | 19.0 | 20.0 | 21.0 |
| | 政府机构和事业单位 | 16.0 | 19.0 | 19.0 | 20.0 | 21.0 |
| | 中外合资/外资/独资 | 8.0 | 8.0 | 7.0 | 6.0 | 5.0 |
| | 民非组织 | 1.0 | 1.0 | 1.0 | 1.0 | 1.0 |
| 单位规模 | 300人及以下 | 49.0 | 51.0 | 50.0 | 49.0 | 48.0 |
| | 301～500人 | 8.0 | 8.0 | 8.0 | 8.0 | 8.0 |
| | 501～1 000人 | 8.0 | 8.0 | 8.0 | 8.0 | 8.0 |
| | 1001～3 000人 | 9.0 | 9.0 | 10.0 | 10.0 | 9.0 |
| | 3 000人以上 | 26.0 | 24.0 | 24.0 | 25.0 | 27.0 |

### 3. 大学生就业收入

大学生刚毕业，缺少工作经验，因此工资收入要比社会平均水平要低。2016—2020年大学生毕业半年后的月工资分别为4 376元、4 774元、5 135元、5 440元和5 471元，比全社会平均收入要低23%～33%，并且二者之间的差距越来越大，2016年差距为22.3%，2020年已经扩大为32.6%（图9-6）。“双一流”高校毕业生比非“双一流”高校毕业生的收入高约1/4，2016—2020年间，“双一流”高校毕业生的月收入分别为5 201元、5 691元、6 145元、6 560元和6 620元，比非“双一流”高校毕业生的月收入高出990元、1 101元、1 212元、1 344元和1 379元，5年间的差距也在逐渐变大。

对不同的学科门类进行统计，工学、经济学和理学门类大学毕业生的收入5年来都稳居排行榜的前三名，并且都超过了本年度毕业生的平均月薪（理学门类在2018年稍低于全国水平）（表9-6）。其中，就读工学门类的大学生工资要比平均工资高7%～8%，且差距逐年增加；就读经济门类的大学生工资与平均工

① 数据来自麦可思研究院的中国大学生就业蓝皮书。

资的差距从 2016 年的 3.5%减小为 2020 年的 1.0%。值得注意的是，教育学是大学生工作中最大的行业，但工资收入在所有门类中排倒数第二，比平均工资要低 9%～12.2%。这说明教育业的工资水平在全行业中偏低。

图 9-6 2016—2020 年大学生工资与全社会工资比较统计①②

表 9-6 2016—2020 年各学科门类大学生的月收入比较③ 元

| 学科门类 | 2016 年 | 2017 年 | 2018 年 | 2019 年 | 2020 年 |
|---|---|---|---|---|---|
| 工学 | 4 676 | 5 067 | 5 485 | 5 809 | 5 913 |
| 经济学 | 4 528 | 4 889 | 5 283 | 5 519 | 5 524 |
| 理学 | 4 453 | 4 720 | 5 037 | 5 392 | 5 458 |
| 管理学 | 4 240 | 4 613 | 4 996 | 5 350 | 5 381 |
| 文学 | 4 288 | 4 633 | 4 983 | 5 234 | 5 197 |
| 艺术学 | 4 120 | 4 465 | 4 906 | 5 256 | 5 182 |
| 农学 | 3 872 | 4 346 | 4 724 | 4 972 | 4 984 |
| 法学 | 4 119 | 4 382 | 4 690 | 4 960 | 4 963 |

① 大学生的月收入是指其毕业半年后的工资，如 2016 届的毕业生在 2017 年 1 月统计工资收入；全社会的月工资是中国统计局的中国统计年鉴中的年度收入除以 12。下同。

② 数据来自麦可思研究院的中国大学生就业蓝皮书和中国统计局中国统计年鉴。

③ 数据来自麦可思研究院的中国大学生就业蓝皮书。

续表 9-6 元

| 学科门类 | 2016 年 | 2017 年 | 2018 年 | 2019 年 | 2020 年 |
| --- | --- | --- | --- | --- | --- |
| 医学 | 3 766 | 4 198 | 4 622 | 5 005 | 4 960 |
| 教育学 | 3 981 | 4 251 | 4 551 | 4 778 | 4 846 |
| 历史学 | 3 807 | 4 023 | 4 348 | 4 592 | 4 610 |

2018—2020 年的 3 年中，在长三角、珠三角和环渤海湾就业的大学生的工资均比全国平均水平要高，其中长三角和珠三角的工资与全国大学生的平均工资差距越来越大，分别从 2018 年的 9.7% 和 9.8% 增长到 2020 年的 11.6% 和 10.9%，但环渤海湾的工资与全国的平均水平差距始终保持不变，大概高出 7%（表 9-7）。

**表 9-7 2018—2020 年各区域大学生的月收入与全国平均水平的差异①** %

| 区域 | 2018 年 | 2019 年 | 2020 年 |
| --- | --- | --- | --- |
| 泛长三角 | 9.7 | 11.9 | 11.6 |
| 泛珠三角 | 9.8 | 11.1 | 10.9 |
| 环渤海湾 | 6.8 | 7.1 | 6.9 |
| 西南四省 | −8.3 | −7.6 | −7.3 |
| 陕甘宁青 | −11.3 | −12.0 | −11.6 |
| 中原三省 | −9.6 | −12.2 | −12.1 |
| 东北三省 | −17.6 | −17.6 | −17.9 |

从 2018—2020 年 3 年的工资数据来看，自主创业的大学生的工资比平均工资要高出 900～1 000 元，平均每个月高出的比例分别是 23.1%、18.4% 和 15.6%（图 9-7）。这说明自主创业冒着更高的风险，也会有更高的回报，但是近 3 年差距有缩减的趋势，显示自主创业带来的红利正逐步减小，创业者在收入上的获得感会降低，政府和社会应该对自主创业的大学生给予更多的关怀。

① 数据来自麦可思研究院的中国大学生就业蓝皮书。

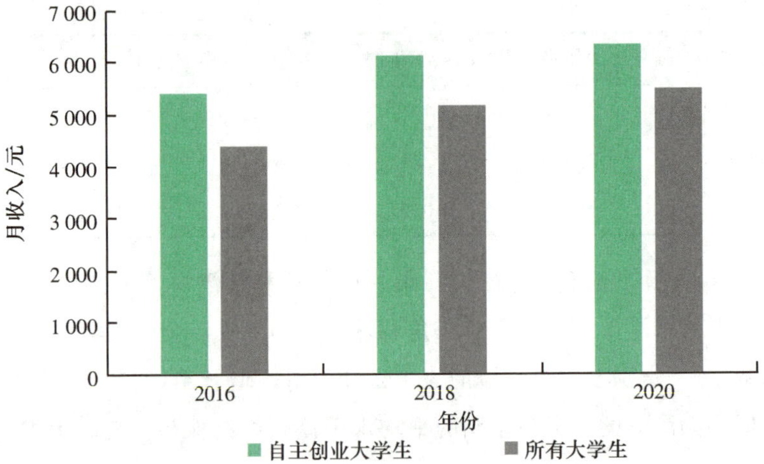


图 9-7 2018—2020 年自主创业大学生的工资与全体大学生的工资比较[①]

## 第二节 中国农业大学的就业分析

### 1. 就业的基本情况分析

中国农业大学是我国现代高等农业教育的起源地，始终心系国家前途和民族未来，坚持为党育人、为国育才，先后为国家培养和输送了 10 万多名各级各类人才，为国家“三农”事业的发展做出了重要贡献。2017 届至 2021 届中国农业大学毕业生人数维持在每届 5 000 人左右，本科毕业生、硕士毕业生、博士毕业生人数比例稳定在 11∶7∶3左右，男女毕业生人数比例为 4∶6左右，总体毕业去向落实率分别为 96. 64%、95. 41%、94. 67%、92. 50%、95. 91%，除去 2020 年受新冠肺炎疫情及经济下行压力影响较大，其他年份均在 95%左右小幅度浮动，显示中国农业大学毕业生的就业一直保持较高的水平（表 9-8）。

① 数据来自麦可思研究院的中国大学生就业蓝皮书和中国统计局中国统计年鉴。

表 9-8　中国农业大学 2017—2021 届毕业生总体就业情况　　人、%

| 项目 | 2017 届 | 2018 届 | 2019 届 | 2020 届 | 2021 届 |
| --- | --- | --- | --- | --- | --- |
| 总人数 | 5 150 | 5 144 | 5 251 | 5 482 | 5 405 |
| 签约工作数 | 1 668 | 1 538 | 1 786 | 1 998 | 2 206 |
| 灵活就业数 | 1 216 | 1 326 | 1 299 | 1 096 | 1 068 |
| 国内深造数 | 1 436 | 1 458 | 1 352 | 1 425 | 1 485 |
| 出国(境)深造数 | 657 | 586 | 534 | 552 | 425 |
| 毕业去向落实率 | 96.64 | 95.41 | 94.67 | 92.50 | 95.91 |

2017—2021 的 5 年中，直接工作（包含签约工作和灵活就业）毕业生占当年的毕业生比例均超过 50%，深造［包含出国（境）深造和国内深造］毕业生比例维持在 30%～40%（图 9-8）。具体来看，签约工作学生比例 2017—2021 年基本呈现上升的趋势，五年来复合增长率达到 5.95%，2021 届毕业生签约工作学生比例创新高，达到 40.81%；灵活就业毕业生比例 2017—2019 年为 24%左右，2021 年、2022 年则下降至不足 20%；而国内深造毕业生比例则在 25.75%至 28.34%之间小幅度波动，变化不明显；出国（境）深造毕业生比例则由于新冠肺炎疫情全球大流行等原因，呈现逐年下降的趋势，5 年来复合增长率为 −11.40%。

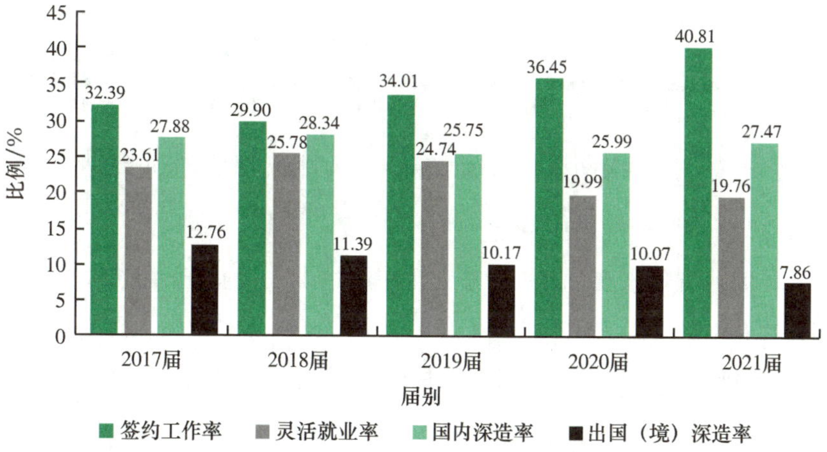


图 9-8　中国农业大学 2017—2021 届毕业生总体就业结构

## 2. 就业的区域分析

2017—2021 届毕业生就业区域的分布总体相似，最多的是东部地区，其次是西部地区和中部地区，就业于东北三省的学生最少①。近 5 年内，东部地区就业毕业生比例维持在 72%以上，最高值出现在 2018 年，占比达到 75. 59%；西部地区就业毕业生比例在 14%上下小幅度浮动；中部地区就业毕业生比例呈增长趋势，由 2017 年的 8. 5%增长至 2021 年的 11. 55%，这与中部地区崛起战略不断实施、总体实力大幅度提升、经济总量占全国的比重逐步提高有一定的关联性；去往东北三省就业的毕业生比例则常年维持在 2%左右（图 9-9）。在政策的吸引下，越来越多的中国农业大学毕业生去到京津冀经济圈、长江经济带、“一带一路”经济带、雄安新区、粤港澳大湾区和海南自贸试验区等传统重要经济区域和新兴发展区域就业。

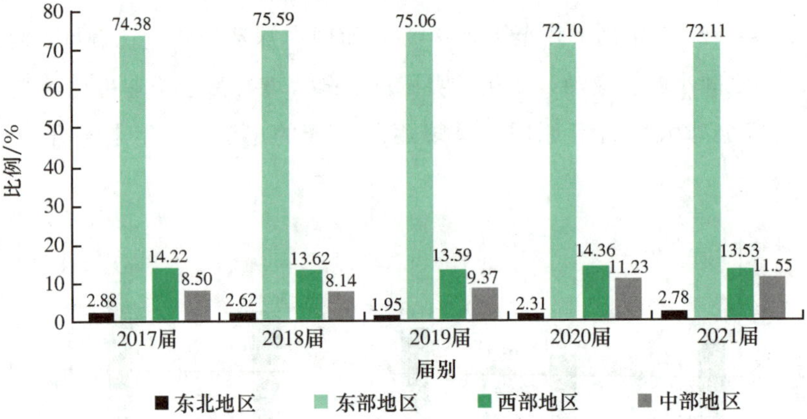


图 9-9 中国农业大学 2017—2021 届毕业生就业地区分布

从具体就业省份来看，近 5 年毕业生中超过 1/3 就业于北京市，2017—2021 届分别占比 44. 17%、45. 32%、44. 33%、35. 39%、38. 27%，而生源地为北京的学生仅占 3%～4. 5%，这说明高校所在地的优势发挥了很大作用（表 9-9）。

① 此处所指东部地区包括北京、天津、河北、上海、江苏、浙江、福建、山东、广东和海南；中部地区包括山西、安徽、江西、河南、湖北和湖南；西部地区包括内蒙古、广西、重庆、四川、贵州、云南、西藏、陕西、甘肃、青海、宁夏和新疆；东北地区包括辽宁、吉林和黑龙江。

除北京市之外，山东省、广东省、河北省、河南省成为就业较为集中的省份，山东省连续5年成为吸纳中国农业大学毕业生就业省份的第二位，广东省连续4年位列第三但2021年被常居第六的河南省取代，河北省则是常年为吸纳中国农业大学毕业生就业省份的第四位。从就业毕业生人数增长来看，山西省、海南省、黑龙江省、山东省则为近5年来就业人数增长较快的省份，除却生源人数本身的差异，也受到各省（直辖市、自治区）人才引进政策的影响。

表 9-9 中国农业大学 2017—2021 届毕业生就业人数前十省市

| 排序 | 2017 届 | 2018 届 | 2019 届 | 2020 届 | 2021 届 |
|---|---|---|---|---|---|
| 1 | 北京市 | 北京市 | 北京市 | 北京市 | 北京市 |
| 2 | 山东省 | 山东省 | 山东省 | 山东省 | 山东省 |
| 3 | 广东省 | 广东省 | 广东省 | 广东省 | 河南省 |
| 4 | 河北省 | 河北省 | 河北省 | 江苏省 | 河北省 |
| 5 | 天津市 | 江苏省 | 上海市 | 河北省 | 广东省 |
| 6 | 河南省 | 河南省 | 天津市 | 河南省 | 浙江省 |
| 7 | 上海市 | 天津市 | 河南省 | 上海市 | 江苏省 |
| 8 | 江苏省 | 浙江省 | 陕西省 | 浙江省 | 四川省 |
| 9 | 浙江省 | 上海市 | 浙江省 | 四川省 | 天津市 |
| 10 | 陕西省 | 四川省 | 江苏省 | 天津市 | 山西省 |

从具体城市分析，北京5年来均为学生毕业的首选之地，毕业生留京比例从不低于1/3。排名第二和第三的是天津和上海，排名较前的城市还有青岛、成都、济南。直辖市以及中心城市是毕业生去向较多的地方，青岛和济南成为吸纳中国农业大学毕业生就业的靠前城市，与山东是学校主要的生源地关联度较大。

### 3. 就业的行业分析

时代在发展，产业在融合，企业在布局，毕业生就业结构在演化。当前对"农"的理解已经从"农林牧渔"拓展到"三农"的范畴，即农村、农业和农民的全覆盖。从产业融合特点看，特别是以生物技术、大数据、人工智能为代表的第四次科技革命，进一步促进农业经济活动领域正在由传统种植、养殖向加工流通、休闲旅游以及生产性服务拓展，特别是随着乡村振兴战略的深入推进，衍生发展出现代种养殖、智慧农业、农产品电商、乡村旅游等一些新兴农业产业，并发展得如火如荼。因此大学毕业生“农业”就业统计也在不断更新、拓展。郭立群等（2021）[①] 以现有国家统计标准为依托，以服务“三农”为统计口径，以加注“农业＋”标签为实现方法，以分类统计单独计算为策略对农业行业就业统计进行了新的界定（表9-10）。“农业＋”是指和传统农业（农林牧渔业）紧密相连，但又不限于“传统农业”界限，直接以“三农”为服务对象，为“三农”发展做出实质性贡献，更符合当前新型农业发展现状的“农业”行业的衍生定义。“农业＋”标签分为五项二级标签：①就业地点是否在农村；②就业行业产业是否涉及农业；③就业单位是不是“三农”性质；④工作岗位是不是服务“三农”；⑤工作内容是不是服务“三农”。凡是符合其中一条都标记为“农业＋”。

**表9-10　制造业的“农业＋”标签加注情况**

| 大类 | “农业＋”就业标签 | 注释 |
| --- | --- | --- |
| 农副食品加工业 | 1. 就业地点是否在农村<br>2. 就业行业是否为涉农行业<br>3. 就业单位是否为“三农”性质<br>4. 工作岗位内容是否服务“三农”<br>5. 工作内容是不是服务“三农” | 产品生产过程中是否对农村居民生活改善、收入提高提供帮助 |
| 食品制造业 | 1. 就业地点是否在农村<br>2. 就业行业是否为涉农行业<br>3. 就业单位是否为“三农”性质<br>4. 工作岗位内容是否服务“三农”<br>5. 工作内容是不是服务“三农” | 产品生产过程中是否对农村居民生活改善、收入提高提供帮助 |

在“解民生之多艰，育天下之英才”校训的影响下，中国农业大学的毕业生以“强农”“富农”为己任，绝大部分毕业生在祖国大地上从事与农林牧渔业相关的大农业生产工作。同时，他们又抓住时代机遇，就业行业覆盖面更加宽泛，越来越多

① 郭立群，张红伟，王雨泉. 大学毕业生“三农”就业统计：问题、策略及其意义[J]. 中国大学生就业，2021(08)：43-47.

的毕业生在符合新阶段“农业及相关产业”发展现状的新业态和新模式中直接以“三农”为服务对象，为“三农”发展建功立业。据统计，中国农业大学2020年从事“农业+”行业的毕业生达到72.53%，2021年的比例上升至74%。

### 4. 就业的单位性质分析

中国农业大学2017—2021年毕业的学生中签约工作人数约为1.5万人。其中有52.5%的签约毕业生进入各类企业，5年中企业吸纳的毕业生的占比分别为60.9%、62.0%、57.6 %、39.1 %和44.8%（表9-11、表9-12），可见企业是吸纳毕业生的主体，但是5年来的数据显示毕业生去企业的比例正在逐年下降，这与新冠疫情有一定关系。与政府和高校科研院所等事业单位收入稳定不同，企业的生产运营受到疫情影响，效益难以保证，继续招收大量的毕业生给企业带来较大负担。中国农业大学毕业生的第二大工作去向是各类事业单位，5年来1/4的毕业生进入事业单位工作，各年度占比分别为20.8%、20.4%、23.4 %、34.2%和27.9%，并且上升的趋势比较明显。中国农业大学到各级党政机关工作的毕业生比例上升显著，5年的占比分别是10.7%、12.6%、13.3 %、17.3 %和17.1%。

**表9-11 中国农业大学2017—2021届毕业生按就业单位性质人数统计①** 人

| 单位性质 | 企业 | 党政机关 | 高校院所 | 其他事业单位 | 其他机构 | 小计 |
|---|---|---|---|---|---|---|
| 2017届 | 1 757 | 309 | 418 | 181 | 219 | 2 884 |
| 2018届 | 1 775 | 360 | 407 | 177 | 145 | 2 864 |
| 2019届 | 1 778 | 411 | 568 | 153 | 175 | 3 085 |
| 2020届 | 1 209 | 536 | 798 | 261 | 290 | 3 094 |
| 2021届 | 1 465 | 559 | 912* | | 332 | 3 268 |

备注：* 2021届在高校、科研院所和其他事业单位就业的毕业生没有分开统计。

① 2017—2021年毕业生就业单位性质统计口径稍有不同：2017—2019届中国农业大学毕业生就业单位性质分为党政机关、科研单位、高等院校、其他事业单位、各类企业及其他六大类，其中各类企业包括国有企业、三资企业及其他企业；2020届中国农业大学就业单位性质分为各类企业、科研院所、党政机关、其他事业单位、其他、部队等六大类，其中各类企业包括国有企业、三资企业及其他企业；2021届中国农业大学毕业生就业单位性质分为各类企业、事业单位、党政机关、部队、其他五大类，其中事业单位包括科研单位、教育单位及其他事业单位；各类企业包括国有企业、三资企业及其他企业。

表 9-12　中国农业大学 2017— 2021 届毕业生按就业单位性质比例分布　　%

| 单位性质 | 企业 | 事业单位 | 党政机关 | 其他机构 |
|---|---|---|---|---|
| 2017 | 60.9 | 20.8 | 10.7 | 7.6 |
| 2018 | 62.0 | 20.4 | 12.6 | 5.1 |
| 2019 | 57.6 | 23.4 | 13.3 | 5.7 |
| 2020 | 39.1 | 34.2 | 17.3 | 9.4 |
| 2021 | 44.8 | 27.9 | 17.1 | 10.2 |

从毕业生的学历层次来看，本科和硕士毕业生最主要的去向是企业，占比分别为 66.3%和 58.2%，本科生去事业单位和党政机关工作的比例不足 10%，硕士研究生去事业单位和党政机关工作的比例稍高，分别为 16.0%和 21.2%（表 9-13）。与此相反，博士毕业生最主要的去向是事业单位，占比达到 80.3%，去企业和党政机关工作的博士生仅占 14.6%和 3.2%。从 2017—2020 届的数据统计中可以看出去事业单位的博士毕业生中有 60%～70%是进入了高等院校和科研院所，这符合高学历人才的培养目的，经过长期和专业的培养，更符合教学和科研工作，做到人尽其用。

表 9-13　中国农业大学 2017—2021 届毕业生就业单位按学历层次的比例分布　　%

| 单位性质 | 企业 | 事业单位 | 党政机关 | 其他机构 |
|---|---|---|---|---|
| 本科 | 66.3 | 7.8 | 9.9 | 16.0 |
| 硕士 | 58.2 | 16.0 | 21.2 | 4.6 |
| 博士 | 14.6 | 80.3 | 3.2 | 1.9 |
| 总计 | 52.5 | 25.5 | 14.3 | 7.6 |

### 5. 就业的特点分析

中国农业大学围绕乡村振兴战略，引导毕业生到中西部地区、东北地区、艰苦边远地区和基层一线就业创业。鼓励毕业生积极参加选调生、“特岗计划”“西部计划”“三支一扶”“大学生征兵”等各项基层及国家重点就业项目，引导毕业生投身重点区域、重大工程、重大项目建设和研究中。

截至 2021 年年底，中国农业大学已与 30 个省（自治区、直辖市）开展定向选调专项人才合作（图 9-10）。学校定期邀请优秀校友回校分享职业选择初心和未来规划，深化学生对选调生及基层工作的认知，在全校范围内营造基层就业的浓厚氛围。组织选调生备考培训，帮助毕业生熟悉选调生选拔要求。建立走访基层、重点领域就业校友的常态机制。对基层任职毕业生开展追踪调研，以毕业生为纽带，协调学校相关资源，为毕业生职业发展和就业地经济发展提供服务。

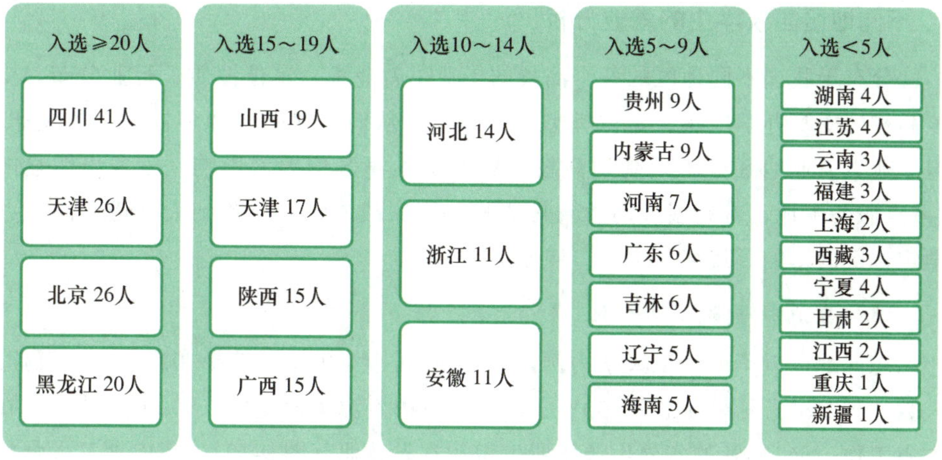


图 9-10　中国农业大学 2021 届毕业生基层就业和选调生分布情况

近年来，中国农业大学已有千余名毕业生深入基层、服务人民。2021 届毕业生共有 291 人入选国家基层就业项目。其中，288 名毕业生通过各省（直辖市、自治区）专项选拔加入选调生行列，入选人数实现“九连增”（图 9-11）。

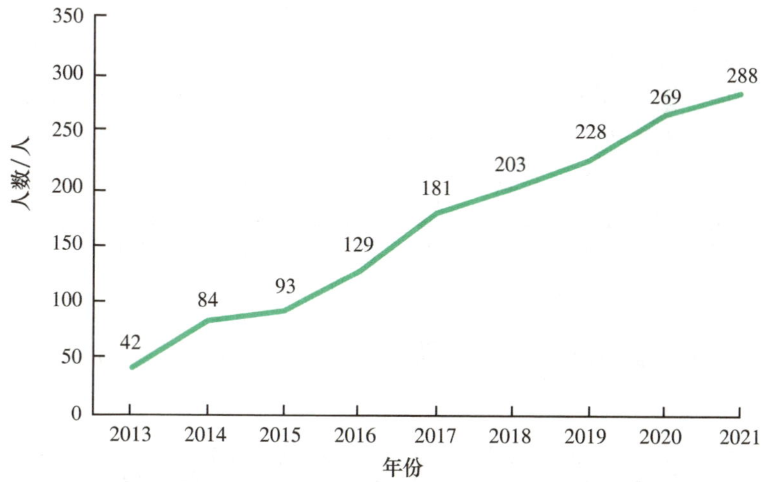


图 9-11　中国农业大学近 9 年加入选调生行列毕业生情况

## 第三节　其他高校的就业分析

### 1. 不同地区高校学生的就业分析*

分布于我国不同地区的各个高校的毕业生就业率、单位性质、行业分布，受该高校的本身办学层次、定位类型影响较大，从而呈现出多种多样的分布规律。但毕业生就业地区分布则受到高校生源及其本身区位因素影响，表现出明显的“重点服务本地，带动服务周边省份及相关国家战略，同时受到大环境和高校办学定位等的影响”规律。

（1）重点服务高校所在地

东部地区以华南理工大学为例，其2020届毕业生主要选择在广东省内就业，人数达到5 811人，占比78.33%。其中，省内生源毕业生中，95.06%选择留在本省工作，66.15%的省外生源毕业生留在本省就业（图9-12）。华南理工大学的毕业生中绝大部分留在广东省工作，一方面是因为广东省工作岗位多，吸引力大；另一方面是由于高校所在地的优势明显。

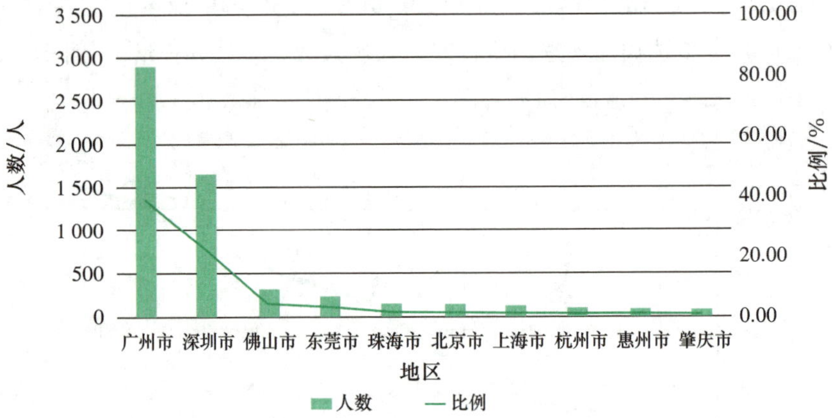


图9-12　华南理工大学2020届毕业生就业流向人数前10个城市分布

---

* 本节数据如无标注，均来自全国高等学校学生信息咨询就业指导中心公布的各高校数据。2020年数据来源于https：//www. ncss. cn/ncss/zt/2020jyzlbg. shtml；jsessionid = 968AAE92E842118DB04998001936189D；2021年数据来源于https：//www. ncss. cn/ncss/zt/2021jyzlbg. shtml。

西部地区以西安交通大学为例，其2020届毕业生主要在陕西省就业，达39.68%，其中在西安市就业占比最高，为92.08%，其余流向较多的地市有咸阳市、宝鸡市和榆林市。除陕西省外，毕业生流向较多的省（直辖市）有广东省、北京市、上海市、江苏省和浙江省（表9-14）。

**表9-14 西安交通大学2020届毕业生就业地统计** %

| 就业地域 | 本科 | 硕士 | 博士 | 合计 |
|---|---|---|---|---|
| 陕西省 | 27.18 | 38.36 | 58.63 | 39.68 |
| 广东省 | 16.22 | 14.63 | 5.51 | 13.55 |
| 北京市 | 7.66 | 7.96 | 5.65 | 7.59 |
| 上海市 | 4.81 | 7.9 | 2.83 | 6.73 |
| 江苏省 | 5.11 | 5.98 | 3.57 | 5.51 |
| 浙江省 | 7.06 | 4.76 | 2.38 | 4.74 |
| 四川省 | 3.76 | 3.47 | 3.13 | 3.46 |
| 山东省 | 3.15 | 3.29 | 1.64 | 3.03 |
| 河南省 | 1.2 | 2.96 | 4.17 | 2.89 |
| 湖北省 | 2.85 | 1.31 | 1.49 | 1.56 |
| 山西省 | 0.45 | 1.46 | 1.93 | 1.39 |
| 重庆市 | 1.35 | 0.9 | 1.49 | 1.05 |
| 福建省 | 2.25 | 0.75 | 0.59 | 0.94 |
| 安徽省 | 2.1 | 0.66 | 1.04 | 0.92 |
| 河北省 | 1.35 | 0.84 | 0.45 | 0.86 |
| 甘肃省 | 0.9 | 0.81 | 0.89 | 0.83 |
| 天津市 | 0.45 | 0.9 | 0.45 | 0.77 |
| 湖南省 | 1.2 | 0.69 | 0.59 | 0.75 |
| 新疆维吾尔自治区 | 2.25 | 0.24 | 0.15 | 0.51 |
| 贵州省 | 1.35 | 0.24 | — | 0.36 |
| 辽宁省 | 0.3 | 0.3 | 0.74 | 0.36 |
| 宁夏回族自治区 | 0.9 | 0.21 | 0.59 | 0.36 |
| 云南省 | 1.05 | 0.21 | 0.45 | 0.36 |
| 内蒙古自治区 | 0.15 | 0.33 | 0.59 | 0.34 |
| 广西壮族自治区 | 0.6 | 0.27 | 0.30 | 0.32 |

续表 9-14 %

| 就业地域 | 本科 | 硕士 | 博士 | 合计 |
|---|---|---|---|---|
| 西藏自治区 | 1.95 | — | — | 0.28 |
| 青海省 | 1.2 | 0.06 | 0.15 | 0.24 |
| 黑龙江省 | 0.6 | 0.12 | 0.3 | 0.21 |
| 江西省 | 0.15 | 0.15 | 0.3 | 0.17 |
| 吉林省 | 0.15 | 0.15 | — | 0.13 |
| 海南省 | 0.3 | 0.09 | — | 0.11 |

(2) 带动服务周边省份及国家战略区域

毕业生就业的地域分布呈现出属地就业的特征，但同时其就业也呈现比较明显的“溢出”效应。近年来，各高校大力推动毕业生服务“一带一路”、京津冀协同、长江经济带、粤港澳大湾区、西部地区等国家发展战略，为国家经济建设与产业结构转型提供人才支持。在各高校的引导下，毕业就业区域也呈现出带动服务高校所在地周边省份及国家战略区域的特点。

华中科技大学坚持“四个服务”导向，面向国家重大战略需求，推进就业引导行动计划工作。2020 年，1 168 位本科毕业生赴“长江经济带”① 所涉及省、市就业，占协议就业比例高达 55.86%，4 796 位研究生毕业生赴“长江经济带”就业，占协议就业毕业研究生 63.51%，其中博士研究生 731 名，硕士研究生 4 065 名（表 9-15）。从不同学科来看，医学毕业研究生赴“长江经济带”就业比例最高，为 75.51%，其次为人文社科和理科，分别占比 63.40%和 63.38%。

表 9-15 华中科技大学 2020 届本科毕业生重点区域就业分布

| 区域 | 人数/人 | 占协议就业比例/% |
|---|---|---|
| 京津冀 | 145 | 6.93 |
| “一带一路” | 887 | 42.42 |
| 粤港澳大湾区 | 435 | 20.80 |
| 长江经济带 | 1 168 | 55.86 |

① 长江经济带：包含上海市、安徽省、湖南省、贵州省、江苏省、江西省、重庆市、云南省、浙江省、湖北省、四川省。

天津大学深入推进“三全育人、五育并举”人才培养综合改革，坚持把“家国情怀”作为人才培养目标，贯穿人才培养全过程，鼓励学生树立远大理想，引导他们唱响“主旋律”、服务“大舞台”。2020 届毕业生服务京津冀协同发展的毕业生为 3 740 人（去往北京 1 185 人、天津 2 257 人、河北 398 人），占整体就业人数的 53.5%。其中，硕士毕业生选择在京津冀地区就业的比例最高，达 56.32%（图 9-13）。

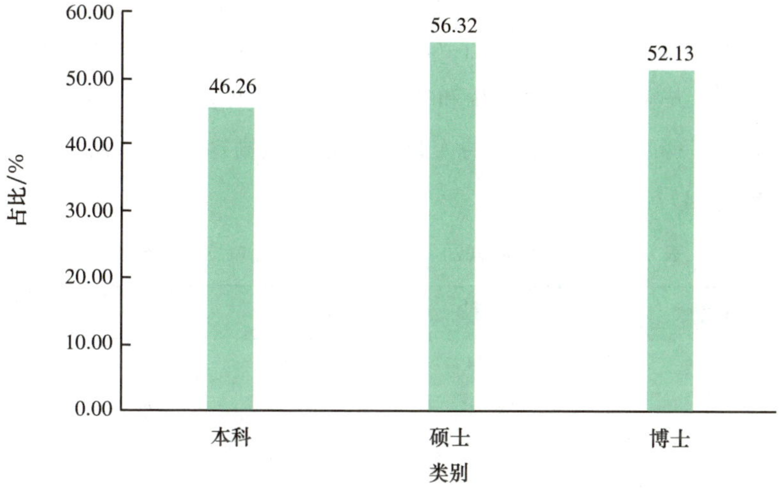


图 9-13 天津大学 2020 届毕业生京津冀地区就业占比

吉林大学积极创新思政平台，以校园招聘作为思政育人的重要载体，在学校的引导下，2020 届毕业生中，60.89%的毕业生赴“一带一路”所涉及的省、自治区、直辖市就业①，其中本科生 1 372 人，占本科生的 57.62%，硕士生 2 533 人，占硕士生的 60.99%；博士生 434 人，占博士生的 71.49%。

华南理工大学立足区域优势，积极抢抓粤港澳大湾区重大发展机遇。2020 届毕业生中，74.70%的毕业生（5 542 人）赴粤港澳大湾区就业②，本科毕业生 2 393 人，占 73.59%；硕士研究生 2 976 人，占 77.00%；博士研究生 173 人，

① “一带一路”地区（国内区域布局）：包含新疆、陕西、甘肃、宁夏、青海、内蒙古等西北的 6 省；黑龙江、吉林、辽宁等东北 3 省；广西、云南、西藏等西南 3 省；上海、福建、广东、浙江、海南等 5 省；内陆地区则是重庆。

② 粤港澳大湾区：包含香港、澳门两个特别行政区和广东省广州、深圳、珠海、佛山、惠州、东莞、中山、江门、肇庆 9 个珠三角城市。

占 57.28%。

西安交通大学积极引导毕业生到国家需要的地方建功立业。2020 届毕业生到中西部就业的人数比例为 55.47%：其中，博士为 75.89%，硕士和本科分别为 52.33%和 50.60%。兰州大学大力推动毕业生服务西部地区建设等国家发展战略，精准施策和发力，为服务国家战略、服务地方经济社会发展做出了重要贡献。2020 届服务西部地区建设的毕业生有 2 732 人（占比 37.71%），流向人数位居前五位的省份为甘肃省（1 848 人）、陕西省（267 人）、四川省（177 人）、新疆维吾尔自治区（91 人）和青海省（62 人）（表 9-16）。从西部地区就业毕业生行业流向来看，毕业生流向“卫生和社会工作”“公共管理、社会保障和社会组织”及“教育”等重点领域就业的人数占比相对较高，分别为 25%、21.2%和 15.1%（图 9-14）。

**表 9-16 兰州大学 2020 届毕业生西部地区就业人数分布** 人

| 西部地区 | 本科 | 硕士 | 博士 | 总体 |
|---|---|---|---|---|
| 甘肃省 | 644 | 1 013 | 191 | 1 848 |
| 陕西省 | 71 | 181 | 15 | 267 |
| 四川省 | 62 | 105 | 10 | 177 |
| 新疆维吾尔自治区 | 61 | 27 | 3 | 91 |
| 青海省 | 9 | 50 | 3 | 62 |
| 重庆市 | 19 | 37 | 2 | 58 |
| 宁夏回族自治区 | 12 | 39 | 6 | 57 |
| 内蒙古自治区 | 17 | 23 | — | 40 |
| 广西壮族自治区 | 13 | 23 | — | 36 |
| 云南省 | 21 | 11 | 3 | 35 |
| 西藏自治区 | 32 | 1 | — | 33 |
| 贵州省 | 16 | 9 | 3 | 28 |
| 总计 | 977 | 1 519 | 236 | 2 732 |

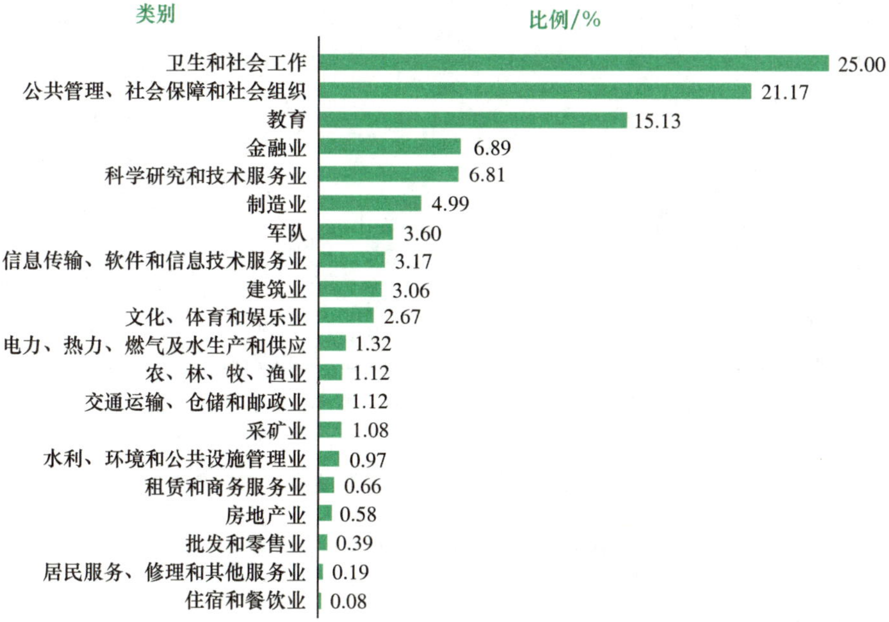


图 9-14 兰州大学 2020 届毕业生西部地区就业行业人数分布

### (3) 毕业就业区域跨度受到学历层次、高校办学定位影响

对比本硕博不同学历层次可以发现，本科生就业区域跨度最大，其次为硕士研究生，而博士研究生的就业区域跨度相比之下较为集中。湖南大学 2020 届就业毕业生，从就业区域流向来看，本科生在华南地区就业人数最多（31.48%），其次是华中地区（28.39%）、华东地区（18.64%）；硕士生则在华中地区就业人数最多（44.58%），其次是华南地区（25.11%）、华东地区（19.78%）；博士生就业主战场也是华中地区（58.87%），但湖南省内就占 50.67%（图 9-15）。吉林大学 2020 届毕业生就业主战场为东北地区（30.67%），北部沿海地区（22.93%）东部沿海地区（15.88%）和南部沿海地区（13.85%）次之（图 9-16）。分学历层次来看，吉林大学本科毕业生和硕士毕业生就业地区分布广泛，主要流向了北部沿海地区、东北地区、东部沿海地区和南部沿海地区；博士毕业生就业地区流向相对集中，超五成均流向了东北地区。

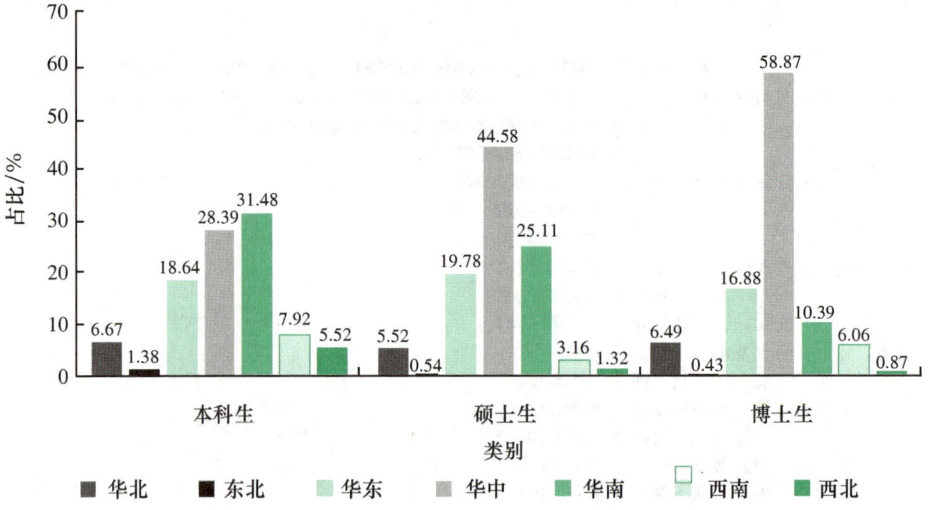


图 9-15 湖南大学 2020 届毕业生分学历就业区域流向

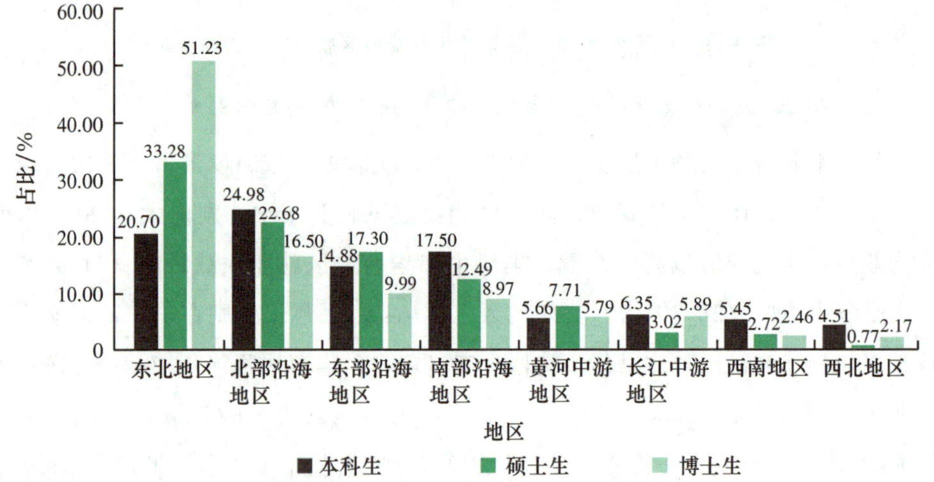


图 9-16 吉林大学 2020 届不同学历层次毕业生就业地区分布

对比“一流”大学建设高校[①]和非“一流”大学建设高校毕业生就业的区域跨度，可以发现非“一流”大学建设高校毕业生更集中地选择了高校周围地区就

① “一流”大学建设高校名单：参考 2017 年 9 月教育部、财政部、国家发展改革委联合发布的《关于公布世界一流大学和一流学科建设高校及建设学科名单的通知》。

业。例如，首都师范大学2020年本科毕业生在北京地区就业比例高达80.71%。重庆医科大学2020年已就业（不含升学）人数3 246人，在重庆市就业2 026人，占比为62.42%。

（4）其他趋势变化

受近些年经济发展状况和新冠疫情的影响，毕业生在重点城市的就业集中度逐渐下降、赴西部地区就业人数逐渐上升。

复旦大学2020届毕业生在东部地区就业，首先是选择上海，就业人数占66.12%，其次是选择广东、浙江、北京、江苏等地。在西部地区就业的毕业生多选择四川、云南、重庆、陕西等地，中部地区以安徽、河南、湖北为主。相较2019届，复旦大学2020届毕业生赴西部地区就业人数增长28.74%。

对外经济贸易大学2020年在保障就业率稳定的同时，继续注重就业结构调整。对外经济贸易大学39.48%的毕业生到京外就业，相比2019年提升4%。毕业生求职初始首选工作地点为北京的比例和最终落实工作地点在京的比例连续3年下降。

天津大学2020届毕业生就业地主要分布在华北地区，占比为56.7%，去往华东地区就业的毕业生比例为20.89%，近两年呈持续上升趋势。

## 2. 不同类型高校学生的就业分析

高校的类型决定着大学生的培养目标，也在很大程度上影响着大学生就业的特点。我国具有代表性的高校有综合类、理工类、医学类、师范类、农林地矿油类、财经管理类6类，这6类高校的学生就业行业有着较大区别，如管理学类毕业生主要在公共管理、社会保障和社会组织和教育行业就业，工学类毕业生主要在制造业和建筑业行业就业，理学类毕业生主要在教育和科学研究和技术服务行业。总体来讲，大学生的就业呈现出“以高校优势专业所在行业”为主的特点，而重点高校大学生的就业更青睐于行业龙头企业。

（1）高校优势专业决定大学生就业行业

就业行业与高校专业设置及人才培养定位呈现出极大的相关性，医学类高校表现尤甚。

综合类高校以兰州大学为例，2020届毕业生中，就业行业流向集中在公共管理、社会保障和社会组织（17.13%）、卫生和社会工作（16.76%）、教育

（16.24%）领域，制造业、科学研究和技术服务业、金融业、信息传输/软件和信息技术服务业次之，比例为 7.15%～7.74%（图 9-17）。

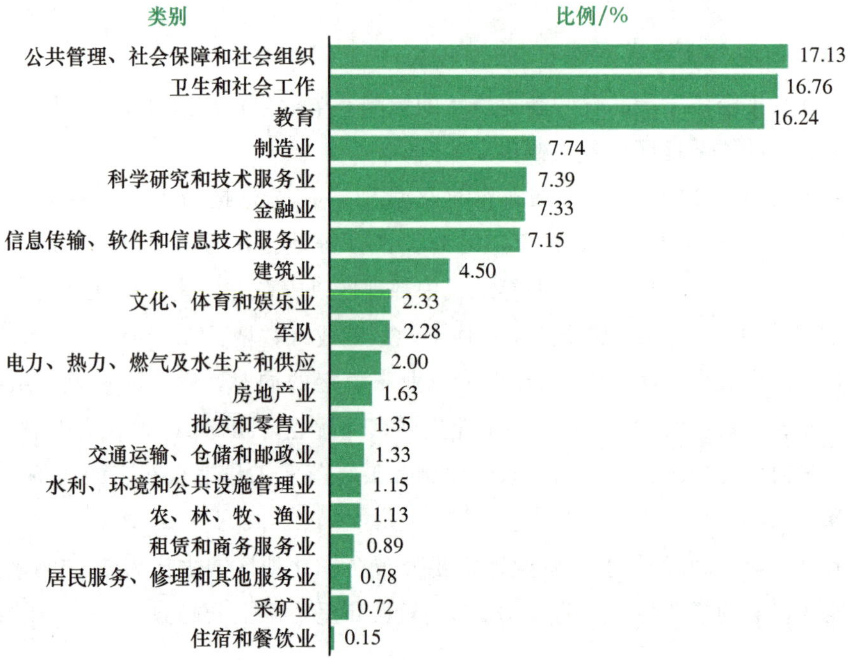


图 9-17　兰州大学 2020 届毕业生就业行业分布

理工类高校以北京理工大学为例，2020 届毕业生中，本科生就业于科学研究技术服务业高达 29.05%，研究生就业于科学研究技术服务业达到 24.69%，就业于信息传输/软件/信息技术服务业达到 20.31%，二者相加接近所有就业研究生半数（表 9-17）。

表 9-17　北京理工大学 2020 届毕业生就业行业前六位　　%

| 本科生就业行业前六位 | 占比 | 研究生就业行业前六位 | 占比 |
|---|---|---|---|
| 科学研究技术服务业 | 29.05 | 科学研究技术服务业 | 24.69 |
| 信息传输/软件/信息技术服务业 | 14.88 | 信息传输/软件/信息技术服务业 | 20.31 |
| 制造业 | 14.78 | 教育 | 13.77 |
| 教育 | 12.65 | 制造业 | 13.59 |
| 公共管理/社会保障 | 5.26 | 金融业 | 6.51 |
| 文化/教育/娱乐业 | 5.16 | 公共管理/社会保障 | 4.47 |

医学类高校的就业行业分布情况则更为集中。如重庆医科大学2020届3 374位就业毕业生中，就业行业为“卫生和社会工作”的毕业生人数高达2 700人，其他行业人数均较少（表9-18）。同样辽宁中医药大学2020届毕业生中有55.33%的学生就业去向集中在“卫生和社会工作”行业上。

**表9-18　重庆医科大学2020届毕业生就业行业人数分布**　　人

| 单位行业 | 博士 | 硕士 | 本科 | 专科 |
|---|---|---|---|---|
| 卫生和社会工作 | 136 | 1 240 | 1 307 | 17 |
| 教育 | 17 | 34 | 49 | 1 |
| 军队 | — | 2 | 33 | — |
| 信息传输、软件和信息技术服务业 | — | 4 | 30 | — |
| 公共管理、社会保障和社会组织 | 1 | 6 | 16 | — |
| 科学研究和技术服务业 | 4 | 14 | 14 | 6 |
| 租赁和商务服务业 | — | — | 14 | 1 |
| 文化、体育和娱乐业 | — | 4 | 8 | 6 |
| 批发和零售业 | — | — | 8 | 1 |
| 交通运输、仓储和邮政业 | — | — | — | 4 |
| 金融业 | — | — | 4 | — |
| 房地产业 | — | — | 3 | — |
| 建筑业 | — | — | 2 | 3 |
| 居民服务、修理和其他服务业 | — | — | 2 | 1 |
| 农、林、牧、渔业 | — | 1 | 1 | — |
| 制造业 | — | — | 1 | — |
| 电力、热力、燃气及水生产和供应业 | — | — | 1 | — |
| 住宿和餐饮业 | — | 1 | 1 | — |

师范类高校以首都师范大学为例，2020年有1 805名毕业生到教育系统工作[①]，占毕业生总数的36.6%。其中本科毕业生845名，同口径占比35.51%。研究生毕业生960名，同口径占比42.67%。本科毕业生中，师范类毕业生签订三方协议共781人，签劳动合同71人，其中到教育系统就业的比例为92.27%，

① 此处教育系统为公立幼儿园、中小学及高等学校，不包括私立教育机构。

就业情况充分反映了首都师范大学的学科特色、行业优势。

农林地矿油类高校以西北农林科技大学为例，2020 届毕业生就业分布在 20 个行业，服务农、林、牧、渔业、水利、环境和公共设施管理业、公共管理、社会保障和社会组织等涉农行业，助力“三农”和“乡村振兴战略”发展的毕业生比例达到 74.91%。

财经管理类高校以中央财经大学为例，2020 年本科、硕士毕业生最主要的行业流向为金融业，而教育业为博士毕业生最主要的行业流向。2020 年，本科、硕士毕业生签约金融业单位比例分别为 35.22%、52.04%，博士毕业生签约教育行业单位比例为 58.7%。从具体流向看，本科毕业生在银行业、公共管理、社会保障和社会组织、信息传输、软件和信息技术服务业、会计业等多行业就业，其中银行业居首，占签约总人数的 25.77%；硕士毕业生签约银行业、公共管理、社会保障和社会组织、金融业其他、证券业、信息传输、软件和信息技术服务业、保险业等行业单位人数众多，其中银行业占签约人数的 25.43%；博士毕业生在教育、公共管理、社会保障和社会组织、银行业、科学研究和技术服务业等行业分布较多（表 9-19）。

**表 9-19　中央财经大学 2020 届毕业生就业行业分布情况**

| 行业 | 本科 | | 硕士 | | 博士 | |
|---|---|---|---|---|---|---|
| | 人数/人 | 比例/% | 人数/人 | 比例/% | 人数/人 | 比例/% |
| 金融业 | 149 | 35.22 | 751 | 52.04 | 17 | 18.48 |
| 租赁和商务服务业 | 51 | 12.06 | 104 | 7.21 | 1 | 1.09 |
| 公共管理、社会保障和社会组织 | 55 | 13.00 | 214 | 14.83 | 9 | 9.78 |
| 信息传输、软件和信息技术服务业 | 36 | 8.51 | 95 | 6.58 | 2 | 2.17 |
| 房地产业 | 18 | 4.26 | 42 | 2.91 | 1 | 1.09 |
| 教育 | 14 | 3.31 | 28 | 1.94 | 54 | 58.70 |
| 科学研究和技术服务业 | 9 | 2.13 | 40 | 2.77 | 7 | 7.61 |
| 文化、体育和娱乐业 | 7 | 1.65 | 20 | 1.39 | | |
| 批发和零售业 | 8 | 1.89 | 10 | 0.69 | | |
| 建筑业 | 26 | 6.15 | 20 | 1.39 | | |
| 制造业 | 17 | 4.02 | 40 | 2.77 | | |

续表 9-19

| 行业 | 本科 | | 硕士 | | 博士 | |
|---|---|---|---|---|---|---|
| | 人数/人 | 比例/% | 人数/人 | 比例/% | 人数/人 | 比例/% |
| 电力、热力、燃气及水生产和供应业 | 11 | 2.60 | 26 | 1.80 | | |
| 交通运输、仓储和邮政业 | 11 | 2.60 | 15 | 1.04 | | |
| 卫生和社会工作 | 1 | 0.24 | 10 | 0.69 | | |
| 采矿业 | | | 18 | 1.25 | 1 | 1.09 |
| 农、林、牧、渔业 | 7 | 1.65 | 3 | 0.21 | | |
| 其他 | 3 | 0.71 | 7 | 0.49 | | |
| 总计 | 423 | 100.00 | 1 443 | 100.00 | 92 | 100.00 |

此外，我国还有 29 所独立设置的本科艺术院校，此类院校的就业行业更具特色。以我国唯一一所以陶瓷命名的多科性本科高校——景德镇陶瓷大学为例，在该校 2020 届毕业生就业排名前十的行业中，排名第一的为“其他制造业”，有 655 人，占比 20.34%。数据显示，该校 2020 届毕业生就业行业分布中，在陶瓷相关企业就业的有 735 人，其中本科生 594 人、硕士生 139 人、博士生 2 人。

(2) 重点大学毕业生青睐于行业龙头企业

在各类高校中，影响力越大的重点高校的毕业生服务于行业龙头企业的比例越大。如财经类高校中的中央财经大学 2020 年毕业生主要签约单位分布前五名的单位为中国建设银行股份有限公司、中国工商银行股份有限公司、中国银行股份有限公司、中国建筑股份有限公司、中国农业银行股份有限公司；对外经济贸易大学毕业生主要签约单位分布前五名的单位为宁波银行股份有限公司、中国中信集团有限公司、中国银行股份有限公司行、中国建设银行股份有限公司、中国工商银行股份有限公司，均为金融业大企业。

综合类高校的上海交通大学积极融入国家区域发展战略，深化就业教育与引导，将关系国计民生的重要行业关键领域明确作为学生的就业核心市场，引导学生主动到国家重要行业关键领域去建功立业。2020 年就业人数最多的 5 个单位为华为技术有限公司、上海交通大学、上海交通大学医学院附属第九人民医院、上海交通大学医学院附属瑞金医院、腾讯科技有限公司，均是各行业的佼佼者(表 9-20)。

表 9-20　上海交通大学 2020 年毕业生就业人数前五位重点单位　　人

| 就业单位 | 博士 | 硕士 | 本科 | 总计 |
| --- | --- | --- | --- | --- |
| 华为技术有限公司 | 47 | 334 | 21 | 402 |
| 上海交通大学 | 144 | 35 | 11 | 190 |
| 上海交通大学医学院附属第九人民医院 | 61 | 44 | 34 | 139 |
| 上海交通大学医学院附属瑞金医院 | 68 | 24 | 18 | 110 |
| 腾讯科技有限公司 | 4 | 78 | 4 | 86 |

理工类高校的华中科技大学 2020 年本科毕业生到企业就业的有 1 557 名，其中有 511 人进入世界 500 强企业工作①，占到企业就业总人数的 32.82%；537 人进入中国 500 强企业（含 361 名进入世界 500 强企业的毕业生），占到企业就业总人数的 34.49%；118 人进入中国民营企业 500 强（含 66 名进入世界 500 强企业和 75 名进入中国 500 强企业的毕业生），占到企业就业总人数的 7.58%。

### 3. 不同学历层次学生的就业分析

对比本硕博不同学历层次可以发现，本科毕业生就业行业、单位更为分散，而博士毕业生较为集中，且无论何种类型的高校，博士毕业生均将“教育”行业作为重点就业领域。

以西安交通大学为例，该校 2020 届毕业生就业人数最多的行业是软件和信息技术服务业、教育以及制造业。本科生就业人数最多的行业是软件和信息技术服务业、制造业、教育，前 3 个行业就业人数占 57.36%。硕士毕业生就业人数比例最高的行业为软件和信息技术服务业，其次为科学研究和技术服务业、制造业，前 3 个行业就业人数占 55.44%。博士毕业生行业流向有明显特征，分布相对集中，教育行业就业的人数达 58.48%，其次为医疗卫生、科学研究和技术服务业，前 3 个行业就业人数占 82.73%（表 9-21）。

① 世界 500 强企业和中国 500 强企业：参考《财富》杂志 2020 年发布的名单。中国民营企业 500 强：参考中华全国工商业联合会公布名单。

表 9-21 西安交通大学 2020 届毕业生签约就业单位行业统计 %

| 序号 | 单位行业 | 本科 | 硕士 | 博士 | 合计 |
|---|---|---|---|---|---|
| 1 | 软件和信息技术服务业 | 21.62 | 29.05 | 3.72 | 24.36 |
| 2 | 教育 | 14.42 | 4.28 | 58.48 | 13.5 |
| 3 | 制造业 | 21.32 | 13.14 | 5.36 | 13.18 |
| 4 | 科学研究和技术服务业 | 3.6 | 13.25 | 10.71 | 11.52 |
| 5 | 金融业 | 5.71 | 9.72 | 0.3 | 7.8 |
| 6 | 电力、热力、燃气 | 7.06 | 8.02 | 4.02 | 7.31 |
| 7 | 医疗卫生 | 4.95 | 6.25 | 13.54 | 7.12 |
| 8 | 公共管理、社会保障 | 7.21 | 8.14 | 0.74 | 6.94 |
| 9 | 商务服务业 | 2.7 | 2.15 | 0.15 | 1.94 |
| 10 | 建筑业 | 5.26 | 1.53 | 0.3 | 1.88 |
| 11 | 批发和零售业 | 2.85 | 1.35 | | 1.37 |
| 12 | 房地产业 | 1.2 | 1.41 | | 1.18 |
| 13 | 军队 | 1.05 | 0.75 | 2.68 | 1.07 |
| 14 | 交通运输 | 0.75 | 0.57 | | 0.51 |
| 15 | 文化 | 0.3 | 0.39 | | 0.32 |

重庆大学也是如此，2020 届该校毕业生签约单位行业分布集中于制造业、教育、信息传输、软件和信息技术服务业、建筑业等领域。其中，本科毕业生签约单位所在行业以制造业、建筑业、教育、信息传输、软件和信息技术服务业为主；硕士毕业生以信息传输、软件和信息技术服务业、制造业、公共管理、社会保障和社会组织为主；博士毕业生以教育、科学研究和技术服务业为主（表 9-22）。

表 9-22 重庆大学 2020 届毕业生就业行业前十位 %

| 就业行业 | 本科 | 硕士 | 博士 | 总体 |
|---|---|---|---|---|
| 制造业 | 20.67 | 14.22 | 3.25 | 16.04 |
| 教育 | 16.35 | 9.04 | 71.25 | 15.36 |
| 信息传输、软件和信息技术服务业 | 12.21 | 14.50 | 0.75 | 12.85 |
| 建筑业 | 19.20 | 9.16 | 1.50 | 12.54 |
| 公共管理、社会保障和社会组织 | 5.19 | 12.68 | 2.25 | 9.24 |
| 科学研究和技术服务业 | 3.57 | 11.09 | 12.75 | 8.33 |

续表 9-22 %

| 就业行业 | 本科 | 硕士 | 博士 | 总体 |
|---|---|---|---|---|
| 房地产业 | 5.26 | 8.53 | — | 6.80 |
| 电力、热力、燃气及水生产和供应业 | 5.86 | 5.82 | 3.00 | 5.68 |
| 金融业 | 3.16 | 5.09 | 0.50 | 4.09 |
| 租赁和商务服务业 | 1.09 | 3.82 | 0.25 | 2.58 |

综合以上西安交通大学（2020 届博士生就业于“教育”行业比例为 58.48%）、重庆大学（2020 届博士生就业于“教育”行业比例为 71.25%）及其他一流大学建设高校博士生就业行业进行分析，可以发现重点大学博士毕业生由于其专业知识掌握程度及自身职业规划，在能力及意愿上均倾向于从事教育、科研工作，这一发现与赵延东等（2010）①、高耀等（2016）② 学者的研究高度一致，表明了我国博士就业行业分布与我国博士生培养目标基本相吻合。

## 第四节　创新创业教育促进高质量就业的经验总结

### 1. 与国家战略相符的就业引导策略

近年来，各高校均加强了创新创业教育与就业教育的衔接，加强了政策宣传及教育引导，突出重点、精准施策，旨在做到教育动心、指导入心、服务暖心、跟踪贴心。高校着力引导毕业生树立正确的职业观、就业观和择业观，志存高远、脚踏实地，把个人的理想追求融入党和国家事业之中。围绕国家战略，高校重点引导毕业生到中西部地区、东北地区、艰苦边远地区和基层一线就业创业，鼓励毕业生积极参加选调生、“特岗计划”“西部计划”“三支一扶”“大学生征

① 赵延东，等. 博士毕业生就业取向如何[J]. 中国人才，2010(07)：73-74.

② 高耀，沈文钦. 中国博士毕业生就业状况——基于 2014 届 75 所教育部直属高校的分析[J]. 学位与研究生教育，2016(02)：49-56.

兵”等各项基层及国家重点就业项目，引导毕业生投身重点区域、重大工程、重大项目、国际组织等领域就业创业（表 9-23）。

表 9-23 部分高校 2020 届毕业生国家战略导向就业情况

| 学校 | 国家战略导向就业情况 |
|---|---|
| 上海交通大学 | 近 5 年毕业生流向中西部地区就业的比例稳定在 7.50%左右，赴基层公共部门就业的选调生人数累计达 659 人，分别为 2016 年 45 人、2017 年 100 人、2018 年 140 人、2019 年 170 人、2020 年 204 人，逐年稳步上升 |
| 重庆大学 | 2020 年，四川、重庆、贵州、广西、甘肃等 26 个省、自治区、直辖市定向重庆大学招录选调生，2020 届毕业生中 506 人加入选调生行列，占毕业生总人数的 4.65%；16 人参与大学生志愿服务西部计划；63 人投身基层一线部队 |
| 中央财经大学 | 2020 年，236 名毕业生签约西部地区就业；113 名毕业生签约县级及以下基层单位工作；75 名毕业生加入 15 个省份的基层选调生队伍；2 名毕业生参军入伍；2 名毕业生通过西部计划志愿服务西部建设；1 名毕业生赴北京冬奥组委会工作；1 名毕业生通过外交人才选拔进入外交部；8 名学生赴世界自然基金会北京代表处、联合国工业发展组织上海办公室等国际组织实习 |
| 北京交通大学 | 2020 年奖励到基层工作毕业生 104 人（共计 23.9 万人），120 余人参加第三届基层训练营（线上），441 人被授予奋飞奖（其中到西部地区 231 人，到中国铁路总公司所属各铁路局 178 人） |
| 北京联合大学 | 2020 届毕业生中共有 22 名应届毕业生参军入伍；新疆、西藏招录录取 3 人 |
| 复旦大学 | 2020 届毕业生中超过 2 360 人次报名参加 28 个省（自治区、直辖市）的选调生及党政储备人才项目招录，233 人完成签约派遣，连续 5 年持续增长。2020 届毕业生中有 1 287 人进入新一代信息技术产业、生物医药及高性能医疗器械领域就业，占企业就业人数的 43.54%。2020 年，48 人次赴国际组织实习，与 2019 年持平。参与驻纽约、日内瓦、曼谷、新加坡等海外国际组织实习项目学生占比为 58.33% |
| 华南理工大学 | 2020 届毕业生中，进入中央/地方基层项目的毕业生超过 182 人，主要分布在广东、广西、四川等 21 个省、自治区及直辖市 |
| 华中科技大学 | 2020 年，前往国防军工单位的毕业研究生人数近 5 年最高，达到 318 人，较 2019 年增长 20.91%。2020 年，共计 29 个省、自治区及直辖市定向招录选调生，签约 158 名毕业研究生，高于前 5 年平均签约人数，总体维持在较高水平 |

续表 9-23

| 学校 | 国家战略导向就业情况 |
| --- | --- |
| 吉林大学 | 学校 2020 届基层就业毕业生共 505 人，其中本科毕业生 161 人，硕士毕业生 329 人，博士毕业生 15 人，分别占基层就业总人数的 31.88%、65.15%、2.97%。基层就业毕业生超九成流向各级党政机关，体现了学校学科特色、学生能力素质与党政机关用人需求相契合 |
| 山东大学 | 2020 届毕业生中，有 16 人应征入伍；有 25 人从事国家或地方基层项目，主要到基层从事支教、支农、扶贫等工作，为促进基层教育、农业、扶贫等社会事业发展和构建社会主义和谐社会做出贡献。2020 届毕业生中，407 人通过选调赴各级公共管理部门工作，主要分布在山东、天津、北京、四川、河北等 28 个省、自治区、直辖市 |
| 西北农林科技大学 | 2020 届毕业生中 64%的西部生源毕业生选择留在了西部，同时吸引了 24%的中部和 14%的东部生源志愿服务西部。学校整体就业毕业生中，西部就业比例达到 41.62%。2020 届毕业生中，有 314 人被国家、地方基层项目录取，其中主要为各省选调生（290 人，92.36%）和西部计划（13 人，4.14%） |

同时，高校发挥自身学科专业优势，将关系国计民生的重要行业关键领域明确作为学生的就业核心市场，引导学生主动到国家重要行业关键领域去建功立业。以上海交通大学为例，毕业生主要赴军工、电力电网、通信、汽车、智能装备制造、金融、医疗卫生、互联网、教育等重要行业领域就业。近 3 年上海交通大学赴国防军工单位及部队就业人数累计达 700 人，分别为 2018 年 166 人、2019 年 181 人、2020 年 353 人（表 9-24），呈逐年稳步上升趋势。

**表 9-24　上海交通大学 2020 年赴国防军工单位及部队就业毕业生人数　　人**

| 单位名称 | 博士 | 硕士 | 本科 | 总计 |
| --- | --- | --- | --- | --- |
| 中国工程物理研究院 | 8 | 2 | — | 10 |
| 中国人民解放军（含附属医院） | 2 | 32 | 10 | 44 |
| 中国核工业集团有限公司 | 1 | 18 | 1 | 20 |
| 中国航天科技集团有限公司 | 9 | 20 | 1 | 30 |
| 中国航天科工集团有限公司 | 4 | 6 | 1 | 11 |
| 中国航空工业集团有限公司 | 5 | 31 | 2 | 38 |
| 中国船舶集团有限公司 | 19 | 45 | 5 | 69 |

续表 9-24 人

| 单位名称 | 博士 | 硕士 | 本科 | 总计 |
| --- | --- | --- | --- | --- |
| 中国兵器工业集团有限公司 | — | 4 | — | 4 |
| 中国兵器装备集团有限公司 | 1 | — | — | 1 |
| 中国电子科技集团有限公司 | 13 | 45 | 1 | 59 |
| 中国航空发动机集团有限公司 | 12 | 17 | — | 29 |
| 中国电子信息产业集团有限公司 | — | 1 | 1 | 2 |
| 中国商用飞机有限责任公司 | 3 | 30 | 3 | 36 |

### 2. 与产业发展结合的“点线面”就业体系

各类高校在推进创新创业的工作时都注重从自身的特色出发，结合行业发展需求，构建全方位的就业体系，引导大学生投身行业产业。例如，工科院校大学生应更多去工程类行业创业就业，农林类的大学生应该投身大农业的发展，师范类的大学生应多去教育机构就业，这样做的目的是使大学生能够学有所用，而且具有较高的竞争力和胜任力，更容易取得事业上的成功。

以北京化工大学为例，其是一所以石油化工为特色的行业高校，该校“依托行业特色，服务国民经济主战场”工作思想，紧随国家的人才战略需求律动，构建“点、线、面”三位一体的就业与就业市场的高度融合体系，科学布局毕业生就业市场。第一，“以点筑基”，聚焦行业重点，加强与中石化、中国化学工程集团、中国核工业集团等行业内重点企业的合作，同时加强校友企业人才招聘对接。第二，“以线织网”，联合学科专业对应的行业协会、“互联网＋”人才招聘网站。制定了“保主流、扩途径”的工作方针，发挥学校学科专业优势，打造行业市场拓展平台，把握就业工作主动权。第三，“以面布局”，关注国家经济开发区、国家高新区以及行业相关度高的地区。2020 年北京化工大学就业中心与中关村高新技术开发区、天津滨海新区、天津泰达开发区、沧州临港开发区、山东化工专业人才市场管理委员会等继续加深合作，对接人才需求，丰富就业渠道。

# 第十章

# 国外典型高校创新创业教育促进高质量就业的做法与经验

创新创业教育始于20世纪50年代的美国，经过几十载的发展，已形成较为完善的体系。纵观全球，美、德、英、日等国在大学生创新创业教育上取得了丰硕成果，主要体现在：创业教育起步早，体制较为成熟；课程设置科学合理，师资力量雄厚；社会力量参与广泛等创新创业文化范围良好。为此，在立足我国基本国情的前提下，剖析发达国家创新创业教育成功的原因，借助他山之石攻已之玉，从完善创新创业教育课程体系、重视创新创业教育实践、营造良好创新创业教育文化等方面出发，为我国高校创新创业教育改革提供借鉴。

## 第一节　美国创新创业教育

美国“二战”后需要完成社会产业转型，各大高校响应政府政策，其中哈佛大学商学院的迈尔斯梅斯（Myles Mace）教授首创“企业管理”课程，首次把创新创业教育理念设置于课程中，为高校学生提供创业经验思路及方法，激励学生大学毕业后创业发展。自此，美国开始发展创新创业教育，各大高校不断完善创新创业教育核心理念、构建创新创业教育课程体系、丰富创新创业教育实践活动。美国创新创业教育发展至今已有70多年历史，贯穿各大学的教育培养体系，为美国经济发展提供源源不断的创新力量。

美国创新创业型大学创业中心作为连接大学和企业之间的桥梁，在美国创新创业教育中占据着举足轻重的地位。考夫曼创业基金会（Kauffman Venture Foundation）作为美国最大的专门支持创新创业教育的基金会，持资创立全国创业中心联盟（the National Consortium of Entrepreneurship Centers），联盟致力于机构的创新创业课程、创新创业研究以及创新创业项目的研发。斯坦福商学院和麻省理工学院作为美国著名的创业型大学，其创业中心在创业教育中发挥了极大的作用。百森商学院、康奈尔大学等高校为各学院积极培养创新创业教育师资，将专业课程与创新创业课程紧密融合，根据不同学科专业的特色，制定符合该专业未来就业方向的创新创业教育课程。如针对法律专业，将融资、创业、企业运行等方面的知识作为专题进行讲授，帮助同学们在学习本专业课程的同时学到创新创业领域的相关知识。

### 1. 哈佛大学

哈佛大学在 1908 年设立商学院 MBA（Master of Business Administration）学位，培养众多工商管理人才，为美国各行各业提供优质人才，被美国人誉为培养商业及政治精英的“西点军校”。哈佛大学商学院提供政策、财务、科技研发、组织结构等 100 多门课程。据统计，美国 500 强公司中绝大多数高层管理人员都拥有 MBA 学位。这也体现了美国创新创业教育的影响力，为美国各大企业输送了创新创业管理型尖端人才。

#### （1）创新创业教育的理念

哈佛大学的目标是培养各个领域的顶尖人才，通过招收不同国家的优秀学生，培育出经济、文化、科技、教育等领域的研究型人才和应用型人才，增加哈佛大学的世界影响力。哈佛大学注重培养人才的 3 方面技能：技术技能、人事技能及概念技能，为学生提供全面了解问题本质及解决问题的技巧。同时，学校重视创新创业教育，在学生培养计划中设置创新创业教育课程，并将优势学科融入其中。哈佛大学培养的优秀人才进入市场后，打破固有思维创造高新技术，开拓高新领域，为世界提供成千上万的就业岗位，加速世界高新领域发展。

#### （2）开设的创新创业教育课程

哈佛大学商学院是全球最早开设创新创业教育课程的学院，为全球各国创新创业教育发展提供示范作用。世界多所高校的商学院使用的案例中，有 80% 由哈佛商学院制作，有近 13 00 个案例与创业相关。

哈佛大学是发展创新创业教育时间最长的美国高校，在课程设置、专业培养、学习反馈等方面均有研究及实践，向世界展示较为成熟的创新创业教育课程体系。以哈佛大学商学院 MBA 为代表，MBA 课程强调创业实践能力，为学生提供大量体验式项目，一定程度上培养学生在创业过程中的管理技巧及分析能力。MBA 课程分为必修课程与选修课程，必修课共 10 门，课程如表 10-1 所示，MBA 课程涵盖两大重点：商务企业运营和经济、政府、社会环境的组织运营。

商务企业运营课程注重财政、领导能力、市场分析、技术开发及公司运营管理，培养学生在未来创业过程中的运营管理能力。组织运营课程注重商务、政府与经济关系、创业策略与管理、公司审计，培养学生创业过程中如何协调各方关系，充分利用各方资源支持创业。

**表 10-1 MBA 课程设置涵盖范围**

| 开课学院 | 商务企业运营 | 组织运营 |
| --- | --- | --- |
| 商学院 | 财政学 | 商务 |
| | 财务报告与控制管理 | 政府与国际经济 |
| | 领导与组织行为 | 策略学 |
| | 市场营销 | 创业管理人 |
| | 技术与运营管理 | 领导与公司审计 |

哈佛大学商学院设置的创新创业教育必修课程，结合当下社会热点，开设特色创新创业教育课程；其他学院通过学科交叉，专业融合等形式，开设选修课程，拓宽创新创业教育课程领域，实现有机结合，如计算机技术、环境保护、新型能源等方面。研究生院根据教育专业特性①，开设《教育革新与社会创业》课程，对有创业规划的各国学生提供优质创新创业教育课程，推动创新创业教育全球化。课程采用线上（资料收集）、线下（小组、讲座、研讨会）等多种教学方式，以增强学生创新能力、合作协调能力、创业技能等②。

哈佛大学创业教育课程主要面向 MBA，商学院、肯尼迪政府管理学院、教育研究生院及法学院等学院，把创新创业教育与各自优势学科融合，开设种类繁多的创新创业教育课程，如表 10-2 所示：

① Entrepreneurship and Technology Innovations in Education [EB/OL](2015-03-01)[2022-05-01]. http // www. hbs. edu/coursecatalog/1525. html. 2015-03-01.

② Graduate School of Education. Educational Innovation and Social Entrepreneurship in Comparative Perspective[EB/OL](2014-12-06)[2022-05-01]. http: // isitcs. harvard. edu/icb/icb. do? keyword-k97605. 2014-12-06.

表 10-2　哈佛大学开设的部分创新创业教育课程[①]

| 开课学院 | 课程名称 | 开课学院 | 课程名称 |
|---|---|---|---|
| 商学院 | commerce at the bottom of the pyramid<br>entrepreneurship and technological innovation in Education<br>social enterprise management<br>social innovation laboratory: field courses<br>global health management: value created by behavioral economics<br>sustainable cities: finance, design and innovation<br>innovation among business, energy and environment | 肯尼迪政府 | public purpose of private capital |
| | | 理学院 | public problem handling and charity |
| | | 教育研究生院 | private and public sector entrepreneurship<br>educational innovation and social entrepreneurship |
| | | 法学院 | introduction to social entrepreneurship |
| | | 公共卫生学院 | social entrepreneurship in health and environment |
| | | 哈佛学院 | social entrepreneurship and innovation |

(3) 创新创业教育促进学生就业

哈佛大学在创新创业教育促进学生就业实践至今，已探索出多种方式。

组织创业实践竞赛：哈佛大学设置了不同层次、不同领域、不同规格的赛事和奖项，在促进学生积极参加的同时，将优秀项目推向市场，展示和吸引企业融资支持项目，以此达到“牵线搭桥”作用[②]。例如，开展“哈佛商学院全球商业创新大赛”“总裁挑战赛”等，不仅加强了学生对社会、行业的了解，也加强了学生与企业的沟通，从而促进了学生更好的就业。

建设创业孵化器：哈佛大学在 2011 年 11 月建立并开放孵化器 i-lab，包含学术研究基地，推动高新技术研发，保证学生及教师创新创业环境；为学生提供一对一创业导师辅导、优质创新创业教育课程、专业技能培训班及创业咨询服务；融合当地商会资源，学生能在毕业前接受社会资源帮助、了解当地创业前景[③]。

① 参考资料来源：http://i-lab.harvard.edu/foundationallearning/faculty-course-list.

② 罗国锋，王金玲，周超.五所世界名校创业教育体系的经验与启示[J].创新与创业教育，2013，4(02)：92-96.

③ 黄翔.清华大学与哈佛大学创业教育比较研究[c].2021.

成立创业俱乐部：哈佛大学的创业俱乐部汇聚了部分学校、政府、社会资源，为有创业意向而加入俱乐部的学生提供交流学习平台和良好的创业尝试环境，学生们可以在这里自由组建不同兴趣领域的创业小组并完成创业计划。同时俱乐部还为学生提供全过程创业指导、创业项目所需的基础设备、场地租赁等服务。例如，市场资源俱乐部（Market Resources Club）可提供创业成功人士的经验讲座及创业指导，还可以为有经济困难的学生提供创业贷款等服务。

## 2. 麻省理工学院

麻省理工学院（Massachusetts Institute of Technology，MIT）的创新创业教育模式是世界的标杆之一。MIT 成立于 1861 年，与斯坦福大学、加州大学伯克利分校同为工程科技界的领头羊，在世界享有盛誉。它建立了一套完善的创新创业教育生态体系，拥有创意平台、创业组织、课程建设和配套的创业服务、创业竞赛以及俱乐部。

### （1）创新创业教育的理念

MIT 在成立之初就秉持“手脑并用”的办学理念，把发展科学、革新技术、创造知识、培育人才以及为国家和世界服务作为办学使命[①]，在计算机科学、电机工程、机械工程、土木工程、化学工程、材料科学等工程学科领域都位居世界第一，工科实力强大，高度重视工科创新创业人才的培养。

麻省理工学院创业中心（MIT Entrepreneurship Center，E-Center）成立于 1996 年，隶属于斯隆管理学院（MIT Sloan School of Management），它是学校创业教育的引导者与规划者。E-Center 以培养具有创新精神的先驱领导者为目标，指引他们通过革新思想、管理实践来改善世界。E-Center 组织创新创业教育主要包括 3 方面内容[②]：①企业家精神培养方案，由必修课、选修课、活动与实践组成；②完善的创业课程体系、全球性培养方案，包括学术类、实践类、团队项目行等；③构建创业人脉网络。

---

① Mission.[EB/OL].[2019-12-22]. http://www.mit.edu/about/#mission.

② Startup Garage [EB/OL].[2022-05-03]. https://www.gsb.stanford.edu/stanford-gsb-experience/academic/entrepreneurship/startup-garage.

(2) 开设的创新创业课程

MIT 在航空航天、化学工程、机械工程等工科专业为学生提供了自主设置学位课程的权利。学生在制订某一领域的课程学习计划时，除了必修课程以外，还可以从其他相关领域的系列课程中选择，设计属于自己的独特课程体系。以化学工程专业为例，该专业设置了化学工程学士、化学-生物工程理学学士、工程理学学士和理学学士 4 个方向的学位，每个学位方向聚焦的研究领域和基本要求都不同，为具有不同学习兴趣和需求的学生提供了充分的选择空间，见表 10-3。

表 10-3 MIT 部分创新创业教育课程①

| 类别 | 课程名称 |
|---|---|
| 理论类 | entrepreneurial strategy，competitive strategy，strategic management of innovation and entrepreneurship |
| 实践类 | innovation team，marketing and development of entrepreneurial products，entrepreneurial finance，law and cutting-edge technology |
| 产业类 | strategic opportunities in the energy industry，bioengineering，business software and digital platforms，entrepreneurship in the construction industry and property |

E-Center 课程主要分为基础学科类、行业实践类、技能类、选修课 4 种类型，基础学科类包括创新团队（innovation teams）、商业模式创新（business model innovation）、企业工程（venture engineering）3 门课程，行业实践类包括生物医学工程研讨会系列（biomedical engineering seminar series）、成像项目（imaging ventures）、房地产开发和建筑中的企业家精神（entrepreneurship in construction and real estate development）、生物医药企业的战略决策（strategic decision making in the biomedical business）、能源企业（energy ventures）、医疗保健公司（healthcare ventures）、媒体企业（media ventures）7 门课程，技能类为发展企业（development ventures）1 门课程。选修课包括发展实验（development lab）、介绍技术创业（introduction to technological entrepreneurship）、区域创业加速实验室（regional entrepreneurial acceleration lab）、公司创业研讨会

① 秦艺芳，邓立治．麻省理工学院创新创业教育生态系统探究及启示[J]．河南教育（高教），2016，(08)：68-71．

(seminar in corporate entrepreneurship)、构建创业(building an entrepreneurial venture)5门课程①。

### (3)创新创业教育促进学生就业

提升学生的全球胜任力已经成为美国教育的战略目标之一②。MIT非常重视工科学生的全球胜任力培养。毕业时，一半以上的工科学生具有全球性的学习研究经历与体验。学校主要通过提供跨国公司的实习机会、参与世界各地的研究，以及实施系列培养计划来提升学生的全球胜任能力。这些计划主要有“MIT国际科学与技术计划”“MIT D-Lab计划”和“Priscilla King Gray公共服务中心计划”等③。

“MIT国际科学与技术计划”④主要包含3方面内容：一是造就引领未来的全球领导者。在该计划中学生被安排到全球各地的公司或实验室，并在学习STEM课程⑤和创业实践的过程中提升国际交流能力和跨文化交际能力。为此，学生在学习所在国的语言、政治、历史、文化等课程的同时，参加系列针对特定地域的培训项目，包括跨文化交流、时事政治、技术创新等。二是促进教师开展国际合作研究。通过全球种子基金为MIT的教职员工提供资金资助，支持其与国外同行开展合作研究，开发新项目。在此类合作研究的过程中，通过让学生参与其中，以锻炼开展国际科研合作的能力。三是加强与国际合作伙伴的联系。以学生和教职员工作为交流的“桥梁”，加强MIT与研究、工业和创新等领域组织之间的联系。

“MIT D-lab计划”(Development Through Discovery, Design and Dissemination)围绕教育、研究和创新实践开展项目⑥。首先，在教育方面，通过一系

---

① 范颖.美国创业型大学创业中心的启示——以斯坦福商学院、麻省理工学院为例[J].长春教育学院学报,2017,33(03):39-43.

② 滕珺,张婷婷,胡佳怡.培养学生的“全球胜任力”——美国国际教育的政策变迁与理念转化[J].教育研究,2018,39(1):142-147,158.

③ 钟周,张传杰.立足本地、参与全球:全球胜任力美国国家教育战略探析[J].清华大学教育研究,2018,39(2):60-68.

④ ABOUT MISTI[EB/OL].[2019-12-24].https://misti.mit.edu/about-misti/what-we-do.

⑤ STEM代表了科学(Science)、技术(Technology)、工程(Engineering)、数学(Mathematics)4个学科的英文单词的首字母,是多学科融合的综合教育。STEM课程在国际上一般就称为“综合课程”。

⑥ MIT D-Lab[EB/OL].[2019-12-24].https://d-lab.mit.edu/innovation-practice.

列课程让学生了解工程设计的原理与应用，获得批判性思维和一定的理论基础，为解决社会、环境以及全球贫困问题做好知识储备。其次，在研究方面，一方面建立跨学科的研究团队；另一方面与世界各地的相关组织进行合作，以便提出更好的解决方案。最后，在创新实践方面，通过实践与各合作伙伴建立起良好关系以实现各方学习共享和问题协同解决。

“priscilla king gray 公共服务中心计划”，学生通过实习、进修和公共服务等项目将学习场地扩展到课堂之外的世界各地①。

此外，每年 E-Center 会定期组织学生前往硅谷参与实践学习，开始硅谷学习之旅（silicon valley study tour），同时为学生提供与社会知名创业家接触交流的机会。与斯坦福商学院相似，创业者俱乐部、创新俱乐部、风险投资与私募股权投资俱乐部等学生社团在 MIT 的 E-Center 中也非常活跃，创业者俱乐部是规模最大、影响最广的创新创业教育组织之一②。

### 3. 斯坦福大学

作为美国知名的研究性大学，斯坦福大学（Stanford University）是美国创新创业教育的一个标志。斯坦福的创新创业教育始于 1937 年，此后在校内开办的企业越来越多，校方认识到应该更多地对学生进行创新创业教育。20 世纪 50 年代时，斯坦福大学的创新创业教育从开设工商管理硕士项目开始。1970 年，斯坦福大学以创办企业为目标，在学校内开设了多个专业，致力于培养学生的企业家精神。创建于 1996 年的斯坦福大学的创业研究中心（Center for Entrepreneurial Studies，CES），建立了一个由企业家和世界知名思想家组成的全球性团体，旨在帮助创业者实现他们的梦想，它的创新之处是跨领域的协作，鼓励创业教师、研究生团体与大公司团体长期保持沟通和联系。

#### （1）创新创业教育的理念

斯坦福大学在创建之初便确立了鲜明的办学宗旨，即“使所学的东西都对学

① PKG[EB/OL].[2019-12-25]. https://pkgcenter.mit.edu.

② Classes Courses of Center for MIT Entrepreneurship [EB/OL].[2022-05-04]. http://entrepreneurship.mit.edu/classes/.

生的生活直接有用，帮助他们取得成功”，目的是以促进全人类的文明进步为最终目标，积极发挥大学的作用，促进社会福祉①。2012 年，《斯坦福大学本科教育研究报告》(SUES)② 提出“斯坦福大学的目标不仅是让学生获得成功，过上高效的生活，还要能有创造性的、负责任的、反省的人生”。斯坦福大学人才培养目标是通过教育学生能掌握知识、发展能力、培养责任感和学习能力。

### (2) 开设的创新创业课程

斯坦福大学的创新创业课程设置遵循多学科融合、理论与实践相结合的理念，共有 5 类课程。创新创业基础课程包括创业与经营早期创业、创业与风险投资等 7 门课程；策略类包括营销与销售组织、社会创业与社会创新等 8 门课程；金融选修课包括创业融资、风险资本融资与决策等 4 门课程；市场与运营类选修类包括产品发布、创业者的市场研究等 4 门课程；非专门类选修课包括房地产投资、社会创业与全球贫困高级研讨会等 15 门课程。CES 还开设了包括“创新、创造和改变”“企业家精神”“技术创业”“全球创业营销”，并设置了学分。

### (3) 创新创业教育促进学生就业

斯坦福大学的课程体系和配套的教学实习实践造就了一批优秀的创业者，并聚集了大批的优秀投资人，丰富的外部资源有效地促进了学生的就业创业。

1994 年斯坦福大学提出的 20 年发展改革计划成功引起联邦政府的重视，在短时间内吸引了大量国际顶尖人才，建立了斯坦福工业园，陆续吸引了瓦里安、惠普、通用电子等公司。随着美国西海岸“高科技带”的兴起，包括微软在内的众多高新科技公司入驻斯坦福工业园，并由此向世界扩展。伴随着大量军事技术和产品的诞生，让斯坦福大学成为政府部门和众多企业重要的合作伙伴，最终形成精英云集的世界科技中心，奠定了美国“硅谷心脏”的基础。此后，由于得天独厚的地理优势，斯坦福大学积极采取从外部引进资源、主动对外交流的办学策略，招揽了大量企业家和成功创业投资人来学校参与创新创业教育，增加了学生

---

① 姚小玲，张雅婷. 美国斯坦福大学创新创业教育生态系统探究[J]. 山西大学学报(哲学社会科学版)，2018，41(05)：122-127.

② Stanford University. the Study of Undergraduate Education at Stanford (SUES). https://sues.stanford.edu/. [2022-9-16]. 2010-01.

与创业者们互动和了解创业经验的机会。吸引外部资源，加强与外部互动的举措包括：①企业家担任客座讲师：有丰富创业经验和理论的创业者们通常会被学院的创业课程吸引来到校内担任讲师；②企业家担任课堂嘉宾：创新创业课程邀请案例分析中的主角亲临现场，分享最真实生动的创业经验；③企业家参与演讲与论坛：在每年举办的各种创业活动演讲中会邀请世界各地知名创业者和企业家前来参与[①]。这些举措极大地促进了学生毕业后的就业和创业。

### 4. 康奈尔大学

康奈尔大学（Cornell University）创办于1868年，是著名的常春藤联盟成员，十分重视创新创业教育，在2015年福布斯美国最具创业精神大学年度榜单中位居前列[②]。

#### （1）创新创业教育的理念

康奈尔大学的校训是“让任何人都能在这里学到想学的科目”，校训本身就是康奈尔注重创新创业教育的一个重要体现。康奈尔大学非常注重对学生创业素质的培养，坚信“具有创业精神和知识的个人在未来工作环境中更能创造价值”[③]。创新创业教育目标是“致力于建立一个全校园的创业计划，发掘和培育每一个康奈尔人的企业家精神”，该目标决定了创新创业教育要采取全校辐射的方式，融入专业教育教学中分阶段地开展。

#### （2）开设的创新创业课程

康奈尔大学的创业教育由“康奈尔创业计划”（entrepreneurship at cornell E@C）负责，该计划是一个多元化全校范围的创新创业教育项目，本质是康奈尔大学创新创业教育的行政管理中心，负责向参与创新创业教育的各院系分配资

---

① 李娅娌．美国高校创业教育研究[D]．首都师范大学，2008．

唐慧莹，张东旭．斯坦福大学创新创业教育对国内高校的启示[J]．科教导刊（上旬刊），2019(07)：5-7+54．

张小刚，赵洁．从高校创业教育到创业实践的探析——以斯坦福大学创业教育为例[J]．中南林业科技大学学报（社会科学版），2013，7(03)：163-166．

② 师悦．全覆盖　真融合　强实践　高师资——美国康乃尔大学创业教育的经验[J]．现代教育科学，2018(10)：150-156．

③ Cornell University. About the University [EB/OL]. Http://www.cornell.edu/about，2021-09-18．

源并协调相关工作，目的是使各院系、各领域、各学历层次的学生都能接受到创新创业教育①。

创新创业课程与专业教育的紧密结合是康奈尔大学创新创业课程最显著的特色之一，主要基于“基础+专业”的复合模式进行创新创业教育课程设置。7个本科学院结合各自专业进行课程设置，累计提供创新创业课程达100多门。各学院开设课程数量不同，但是各具专业特色。其中农学院、工学院、酒店管理学院开设创新创业课程较多且全面，建筑、艺术与科学、人类生态学、工业与劳工关系学院的创新创业课程相对较少②。学生可以根据自己的未来职业生涯规划自主选择适合自己的创新创业课程。

“辐射模式”是指高校独立设置一个专门机构负责全校创新创业教育，也可同时在各学院中设立专门负责创新创业教育的机构。康奈尔大学是实施“辐射模式”的典型代表，是推行“全校性”创新创业教育较为成功的学校。但“辐射模式”对高校的组织管理能力要求较高，在“全校性”创新创业教育开展的初期较少采用。

康奈尔大学创新创业课程分为创业前技能课程、创建企业课程、专业领域课程等类型，其中专业领域课程占比近一半。康奈尔大学的创新创业课程主要包括8方面内容：①创业前技能。②企业创建。③企业管理/运营。④企业分析工具。⑤创造力。⑥独立经营者职业生涯。⑦专业领域的创业教育。⑧经济发展。每方面课程还包括若干份专题，培养学生特定创业知识或能力③。

### (3) 创新创业教育促进学生就业

康奈尔大学的创新创业活动非常丰富，包括创业讲座、创业计划竞赛和校外实习等。创业讲座包括专题讲座、创业论坛、研讨会等。每年秋季康奈尔大学会参加考夫曼基金会组织的“全球创业论坛周”（Global Entrepreneurship Week），活动邀请校友进行创业讲座，分享创业成功经验和故事。每年举办创业庆典

① 降杰. 美国大学普及型创业教育课程研究——以马里兰大学和康奈尔大学为例[D]. 辽宁：辽宁师范大学，2015.

② Entrepreneurship At Cornell [EB/OL]. http：// www，entrepreneurship. cornell. edu/prospective/student/course = 2014. pdf，2022-09-18.

③ 姚井君. 康奈尔大学创业教育课程设置特点及启示[J]. 统计与管理，2014(12)：149-151.

(Entrepreneurship at Cornell Celebration) 和康奈尔创业峰会 (Entrepreneurship at Cornell Summit), 同时会邀请众多企业家做关于其经营领域内的最新动态和前沿技术等方面的讲座, 学生能直观体会到成功企业家所必备能力与素质。

康奈尔大学的创业竞赛覆盖面广泛, 贴合学生实际需要, 注重学生创新创业能力的培养, 包括面向全校本科生的大创意竞赛 (Big Idea Competition)、面向酒店管理专业的康奈尔酒店商业计划竞赛 (Cornell Hospitality Business Plan Competition) 等。学生在参赛过程中通过不断培训和模拟, 认识到自身不足, 不断改进, 提高了创新能力, 增强了其就业竞争力。

康奈尔大学还为学生提供中小企业的暑期实习项目。在实习期间, 学生将课堂的创业思维运用到实习实践活动中, 增强了对企业管理和运营的理解和感知, 这对于他们未来成为商业领袖、创新人才或企业家很有帮助。同时学生在实习中获得新的知识和技能, 得到了实践经验和磨炼, 这些实习实践活动极大促进了学生未来高质量就业或自主创业。

### 5. 百森商学院

百森商学院 (Babson College) 是美国早期开设创业教育课程的高校之一, 于1967年首次开设了面向本科生的创新创业教育课程, 1979年设立创业专业并成立创业教育中心, 1983年成立创业研究中心, 主要承担创业教育课程的研发任务。

#### (1) 创新创业教育的理念

创新创业教育理念是创业教育能够顺利、有效开展的认知基础。百森商学院的创新创业教育理念主要体现3个层面[①②]: ①创业知识层面, 一是技术性知识, 帮助学生了解自我创业潜质, 了解创业流程及所需知识, 助力选择适合自我价值实现的创业领域; 二是实践性知识, 帮助学生在各类环境中把问题转化为机会, 能够识别、评估、把握与利用机会, 化机会为计划和行动; 三是解放性知识, 要求学生讲文化背景和全球治理结合起来进行创业, 综合考虑各方利益平衡、社会

① 熊华军. 百森商学院创业教育的运行机制[J]. 比较教育研究, 2018, 40(02): 19-25.

② Babson College. Babson Academy for the Advancement of Global Entrepreneurial Learning [EB/OL]. [2022-07-20]. http://www.babson.edu/academics/babson-academy/.

伦理与道德价值，促使学生从物质实践走向审美实践。②创业情感层面，微观创业情感教育培养学生对创业的感觉，中观创业情感教育塑造学生创业心理结构，宏观创业情感教育指形成学生创业的文化、道德和伦理[①]。③创业原动力层面：一是培养学生作为个体的理性、主体性、自我意识和批判精神；二是尊重差异和包容多样性；三是帮助造就创业领域的领导者而非企业的创办者[②]。

（2）开设的创新创业课程

百森商学院开设创新创业课程的目的是培养学生的创新思维方式、创造力、变通能力、风险意识、抽象思维能力。百森商学院的创新创业课程包含创业意识、创业特质、创业能力等方面的内容，见表 10-4，分为必修课程、选修课程、实践课程、拓展课程 4 种类型。必修课程主要包括创建新企业（establishment of new enterprise）、商务管理（managing growing business）；选修课程包括组织内部管理（entrepreneurship within the organization）、家庭式企业家（family as entrepreneur）、税务实务（operation and taxation）、创业营销（marketing for entrepreneurs）；实践活动课主要包括创业主体研讨会（topics in the area of entrepreneurship）、创业管理项目（entrepreneurship management programs）、企业营销（entrepreneurial marketing）；拓展课程包括创业管理计划（entrepreneurship management plan）。学校创新创业教育的评估方式比较灵活，以撰写计划书或路演方式进行，主要基于学生小组前期的调研、访问、讨论及综合表现来评定。

表 10-4 百森商学院本科生创业专业课程目录[③]

| 序号 | 课程名称 |
| --- | --- |
| 1 | affordable design and entrepreneurship |
| 2 | be the change：evaluating social impact |
| 3 | crowdfunding |

① Babson College. Learning Goals [EB/OL].（2022-09-19）(2022-09-19). https：// www. babson. edu/ about/our-approach/.

② Babson College. Blank Leadership Scholars[EB/OL].（2022-09-19）(2022-09-19). https：// www. babson. edu/about/our-approach/blank-school-for-entrepreneurial-leadership/blank-leadership-scholars/.

③ Babson College. Undergraduate Course Catalog [EB/OL]. https：// www. babson. edu/about/course-catalog/new-course-search/? courseType = undergraduate. [2022-09-22](2022-09-22).

续表 10-4

| 序号 | 课程名称 |
| --- | --- |
| 4 | design：econ，social，environ challenges |
| 5 | entrepreneurial families |
| 6 | entrepreneurial finance |
| 7 | entrepreneurial leadership field studies |
| 8 | entrepreneurship and new ventures、entrepreneurship and new ventures in China |
| 9 | entrepreneurship and your family business |
| 10 | entrepreneurship In fashion |
| 11 | entrepreneurship new vent global fashion |
| 12 | environment and sustainable eps |
| 13 | failure is good：as long as you act，learn，build and repeat |
| 14 | foundations of entrepreneurial managemen |
| 15 | future trends and eps ventures |
| 16 | great eps wealth：creation，prsv，dest |
| 17 | growing pain：the international experience |
| 18 | international entrepreneurship |
| 19 | introduction to the entrepreneurial experience |
| 20 | launch Grow Your Existing Venture |
| 21 | living the entrepreneurial Experience |
| 22 | living the social eps experience |
| 23 | made in Japan：culture & opportunities |
| 24 | managing growing businesses |
| 25 | raising money-vc and private equity |
| 26 | scholar in action experience |
| 27 | Sf2 consulting in tech entrepreneurship |
| 28 | summer venture catalyst |
| 29 | sustainable entrepreneurship in island nations and territories |
| 30 | the entrepreneurial innovator |
| 31 | the ultimate entrepreneurial challenge |
| 32 | venture growth strategies |

(3) 百森商学院创新创业教育的特点

百森商学院将“参与式”创业教育思想融入其课程设置中。它延伸了创新创业教育的链条，关注创业者的全面素质，通过设定长期的创新创业教育目标，持续培养学生的企业家精神，并让优秀的企业家精神通过实体企业运营来传播和发扬。

百森商学院从多个视角来设置创新创业课程体系。一是从创业者的视角，包括创业者所需的基本素质、在团队中的角色；二是从创业机会的视角，明确创业机会的类型、创业机会识别及选择；三是从资源需要和经营规划的视角，教导创业者怎样分配资源；四是从财务的视角，让学生掌握财务和融资的技巧和方法；五是从发展的视角，讲授公司发展过程中所面临的问题与风险及应对策略和方法。

(4) 创新创业教育促进学生就业

1998 年成立的阿瑟·布兰克创业中心（the Arthur M. Blank Center for Entrepreneurship）① 是百森商学院创业活动的神经中枢，主要提供创新创业课程、指导、培训、经费及创业平台。创业平台主要包括两类：自建类和合作类。自建类平台包括：①赛事类，如“百森创业思想和行动挑战赛”（Babson Entrepreneurial Thought and Action），参赛学生不仅体验了创业过程，还增长了创业技能。②项目类，如巴特勒风险加速器项目（Butler Venture Accelerator Program），学生可通过参与项目获得包括资金、人脉、销售渠道和工作室等各类资源。③实体类，如家庭创业所（Institute for Family Entrepreneurship），这类实体化的中心锤炼学生创业技能，塑造创业人格，为有意向的学生提供家族企业管理的理论与实践知识。④导师类，百森商学院组建了一支由创业者、CEO、风险投资家、天使资本家、律师和顾问等组成的智囊团，为具有创业意向的学生提供业务咨询、融资方案、客户定位、推广宣传等帮助。⑤校友类，如校友创业名堂（Alumni Entrepreneur Hall of Fame）、百森商学院校友会（Babson Alumni Association）等。⑥研讨类，百森商学院创业研究会议（Babson College Entrepre-

① The Arthur M. Blank Center for Entrepreneurship.［EB/OL］.（2022-09-19）（2022-09-19）. https://www.babson.edu/entrepreneurship-center/.

neurship Research Conference）在世界上享有盛誉，每年举办200多场学术报告，为学生提供丰富的研讨交流机会。合作类平台包括：①与其他高校合作，如和伦敦大学商学院共同开展的全球创业观察（Global Entrepreneurship Monitor），目标是共同研究不同国家的创业水平评估、创业影响因素分析、创业水平提升建议等，有利于学生掌握不同国家和地区的创业环境；②与专业组织合作，如和黛安娜项目（The Diana Project）合作，该项目设有专门机构帮助处于创业起步阶段或已拥有公司的女企业家制订业务计划、拓展公司业务和健全财务管理等[①]，百森商学院女生加入该项目不仅可以获得相应的创业资源，还可得到不同国家的成功女企业家的指导；③与社区合作，如成立社区标准办公室（the Office of Community Standards）共同提升学生的责任和义务意识；④与政府合作，美国国家自然科学基金会（National Science Foundation）资助开展“工程教育培养项目”以培养具有企业家精神的工程师；⑤与公司合作，与核桃风投联盟（Walnut Venture Associates）的成员公司建立伙伴关系，帮助正在创业的学生完善业务计划、充实管理团队、确立融资策略和建立战略伙伴关系等[②]。

## 第二节 英国创新创业教育

创新创业教育是启动经济增长的动力，是学校发展的新动力，也是学校各项能力和竞争力建设的重要动力。英国推出“高等教育创业计划”（Enterprise Higher Education Initiative）已有30多年的历史。作为老牌教育强国，英国已构建起较为完整、科学的创新创业教育体系，是世界上最成功的创新创业教育国家之一，在世界高校创新创业教育改革中发挥了主导作用。

---

① Commercial Capital Training Group. Women's Business Resources[EB/OL]. [2022-09-19](2022-09-19). https://www.commercialcapitaltraining.com/business-resources/business-ideas/womens-business Oresources.

② 熊华军.百森商学院创业教育的运行机制[J].比较教育研究，2018，40(02)：19-25.

## 1. 牛津大学

### （1）创新创业教育的理念

牛津大学（University of Oxford）的创业教育理念为“培育创业文化、鼓励创新精神、促进大学生创业”①，并以此作为学校创新创业教育的奋斗目标。牛津大学的创新创业教育对社会开放，在考虑为创业服务的同时，也帮助学生更好地适应工作岗位。

### （2）开设的创新创业教育课程

牛津大学的创新创业教育课程主要由3个创业中心提供：牛津铸造创业中心（Oxford Foundry-OXFO）、斯克尔社会创业中心（the Skoll Centre for Social Entrepreneurship）和创业中心（Entrepreneurship Centre）。课程分为创业技能课程、专家讲座和实践项目。在课程设置上，牛津大学注重将创新创业教育融入学科专业教育，开设了包括和计算机、工程、化学与商业相融合的课程，让创新创业教育走向商学院以外的院系和学科，同时使其他学科专业融进商学院的课程中来，实现优势互补②。牛津铸造创业中心旨在建立全校的创新社区，鼓励和支持学生发展创业技能，研讨课程邀请不同行业的专业人士为学生授课，引导学生掌握创业必备技能。创业中心为有创业意愿的学生提供体验式学习机会，提供多种的研讨会和技能发展课程，同时举办讲座、互动工作坊、创业和商业技能课程等诸多创业实践活动，邀请杰出企业家和不同领域创业生态系统的推动者作为演讲人，开拓了学生创业视野，激发了创新和实践精神③。

---

① 牛津大学创业中心官方网页[EB/OL]. https://www.sbs.ox.ac.uk/research/centres-and-initiatives/entrepreneurship-centre. [2022-09-22](2022-09-22).

② University of Oxford. Program Finder[EB/OL]. https://www.sbs.ox.ac.uk/programmes[2022-09-22](2022-09-22).

③ 李彦蓉.英国创新创业教育课程设置研究[J].中国多媒体与网络教学学报(上旬刊),2020,(02):108-110.

#### (3) 创新创业教育促进学生就业

牛津大学创新创业教育促进学生就业体现在以下 4 个方面[①]。第一，牛津贝格布鲁克科学园区（Begbroke Science Park）设有创新创业服务系统，为创新创业活动提供有力支撑。园区以推动技术创新和技术转让为主要职能，与周边投资机构紧密协作，建立了一套完整的投资系统，其中包括小型种子基金、中型风投公司和大型投行，为本校学生求职提供更多机会。第二，牛津科学园区的社团能够帮助专利拥有者寻找投资来源，促进成果转化，进而鼓励创新。第三，注重发挥专利转让作用。牛津大学 ISIS 创新学会（Oxford Innovation Society）的主要业务是牛津大学的专利转让和技术转移，从而推动创新创业工作顺畅开展。第四，设立“产业与企业研究人员”职位，使高校实验室与市场之间具有更加紧密的联系，使牛津大学的研究成果可以顺利地向市场的商品或服务转化。

### 2. 剑桥大学

#### (1) 创新创业教育的理念

剑桥大学（University of Cambridge）遵循传统与创新一体化的教育理念，建立了以课程为中心、以创业实践为起点、以创新网络为辅助的创新创业教育体系，是高校创新人才教育的典范。

#### (2) 开设的创新创业教育课程

剑桥创业中心（the Entrepreneurship Center at Cambridge University）是开设创新创业教育课程的主要机构（课程见表 10-5），必修课主要是商学院经济与管理的基础知识，同时还开设培育创业技能的实践课程，如创意设计（design thinking）、风险资本与企业家世界（venture capital and the entrepreneurial world）、创意工作坊（creativity workshop）、创业财务管理（financial management for start-ups）、项目管理（leading effective projects）、战略管理创新

① University of Oxford. Oxford Entrepreneurship: Venture Finance Programme[EB/OL]. https://www.sbs.ox.ac.uk/programmes/executive-education/online-programmes/oxford-entrepreneurship-venture-finance-programme.[2022-09-22](2022-09-22).

(managing innovation strategically) 等。选修课重点培养学生终身学习的能力，面向社会开放，受众群里涵盖了本校学生、MBA 学生、校外创业者和社区民众。实现了让“教育走向社会”“让社会走进校园”的创新发展模式。

表 10-5 剑桥大学创业中心开设的创新创业课程（部分）[①]

| 序号 | 课程名称 |
|---|---|
| 1 | culture, arts and media management |
| 2 | digital transformation |
| 3 | energy and environment |
| 4 | entrepreneurship |
| 5 | finance |
| 6 | health strategies |
| 7 | global business |
| 8 | marketing |
| 9 | social innovation |
| 10 | strategy |

(3) 创新创业教育促进学生就业

剑桥创业学院为鼓励创新、培养企业家精神与提升创业技巧，开设“企业家星期二”(enterprise Tuesday) 和“点火项目”(ignite)，让学生更好地理解企业的实际运作方式，如表 10-6 所示。表 10-6 中内容反映了创新创业教育的层次性和个性化，项目活动均根据不同人群需求设计，着重培养创新创业能力，进一步促进就业成功。

表 10-6 剑桥大学创新创业教育项目与活动

| 序号 | 项目名称 | 项目目标 |
|---|---|---|
| 1 | enterprise Tuesday | 介绍创业，激励学员的创业愿望 |
| 2 | enterprise WISE | 通过培养技能、知识和信心来发掘女性创业潜能，用于创办商业公司以及研究创新项目的商业化 |

① University of Cambridge. Judge Business School curriculum[EB/OL]. https://www.jbs.cam.ac.uk/programmes/mba/curriculum/. [2022-09-22](2022-09-22).

续表 10-6

| 序号 | 项目名称 | 项目目标 |
|---|---|---|
| 3 | ignite | 通过实践教学和指导形成符合商业环境的商业理念 |
| 4 | business creation competition | 通过奖励商业创意或提供培训、指导与联络活动来支持和加速创业创新 |
| 5 | enterprisers | 该项目由剑桥&MIT合作建立，旨在培养学员更好地理解创新，获得将创意转变为风险资本并建立广泛联络的能力 |
| 6 | accelerate cambridge | 通过创业培训，指导及创业空间共享的方式鼓励和培育创业公司 |
| 7 | enterprise TECH | 传播创新创业精神，提供技术创业帮助，加速地方创新生态体系的发展 |
| 8 | the SME growth programme | 为中小企业提供实用的建议和支持，解决企业发展过程中的主要障碍，提高企业竞争力 |

## 第三节　日本创新创业教育

日本创新创业教育在不同阶段侧重点不同，初中阶段重视创业素质教育，高中阶段重视创业管理教育，大学阶段重视创新创业技能教育。日本非常重视工科院校的创新创业教育。

### 东京大学

#### (1) 创新创业教育的理念

各务茂夫教授①是东京大学（the University of Tokyo）创新创业改革的领军人物，他致力于产学合作和创新创业教育，他的创新创业教育理念包含3方面内容：首先，创新创业教学要与创业实践紧密结合。在每门创业课程中均设置了

① 东京大学工学院主页. 教师介绍[EB/OL]. https://tmi.t.u-tokyo.ac.jp/archives/teacher/%e5%90%84%e5%8b%99-%e8%8c%82%e5%a4%ab.[2022-09-25](2022-09-25).

商业计划训练内容，并邀请创业者和投资机构参与指导，让学生模拟和演练创业过程；其次，创新创业教育要服务于学术创业的整体目标。东京大学创新创业教育的核心任务之一是推动学校的产学研协同合作，加快项目孵化和新企业的产生，创新创业教育的目标是通过各类课程和实践的锻炼，学生真正掌握创业相关技能，让真正有创业抱负的学生能够开始真正的创业①；最后，创新创业教育旨在培养学生的企业家精神等相关素质②。

（2）开设的创新创业课程

东京大学构建起了一套覆盖创业过程且兼顾不同群体创业学习需求的课程体系，创新创业课程设置和教育实践环节的安排如图 10-1 所示。首先，创业基础课程有 2 门："全校研讨会"课和"创新与创业"课。"全校研讨会"课面向本科 1～2 年级学生，课程会阐明创业的过程、要素和创业环境等基础知识，由授课、

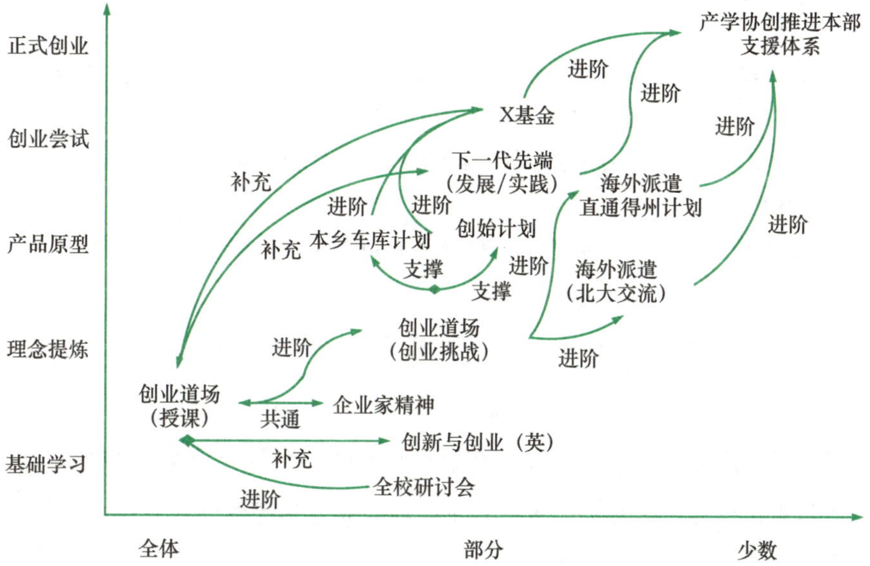


图 10-1　东京大学创新创业教育的课程设置与教育实践安排③

① 王路昊．日本东京大学创业教育的培养模式及其发展经验[J]．比较教育研究，2021，43(08)：95-103．

② 各務茂夫．我が国におけるイノベーション・エコシステムの構築．日本ベンチャー学会誌，2015，25：3-13．

③ 王路昊．日本东京大学创业教育的培养模式及其发展经验[J]．比较教育研究，2021，43(08)：95-103．

讨论互动和嘉宾讲座3个环节组成；“创新与创业”课面向工学部的研究生，课程分为两个阶段：第一阶段以创新与创业的基础知识为主，第二阶段包含分组合作撰写、修改和发表商业计划书[①]。其次是创新创业课程体系的核心部分，帮助学生寻找、提炼和加工创业理念，有2门课程：“创业者道场”和“企业家精神”。“创业者道场”课包括“初级”“中级”“高级”3个部分，从创业意义、商机识别、客户需求挖掘、产品开发、商业计划书撰写到组成小组学习和体验创业过程，如表10-7所示。“高级”课程中可参与“创业挑战”大赛，获胜团队可获得奖金和海外交流机会。“企业家精神”课，在2013年与“创业道场”课实现了部分共通，两者的区别在于“企业家精神”课主要面向工学部的学生。

表10-7 东京大学的创新创业课程

| 序号 | 课程名称 | 内容 |
|---|---|---|
| 1 | 春季课程（初级） | 基础讲义、特别研修班 |
| 2 | 夏季课程（中级） | “从零开始的商业计划书讲座”“从零开始的编程”“黑客马拉松”，胜出的队伍无须参与下学期的选修 |
| 3 | 秋季课程（高级） | “商业计划书比赛”以团队的形式通过审查选拔 |
| 4 | 冬季课程 | “海外派遣项目”、集中型训练与比赛 |
| 5 | “创业体验” | 创业体验课程 |
| 6 | 冬季特设课程 | 面向研究生开设“创新与企业家精神”英语课程 |

（3）创新创业教育促进学生就业

东京大学的产学协创推进本部是负责学校产学合作和技术转化的核心部门，协助参加创业课程的团队有机会走向真正的创业并为其提供创业支持和指导，也正是东京大学创新创业教育具有影响力的重要原因之一。“本乡车库计划”和“夏季/春季创始人计划”旨在为有创业想法的学生提供商业规划辅导、设备、资金等多方面的支持。由文部科学省资助的“下一代先端”项目（EDGE-NEXT）面向研究生、国立研究所的研究员、企业研发人员和创业者个人，旨在加强培养

① 王路昊.日本东京大学创业教育的培养模式及其发展经验[J].比较教育研究，2021，43(08)：95-103.

创业人才和推动衍生企业的发展，项目分为 3 个阶段：首先，讲授项目相关的知识并组建创业团队；其次，根据团队的技术成果由技术专家辅导创业并寻找海外专家探讨成果转化的可能性，同时参加海外研修课程；最后，选拔优秀的创业团队进行专项培训，例如产业化路径、知识产权战略等①。“X 基金项目”（Found X），面向东京大学的研究人员、在校生和毕业生，提供相关创业培训、辅导和孵化场地。“直通得州计划”（todai To texas）支持创业团队参加在美国得州举办的世界知名科技大会（SXSW Conference），产学协创推进本部提供专家对参赛团队进行培训和辅导，该计划为前期参加创业课程和培训的团队提供提升和展示的机会②。东京大学为不同层次的学生提供了丰富的培训、锻炼、展示和交流机会，为学生实现自己创业梦想提供了舞台，帮助众多创业团队步入真正的创业生涯。

## 第四节　德国创新创业教育

德国是欧洲乃至世界的制造业强国之一，这与德国高校培养出众多出色的创新型企业家有关系，他们具有精益求精的创业精神，而这与高等工程创新创业教育密不可分。20 世纪 70 年代，德国已开始创新创业教育，经过多年发展形成了较为完善的创新创业教育体系。

### 1. 慕尼黑大学

#### （1）创新创业教育的理念

慕尼黑大学（Ludwig-Maximilians-Universität München，LMU）的创新创业教学理念特色鲜明，利用独特的教学模式使学生掌握各项创业技能。2007 年，创

---

① 王路昊. 日本东京大学创业教育的培养模式及其发展经验[J]. 比较教育研究，2021，43(08)：95-103.

② 王路昊. 日本国立大学学术创业中的战略管理：以东京大学为例[J]. 现代日本经济，2020，39(04)：34-49.

建了以“赋予企业家权利（empowering entrepreneurs）”为愿景的创业中心（LMU entrepreneurship center，LMUEC），旨在培养未来的商业领袖，通过多种活动支持学生创业，弘扬创新思维与创业文化，提供创新创业相关课程，为参与者在创业公司或在创业相关机构（风险投资、咨询等机构）中担任企业家或企业经理做好准备①。

（2）开设的创新创业课程

LMU 创新创业课程涵盖企业治理、创业机会、创业计划、创业融资、创业战略及企业文化建设等多个领域，如组织、财务、创新和技术管理、市场营销等。课程全面分析了管理初创企业面临的挑战，如公司管理、识别商业机会、制定业务计划、风险资本融资、战略形成以及公司文化。目前开设的创新创业教育课程主要有 5 大类：创业研讨课（entrepreneurship seminar）针对创业理念和行动、商业策划、知识产权与财务计划、创新公关与营销等知识进行强化培养，旨在使参与者掌握企业家使用的工具、方法和思维方式；“创业——从创意到成功”（starting up：from ideas to successful business）以研讨课的方式进行，帮助有创业想法的学生在跨学科团队中实现商业想法和制定商业计划，同时还讲授基本的管理知识和技能，包括市场分析、市场营销、财务管理等；医疗护理商业计划（health care business planning）教授企业家的思维和行为方式，重点关注医疗保健领域的创新，旨在鼓励与引导创业、使学生能够像企业家一样思考，同时还教授企业经济学（Betriebswirtschaftslehre）的基础知识，包括市场与竞争、营销与销售、财务计划等领域的知识；业务建模课程（start with business modelling）是 LMUEC、创新管理研究所（Institute for Innovation Management）和 LMU 工商管理学院的合作项目，旨在培养根据商业模式制订出有前景的商业计划的能力，除相关理论基础知识外，学生还以小组形式研究启动项目的商业模式，LMU 工商管理学院还与校外其他机构建立了合作关系，以提高学生的团队协作能力；创业精英项目课程（entrepreneurship excel program）是面向 LMU 所有专业学生开设的选修课，结业后可获得创业精英证书。

---

① 张烨，曾令奇．慕尼黑大学创新创业教育实施的特色之路及启示[J]．上海第二工业大学学报，2021，38(3)：239-246．DOI：10.19570/j.cnki.jsspu.2021.03.010．

（3）创新创业教育促进学生就业

LMUEC 组织创业社团活动（community）[①]，把有兴趣创业的人组织到一起，依托丰富的校内外资源，举办多种创业社团活动，例如“联合创始人对接会”（co-founder match）、“独家推介活动”（CASHWALK）、“杰出企业家”（leading entrepreneurs）和“独角兽企业主题演讲”（unicorn talks）等，促进了创新想法的产生和转化，构建了创业所需要的社交网络。

LMUCE 设立加速器项目（accelerator），该项目有超过 10 年经营经验的企业家提供创业建议，并为创业者提供免费的联合办公空间。该项目致力于为有想法的学生和高成长性企业提供支持，每学期为初创公司和创业团队提供发展指导意见，不定时提供与校友创业团队、投资者等组成的创业网络交流的机会。

## 2. 慕尼黑工业大学

慕尼黑工业大学（Technische Universität München，TUM）是由德国大学杰出计划资助的一所精英大学，鼓励学生、学者和校友们进行创业活动。学校各学院均为学生创业活动提供了系统的支持，目的是通过培养出杰出学者和创业者为社会带来持续的价值。

（1）创新创业教育的理念

TUM 是德国最有创业精神的大学，也是最有企业家精神的大学，它的发展理念即为“创业大学”，经过多年的创新创业教育实践，从创业环境、系统化企业网络到创新创业激励机制，构建起立体的创新创业教育生态体系。

（2）开设的创新创业教育课程

TUM 创业研究院（TUM Entrepreneurship Research Institute）为学生开设了系列创新创业课程，核心课程如表 10-8 所示，共有 13 门专题课。

① 张烨，曾令奇.慕尼黑大学创新创业教育实施的特色之路及启示[J].上海第二工业大学学报，2021，38(03)：239-246.

表 10-8 TUM 创业研究院开设的创新创业课程

| 序号 | 课程名称 |
|---|---|
| 1 | advanced seminar innovation & entrepreneurship (ideation & venture creation- venture growth) |
| 2 | advanced seminar innovation & entrepreneurship (ideation & venture creation in social entrepreneurship) |
| 3 | entrepreneurial idea development |
| 4 | advanced seminar innovation & entrepreneurship (entrepreneurial leadership) |
| 5 | advanced seminar innovation & entrepreneurship (entrepreneurial role models) |
| 6 | advanced topics in innovation & entrepreneurship ( opportunity recognition and technology) |
| 7 | advanced topics in innovation & entrepreneurship (entrepreneurial prototyping) |
| 8 | advanced seminar innovation & entreprcncurship: venture growth and intemaiionalization (startup stakeholder management and resource acquisition) |
| 9 | case study seminar: entrepreneurship strategy |
| 10 | advanced seminar innovation & entrepreneurship: strategic entrepreneurship ( open innovation) |
| 11 | advanced seminar innovation & entrepreneurship: strategic entrepreneurship (strategy formation in entrepreneurial settings) |
| 12 | advanced seminar innovation & entrepreneurship: strategic entrepreneurship (venture creation and design choices) |
| 13 | advanced topics innovation & entrepreneurship (social entrepreneurship lab) |

### (3) 创新创业教育促进学生就业

TUM 既注重应用研究，又注重基础研究，两者互为补充，致力于为全球企业提供技术支持，与众多企业保持着良好的合作关系，包括西门子，通用电气，宝马，奥迪等。高校走进企业进行创新研究，把最新的科技成果与企业共享，真正为创新型人才的培育提供支持与服务。西门子公司与 TUM 建立了 TUM 西门子知识交换中心（CKI TUM），类似于美国的“校企合作办公室”，旨在推动二者之间的技术交流。该中心以企业工程技术人员、大学教授、专职科研人员、学生等为主体进行科学研究，推动知识向商品的转化，最终实现知识商品化。通过交流，学生在产品设计、研发、创新等方面能力得到较大提升。西门子公司还派驻校企合作专家到高校授课，以培养大学生的创新创业精神。学校聘请了拥有工程技术和工业实践经验的高级管理人员为客座教授，进一步加强校企合作。TUM 通过与公司广泛深入的科研合作以及强有力的创新创业组织，最大限度地将科技成果转化为生产力，为行业和社会带来价值；同时企业在师资、设备、资金等方面为学校创新创业教育提供了有力的支持。这种校企合作模式，很好地培养了学生的创新创业能力，形成了一个良性发展链条。

## 第五节　以色列创新创业教育

在《以色列大学作为创新发展的元素》[①] 中论述了以色列政府对于高校的政策和经费支持对科学和技术能力、经济竞争力以及国家创新发展的影响，一定程度上证实了以色列大学的创新创业教育对国家发展的重要性。

### 特拉维夫大学

#### (1) 创新创业教育的理念

特拉维夫大学（Tel Aviv University，TAU）坚持“创业可教”的理念，将激发热情、挖掘潜力、提升技能和引导行动贯通起来，满足不同学生的需求，促进了参与对象多元化，同时提供服务的范围更加全面[②]。为适应地区经济发展的需要、推动高校创新创业教育的发展，TAU 采取各种方式推动师生创新研究，支持国际交流，建立国际合作伙伴关系，正是这种院校间的教育交流与科研合作促进了以色列高校创新与企业家精神的发展。同时，TAU 充分尊重教师、学生和研究者的意愿，为发展各类创新创业倡议和创业者政策提供支持。

① Davidovitch N，Sinuany-SternZ，Druckman E. Assessing research and teaching performance in Israel' shigher education system. Creative Education. 2016.7(11)：1604-1614.

② Tel Aviv University. About us. [EB/OL]. https：//china.tau.ac.il/about-us/tau-and-tau-international. [2022-09-21](2022-09-21).

### (2) 开设的创新创业课程

TAU 提供的创新创业课程，是以色列国际商学院协会（the Association to Advance Collegiate Schools of Business）认证的第一个 MBA 课程，共计 16 个学分，邀请了来自科勒管理学院（The Global Sofaer MBA）的讲师、来自世界各地的教授及行业专家，课程内容融入了科研伦理和道德的内容。TAU 创新创业教育的核心课程如表 10-9 所示。

**表 10-9　TAU 创新创业教育核心课程**

| 课程名称 | 课程内容 |
|---|---|
| principles of strategy | 培养综合能力和批判性思维。学习如何从总经理、企业家、战略经理和顾问的角度进行战略思考，分析行业和公司面临的挑战，并就如何制定备选方案做出战略选择 |
| statistics and market research | 培养数据分析能力和理解调查结果以便做出具体决策。学生将获得事实和数据，将数据背后的信息及学到的技能应用到真实的情景。融合了统计学和市场研究的课程将让学生对统计数据分析的理解应用于专业情景下的市场研究 |
| microeconomics | 微观经济学关注的是个体消费者和个体企业的行为及在市场和行业中的行动和相互作用。本课程涵盖中级微观经济学的基本知识。目标是提出一套对微观经济分析至关重要的概念和技术 |
| leading people and organizations | 探索有效管理组织中个人和团体的行为及所涉及的概念。学习如何应用科学理论理解各类管理问题。课程目标包括：认识和理解启发式偏见如何影响管理决策；识别个人和群体特征如何影响组织行为；诊断问题；提出解决常见组织问题的行动策略 |
| data driven business thinking | 培养数据驱动的商业思维，理解相关工具和技术。讨论数据驱动的业务解决方案，重点介绍数据挖掘方法及其在实际案例中的应用。学生们在微软 Azure 机器学习工作室学习数据分析方法 |
| managing information technology | 了解信息技术（IT）在战略管理中的作用并具备分析能力，如企业关键业务流程数字化的趋势、消费者行为数据线索等 |
| financial accounting | 让学生对财务报告过程有一个基本了解，侧重于财务报表的编制，提供详细的编制过程，让学生有能力分析一套相对复杂的财务报表 |
| corporate and entrepreneurial finance | 课程主要有两个主题：资本预算和资本资产定价模型。学习本课程需要有一定的金融学基础 |
| marketing strategy | 课程从管理的角度讨论市场营销领域的基本概念和基本认识 |

TAU 的创新创业课程具有以下特点：

第一，除课堂知识教育外，还强调学生和企业之间的交流。比如，在学年的第一周，学校将安排学生前往各大创业机构、企业孵化器、研发机构实习，引导学生们利用自己的实际经历来学习并提高个人创业技能。同时，提供国际交流机会，学生能够与不同文化背景的企业家进行交流，对本地企业的生态环境形成更深刻的认识，进一步提升学生的创业意识与能力。第二，课程设置突出国际视野和民族情感。TAU 始终坚持国际化的人才培养定位，在教学中充分发掘国外的教育资源，以拓宽学生的眼界，提升人才的全球性和综合素质。以科勒管理学院的课程①为例，该课程已与美国宾夕法尼亚沃顿商学院、凯洛格大学、西北大学管理学院等国际商学院达成合作，学生既可在秋季赴海外进行长期交换学习，也可进行短期暑假学习。同时，结合以色列的政治、经济、历史等情况开设创新创业课程，不仅考虑国家当下的社会矛盾，还兼顾了未来发展的机会与挑战，充分体现了培养民族情感和民族精神的自觉。第三，课程将创业教育和职业培训有机结合，让学生在提升创业就业技巧与专业学习之间找到平衡点。学校致力于培养具有创造性和知识背景的企业家，并将其与各专业的实践教学相结合。围绕创业课程的总体目标，设计了涵盖理论、技能、方法等各方面的课程体系，形成了系统化的创新创业课程体系。

### (3) 创新创业教育促进学生就业

TAU 与特拉维夫城市相互协作，互相促进。一方面，特拉维夫是以色列的“硅谷”，也是全球五大创新城市之一，具有较高的影响力，吸引了大量的高科技公司，提供了诸多优质的创业与就业机会。TAU 可充分利用特拉维夫的社会公共资源，借助外部资源迅速发展。另一方面，TAU 也为城市带来了积极影响。首先，TAU 运用先进的技术，以解决现实问题，并与社会建立起紧密的关系，促进社会进步，TAU 成立的全国创新创业中心持续将优秀的创新创业服务向全社会开放，构建起社会的创新创业文化；其次，为企业创造了新的资源和发展机会，其多元化且高素质的学生为企业注入新活力和新生机。

---

① Sofaer Global MBA Coller School of Management. Tel Aviv University[EB/OL]. https://en-coller.tau.ac.il/gmba. [2022-09-21](2022-09-21).

## 第六节　新加坡创新创业教育

新加坡坚持“人才发展”“精英治国”的方针，在短短数十年时间里，跻身于亚洲四小龙之列，成为亚洲最发达的国家之一。纵观其发展历程，“创新”在其崛起过程中有着举足轻重的作用。新加坡高校从课程设置、师资建设、创业投资、创业技能竞赛等方面积极开展创新创业教育，加大对学生教育力度，提高企业家精神与个人能力，帮助实现自主创业，有效缓解就业机会短缺、就业心理压力大等问题，也为国家经济社会发展提供了重要的人才支撑。

### 新加坡国立大学

#### （1）创新创业教育的理念

新加坡国立大学（National University of Singapore，NUS）前校长施春风教授提出的“人才不设墙、观念不设墙、思维不设墙和知识不设墙”的办学思想，奠定了国际化办学理念。在办学理念上，学校在 2014 年提出建设“亚洲最具活力的大学创业园”“亚洲领先的大学创新创业中心”，2016 年总结出了“A. G. I. L. E.”人才培养框架，即学术能力（academic）、全球视野（global and experiential）、行业相关（industry and work relevant）、终身学习（life learning）与创业精神（entrepreneurial）。可见，创新创业精神在 NUS 教育理念中的重要地位①。

NUS 成立企业孵化中心②（Incubator Management Companies），通过资金支持、咨询指导等方式，推动创业企业的生存、成长与发展，推动科技成果转化。随着创新创业环境的不断完善，创业公司数量不断增加，资源整合、共享共赢成

---

① 张超，钟周. 创业型大学视角下的创业教育研究——清华大学与新加坡国立大学创业教育比较[J]. 清华大学教育研究，2017，38(03)：91-97.

② National University of Singapore. Entrepreneurship[EB/OL]. https://www.comp.nus.edu.sg/entrepreneurship/funding/imc/. [2022-09-22](2022-09-22).

为创新创业事业不断向前发展的必由之路。创业赛道（NUS start-up run way）应运而生，该平台将场地、设备、人力资源（创业团队、市场客户）加以整合并统一管理，进一步提升了创业环境的先进性、开放性和针对性，为创业者提供创业全流程支撑，加快了创业公司的孵化进程。

（2）开设的创新创业教育课程

自 2002 年成立以来，NUS 商学院一直致力于培养学生的创新精神，尤其重视培养创新能力与领导力，设置了许多课程，如 2017 年推出的创新与创业教育课程，目的是培育未来的企业领导者（核心课程见表 10-10）。此外，2016 年 NUS 商学院与斯德哥尔摩经济学院联合发起 K-A Bonnier 国际合作计划，旨在为热衷于创新创业的学生提供在两国攻读硕士学位的机会；同年，还在新加坡举行了第一次关于亚洲创新前景的亚洲学术研讨会。

表 10-10　新加坡国立大学商学院开设的创新创业课程（部分）[①]

| 序号 | 课程名称 |
|---|---|
| 1 | leadership and ethics |
| 2 | entrepreneurship |
| 3 | leadership and decision making under uncertainty |
| 4 | communication skills for business leaders |
| 5 | leadership and human capital management |
| 6 | social entrepreneurship |
| 7 | corporate entrepreneurship & business model evaluation |
| 8 | entrepreneurship and innovation |
| 9 | global business leader across cultures |
| 10 | leadership in Asia |

NUS 工学院致力于培养学生的创造性，开设以创意与设计为核心的课程。课程中，参加者与其他工程领域的科技人员一起开展课题研究，解决实际问题，发展新技术；参加者也可获得学习创业课程、到创业公司或国外大学实习的

① National University of Singapore. Home[EB/OL]. https://www.nus.edu.sg/. [2022-09-21](2022-09-21).

机会。

为培育未来工程界的领军人物，NUS 工学院设立工程领导项目，宗旨是鼓励创新与企业家精神，倡导将企业家精神与实践结合起来培养工程师领袖；传授经营管理的基础知识，协助学生将创意变成创业；培养学生的策略化和体系化思考能力；给学生提供自我反思和学习成为企业领袖的途径。学院举办系列业界领袖演讲，探讨业界领导者的理念与经验，激励志在改变社会、改变世界的潜在工程师和技术人才，推动科技创新与社会发展。

从 2001 年至今，NUS 已设立了 12 所海外院校①，为学生提供到国外院校学习创业课程、到全球创新创业前沿的高科技企业实习的机会，学生可在优秀企业家的辅导与带领下，体验创新创业文化氛围，丰富创新创业经验，提升创业技能。新加坡硅谷学院和上海学院的部分创新创业课程如表 10-11、表 10-12 所示。

**表 10-11　新加坡国立大学硅谷学院创新创业课程（部分）**

| 课程类别 | | 课程名称 | 授课地点 | 学分 | 是否分级 |
|---|---|---|---|---|---|
| 实习课程 | | TR3201 创业实习 | NUS | 8 | 否 |
| | | TR3202 创业实习计划 | NUS | 12 | 否 |
| | | TR3203 案例分析与研究 | NUS | 8 | 是 |
| 创业精神课程 | 三选二 | TR3003 全球创业营销 | 斯坦福大学 | 4 | 否 |
| | | TR4001 企业家精神 | 斯坦福大学 | 4 | 否 |
| | | MSE472 创业领袖研讨会 | 斯坦福大学 | 4 | 否 |
| | 必修 | TR3OO2 创业学 | NUS | 4 | 是 |
| 学科基础课程 | | 经由 SCPD② 的斯坦福课程 | SCPD | 8 | 否 |
| 总学分 | | | | 52 | |

① National University of Singapore. Enterprise[EB/OL] https://enterprise.nus.edu.sg/partnering-corporates/corporate-partnerships/. [2022-09-25](2022-09-25).

② SCPD，Stanford Center for Professional Development，是斯坦福大学开设的职业技术学院。

表 10-12 新加坡国立大学上海学院创新创业课程（部分）①

| 课程类别 | 课程名称 | 授课地点 | 学分 | 是否分级 |
|---|---|---|---|---|
| 实习课程 | TR3201 创业实习 | NUS | 8 | 否 |
| | TR3202 创业实习计划 | NUS | 12 | 否 |
| | TR3203 创业案例分析与研究 | NUS | 8 | 是 |
| 创业精神课程（选修） | MANA 130006 营销管理 | 复旦大学 | 4 | 否 |
| | MANA 130272 中国市场分析 | 复旦大学 | 4 | 否 |
| | MANA 110038 营销学基础 | 复旦大学 | 4 | 否 |
| | TR220 企业营销 | 复旦大学 | 4 | 否 |
| 创业精神课程 | TR3002 创业学 | NUS | 4 | 是 |
| 学科基础课程 | 复旦大学课程 | 复旦大学 | 8 | 否 |
| 总学分 | | | 56 | |

NUS 设置了众多创新创业课程，课程非常受学生欢迎，作为面向未来、个人成长的基础素质，创新创业思维越来越得到重视。

(3) 创新创业教育促进学生就业

新加坡国立大学开创网（NUS Entrepreneurship）始创于 2001 年，旨在利用高校群组优势，提供创新创业教育、研究和实践机会，营造良好的创业文化氛围。项目为培养学生创业精神提供了包含创新创业研究、创业教育、创业实践、创业风险评估等丰富的资源，设立了 5 个海外分校，分别位于美国硅谷、美国费城及“生物谷”、中国上海的复旦大学、瑞典斯德哥尔摩大学及印度班加罗尔大学，学生可以在当地知名的合作院校修读创业课程，可以在当地高科技公司实习，从而实现创业知识和实践经验的“双丰收”。

NUS 非常重视创新成果的市场化，在校内设立了“企业培育所”，为教师和学生提供良好的创业环境，鼓励师生基于科研成果设立公司，形成科技产业链。“企业培育所”允许知名公司设立办事处，让年轻企业家与企业联络感情、建立

① National University of Singapore. Home[EB/OL]. https://www.nus.edu.sg/. [2022-09-21](2022-09-21).

合作关系和营销网络，让学生学习创业技巧、感受创业氛围①。

NUS 企业中心［NUS Enterprise（ETP）］将教学、研究中心和企业联系起来，旨在培育创业创新人才，通过体验式教育及创业支持激发创新创业精神②。ETP 启动创新本土成功企业家发展计划（I LEAD），提供在本地知识密集型企业实习和学习的机会，启动了博士论文商业化调查项目并设立奖学金，让学生探索博士论文研究中的商业可行性。行业参与作用非常显著，行业联络处充当技术转让中心的角色，与企业和政府建立合作关系，为它们提供专业知识、技术支持，推动大学的科技成果转化为商品和服务。NUS 在创业支持方面设立了 NUS 创业中心（NUS Entrepreneurship Center）主要为大学生创业提供创业指导和支持，通过系列创业发展项目，培养学生的创业兴趣，同时，还推出各类研讨会和“创业暑期学校”，提供相关课程，增加学生与初创企业接触的机会③。

## 第七节　对我国创新创业教育的启示

### 1. 国外高校创新创业教育的经验

国外成熟的创新创业教育的一个重要特点是建立了完整的课程体系。斯坦福大学不仅在商学院开设相关专业课程，其他非商学院如工学院、法学院、医学院等也开设创新创业课程，并且与商学院互通合作、优势互补，形成了系统性的创新创业课程体系。此外，商学院、工学院为主体共同组织多个创新创业项目，这种商学院和非商学院的互动，使得文科、理科、工科相互结合，体现出学科的交叉与融合的课程生态。慕尼黑工业大学将跨学科前沿知识融入创新创业前沿课程，如

① 秦连杰，徐惠忠．新加坡高校创新教育与创业能力的培养［J］．吉林省教育学院学报，2009，25（01）：20-21．

② 新加坡国立大学企业中心官方网站［EB/OL］．https：//enterprise.nus.edu.sg/．［2022-09-22］（2022-09-22）．

③ 张昊民，郭敏，马君．新加坡创业教育的国际化策略［J］．创新与创业教育，2013，4（01）：87-91．

新材料开发、制药工程和软件工程领域相结合，均由数学、化学、信息、物理和机械工程等学科的教授一起合作完成。日本高校的创新创业教育重视培养学生的实际管理经验、经营技能演习、培养业务技能、提高系统知识和创业技能。

创新创业教育是国外高校提高学生创业能力的核心。大部分国外高校都提供了创业体验实践课程，加强了创业实践教育，学生通常通过参观企业、机构和工厂以及参加创业讲座、创业培训、创业竞赛等活动来接受创业教育。一些高校还定期举办国家或国际创新创业竞赛，极大地提高了学生的创新创业能力。

海外创新创业教育已经形成了良好的氛围。美国高校十分重视学生的创新创业精神，鼓励学生在校期间自主创业。众多高校组织大学创业竞赛，促进了许多新企业的产生。印度、日本等国家还出台了创新创业教育相关法律法规。1986年印度颁布实施的国家教育政策，对创新创业教育的实施提出了具体而详细的要求。日本1998年颁布的《大学技术转移促进法》对创新创业教育起到了积极促进作用。英国、法国和德国已经实施了多种项目和计划以鼓励大学生创业。

### 2. 对我国创新创业教育的启示

#### （1）完善创新创业课程体系

首先，构建分层多样的课程体系。在创新创业教育生态系统构建中，加大对创新创业课程的开发和体系的构建，形成涵盖创新创业全过程的多层次的课程体系。在课程开发中，注重结合学科特点开发特色课程，如商学院学生和非商学院学生的课程具有明显区别，特别是高度重视工科专业的创新创业课程开发，将商业知识与创新技术紧密结合起来，将创业精神融入工程教育，着力培养具有创新创业精神的工程师。其次，在课程建设中重视跨学科知识的设置，培养学生的跨学科分析能力。促进学科之间交叉融合，根据学生发展需求构建分层多样的创新创业课程体系应成为我国创新创业教育课程体系构建的重要方向。

#### （2）重视创新创业教育实践

创新创业教育实践基地是提升学生创新创业能力的重要平台。首先，在建设和管理的过程中，研究型大学应充分发挥企业作用，通过师资互派、平台共建，与企业建立起互助互惠、长期合作的良性运行机制。一是引入真实企业生产流程，“升级”和“改造”现有的创新创业工程实践平台。大部分研究型大学都设有校级、院级工程训练中心等实践教育基地，大学可以通过与企业合作进行重新整合和改造，并面向全体学生开放，充分发挥已有基地在创新创业教育中的作用，提升学生的创新能力和实践能力。二是依托创新创业教育实践平台，学校还可以让学生在企业导师的指导下，完成构思、设计、实施等阶段后，直接参照企业的生产和经营活动，直接接触企业营销、运营、财务和管理等过程，将所学知识与现实问题进行对比和验证，培养把理论知识转化为解决实际问题的能力和技能。其次，围绕创新型国家建设的需求，与企业共同建立一批创新创业实验基地。大学可通过依托企业委托的实际技术开发和创新项目，开展科技创新、毕业实习、项目对接、技术合作等。

#### (3) 营造良好的创新创业文化

在中国事业单位“学而优则仕”“轻商贱利”安稳保守的传统文化下，更多的毕业生倾向于选择公务员等稳定型，而不愿意尝试创新创业的风险和艰辛。对此，政府应该通过舆论和政策发挥引导作用。以英国为例，由于英国固有的保守性历史文化，起初英国的创新创业教育与美国相比并不占优势。但在英国政府的积极引导下，创新创业氛围和创业意识逐渐浓厚，创新创业教育开始突破保守的藩篱并取得较大发展。同时，要让家庭成为大学生创新创业的重要支持力量。家庭在中国是非常重要的社会支持系统，家庭的支持将会对创业者产生重要且持续的影响。在家庭帮助中，对于创业的大学生最重要的是资金帮助与情感支持。通过创新创业文化氛围的培育，使大学生在创新创业的过程中，既可以得到课程教师、导师、成功创业者、家人和朋友的帮助，还可以得到银行、律师等专业组织和人士的帮助。这种全社会支持创新创业的氛围为大学创新创业教育发展提供不竭动力。